東京ノスタルジア

追憶紀行：神田川からスクランブル交差点まで、過ぎ去った時間、消えた街並を旅する

国松春紀

22世紀アート

エピグラフ

いたずらに馬齢をけみした〔閲した、重ねた〕徘徊老人の特権は、東京という空間の旅が、幼少年時の過去にさかのぼる時間の旅でもあることで、無目的にうろつきながらも、それと知らぬ間に失われた時を求める旅になっているのであれば当人としてはよろこばしい。

種村季弘『江戸東京《奇想》徘徊記』

朝日新聞社　２００３・12　朝日文庫　２００６・７「あとがき」より

目次

プロローグ　ノスタルジア

これは、私の思い出の地を巡るセンチメンタルジャーニーであると同時に、新たな発見の旅でもある。空間的な紀行であると同時に、時間的な紀行でもある。あっちへ行ったりこっちへ行ったり、空間的に時間的に。

筆に随って書く、自由気ままなスタイルで行きたい。何が出て来るかは読んでからのお楽しみ、書く方も書いてからのお楽しみ。筆の向くまま、気の向くまま、足の向くままに——。

街歩きは、私自身の記憶をたどる旅であり、また、都市自身の記憶をたどる旅でもある。

ノスタルジア、ノスタルジーという言葉（前者が英語、後者はフランス語）が昔から私は好きだが、ある時、次の言葉が目に留まった。

〈郷愁——それは現在を生きる糧〉

F・デーヴィス『ノスタルジアの社会学』間場《あいば》寿一他訳
世界思想社　１９９０・３（原著は１９７９刊）帯より

精神の故郷――消えた庭園、建物、時間を懐かしく思う気持ちは、現在を生きる拠り所であり、楽しみである。

Ⅰ　わが心の神田川

藪下道を通って、観潮楼跡から　豊島与志雄旧宅跡へ

十一月某日。関内駅で降り、横浜球場近くの神奈川県予防医学協会中央診療所に、年一回の健康診断を受けに行く。午前九時頃到着。磯君（中沢高校）、中田さん（旭高校）に偶然会う。磯君とは昭和五十二年、学生の時以来の仲（もう二十一年にもなる）で、彼の「スカウト」により、神奈川県高等学校教科研究会国語部会郷土文学資料調査委員会で、十年以上、「神奈川県近代文学資料」の仕事を一緒にやって来た。中田さんとは平成五年から三年間、永谷高校で一緒だった。彼女は教科は社会科で、十年くらい永谷にいたらしい。検査の方は、待つ時間が大分あったが、それでも十時半にはすべての項目が終了した。

駅近くのマクドナルド地下（ここは割合落ち着く）で腹拵えした後、京浜東北線の電車に乗る。横浜駅で東海道線に乗り換え、東京へ。地下を少し歩いて、大手町から地下鉄千代田線の電車に乗り、千駄木に行く。そこで降りて地上に出る。

——団子坂である。この前いつ来たか思い出せないくらい、実に久しぶりである。が、その名前から想像する風情はもはやなく、車の往来がやたらと激しい。それでも気を取り直して坂を上って行く。文京区役所汐見出張所を過ぎて、文京信用金庫の手前を左折する。——ここが、藪下道（藪下通り）であ

る。駒込動坂から団子坂を横切り根津神社裏門（根津裏門坂）に至る、本郷台地の縁の道で、かつては藪が生い茂って道に覆いかぶさるほどだった所である。ただし現在、動坂から団子坂までの間は本郷保健所通りと呼ばれている。少し行くと右手に、鷗外森林太郎が明治二十五年（一八九二）から大正十一年（一九二二）まで三十年間居住した観潮楼の跡――門柱の礎石と敷石がある。建物の方は昭和十二年八月の失火と二十年一月の空襲により灰燼に帰してしまった由だが、庭にある「三人冗語の石」や大銀杏とともに、せめても往時を偲ぶよすががあるのは嬉しい。現在敷地に建っている鷗外記念本郷図書館の中を見て回る。鷗外と漱石に関する展示もあり、よかったのだが、ただ、鷗外記念の図書館にしてはいかにも中が狭いという印象である。もっと金をかけてりっぱな施設を作ってもよいのではないか。……記念に、鷗外が使用していた、森林太郎のイニシアルの入った「啓紙刀（ペーパーナイフ、べっこう製）」の複製を買い求める。

なお、明治四十年（一九〇七）から四十三年（一九一〇）まで観潮楼で行われた短歌会（観潮楼歌会）の模様は、文京ふるさと歴史館（本郷四―九―二十九）二階のマジックビジョン（立体模型の中に映像を写し出す手法）で、「観潮楼幻影」として一部再現されていて、楽しむことが出来る。

元の藪下道に戻り、根津神社の方に向かって歩いて行くことにする。観潮楼跡の斜め向かい側に、天女をイメージさせる一色邦彦の彫刻「舞」がある。その少し先に、藪下通りの案内坂がある。左手下方をのぞくと、切り立った崖になっていて、まさしく本郷台地の東端ということがよく分かる。右手の家（観潮楼跡の二軒先）の庭の木の枝がちょうど道の上方にかかっており、昔の藪下道を彷彿とさせる。左手の汐見児童遊園を過ぎた辺から道は少し左へ曲がり、ゆるい下り坂となる。前方右の木々の緑、そして左の赤煉瓦塀の家が見えて来る。途中、右手、千駄木一丁目二十二番の角の所の塀に、「旧駒込千駄木町（昭和四十年までの町名）」のプレートがある。千駄木一丁目九番と八番の石垣（先ほどその上の木々の緑が見えていた所）の間を右折して坂道を上り、突き当たった所を左折すると（ここの右側にも「旧駒込千駄木町」のプレートがある）、急な下りの石段になる。谷底に降りるような気分である。右手（西側）の塀の向こうに鬱蒼と木々が茂っている。よく見ると、北側の崖の所から南側の石段を降りて少し行った所まで広がっている。地元の住人は次のように述べている。

石段の右側の、人が住んでいるのかいないのか分らない暗い木立の繁り合っている奥から、夕方など、何千羽だか分らない雀の啼き声がいっせいに降りかかって来たりする。

木下順二『本郷』より

この辺はかつての太田子爵の所有地で、大きな池のあった所である。江戸時代は太田摂津守の下屋敷だったという。昼はいいが、夜一人で歩いたらちょっと怖いかもしれない、などと思いながら、少し進み、右手に入って行く道があるので行くと、突き当たり。門が閉まっていて、「(株) 丸沼東京事務所」とある。その先は急な崖で、コンクリートで固められている。階段で上って行くようになっている。左手を見ると、コンクリートの切れている所があるようである。

元に戻り、一丁目四番と五番の間の道を通り、藪下道に出る。少し歩き、右手の日本医科大学病院の建物の手前の坂道（通称「解剖坂」、日本医大の解剖室が藪下道に面しているところから）を上がって行く。上りきった所にある通りを渡り、右折する。左側の日本医大同窓会館前に、かつて鷗外や漱石が居住した「猫の家」の跡があり、川端康成書の記念碑が建っている（建物は現在明治村に移築されている）。

また通りを日本医大病院側に戻り、少し北へ歩いて、ヤマザキパン（平岡商店）の所を右折する。突き当たりが、豊島与志雄が昭和五年から三十年まで居住した所である。私は最初、突き当たりの左の家の方（千駄木一―十一―一、表札に「千明」とある）かと思ったのだが（『文京ゆかりの文人たち』による）、実は右の家の方（千駄木一―二―十四、表札には名前は書かれていない。近所の人の話では、以前高山さんが住んでいたが、今は誰も住んでいないとのこと）であって、「この建物〔豊島宅〕は戦災も免れ、つい最近まで存在した。が、……昭和五十五年（一九八〇）春、人手に渡り、取り壊された」とのことである（関口安義『評伝豊島与志雄』による）。昭和五十五年というと、私が神奈川県の高校に勤め始めた年で、その前三年間、将来刊行されるかもしれない『豊島与志雄全集』に備えて、著作集未収録の文章を片っ端から収集していた。豊島宅を訪れて、外から写真を撮っておいてもよかったかな、と今にして思う。暗くなった頃、近くを訪れたことは一度あったのだが。それにしても、鷗外、漱石ほどポピュラーな作家ではないが、文京ゆかりの文人なのだから、「豊島旧居跡」という表示があってもよいのではないか。

右隣（南隣）の家に「妹尾」という表示が出ているが、これは豊島与志雄の「第二の伴侶」妹尾妙子（戦争未亡人、昭和五十年没）の住んでいた所であろうか（『評伝豊島与志雄』による）。

左隣（北隣）の家の更に隣が集合住宅になっていて（建設の際、古代人の遺跡が発掘されている。「谷根千」其の十七参照）、そこの敷地を奥の方に（東側に）進んで行くと、崖下を見下ろすことが出来る。左手に、先ほどその横を通った、旧太田子爵所有地の木々が広がっている。多くの鳥のさえずる声が聞こえる。いわば、鳥の楽園といった趣である。左手奥（北側）の崖、そして左手手前の崖にも、本が生えているようである。

ところで、先ほど出て来た「太田子爵の所有地内の大池」だが、明治三十九年から大正六年まで（一九〇六～一九一七）千駄木に住んでいた石井柏亭が「廃園」というタイトルで描いている。

私はこの一枚〔浅草の露仏、五十号〕ばかりでなく、今一つ二十五号ぐらいに近所の太田の原の一部を写したものも博覧会〔東京博覧会、明治四十年春上野で開催〕へ出そうとした。藪下の上の方の太田の原は前に一度水画で描いたことがあるが、これは崖下の暗いところにある湿っぽい池であり、その中の蔦に肌の白い樹木が立ち、黄葉が落ちかかって辛うじて枝についているところを描いたものである。……「露仏」が落選して「廃園」の方が採られた。

『柏亭自伝』より

生誕五十年記念で出版された画文集『石井柏亭集』上中下全三巻（昭和七年刊）の中巻にこの絵が収録されている。実物は鷗外記念本郷図書館に寄贈されていて、事前連絡して申し込めば見ることが可能、ということである。

「太田の池」が埋められたのはいつのことだろう。「昭和二年版東京市全図」（復刻版）を見ると、駒込千駄木町五十番地の所から南にかけて（現在の千駄木一―六から四にかけて）大きな細長い池が表示されているから、この時はまだあったわけである。が、恐らくその数年後、昭和五年前後には埋められてなくなってしまったのではないだろうか。というのも、豊島与志雄の随筆「樹を愛する心」（『書かれざる作品』昭和八年刊に所収）にその記述があるからである。引用してみよう。

太田の池といふ幽邃〔ゆうすい、静かで奥深い〕な池があつた。……一方〔北側と西側〕は高い崖で、古木が鬱蒼と茂り、その根元から水が湧いて、常に清冽な水が湛へてゐた。池は自然のまゝに放置されて泥深く、周囲には笹や蔓が生ひはびこつてゐた。時折子供たちが、竹垣の間をくぐつてはいりこみ、蜻蛉をからかひ、蝌蚪〔かと、おたまじゃくし〕をいぢめて、遊んでることもあつた。然し日の光が薄らぐと共に、また静寂幽玄な気にとざされるのだつた。妖怪談さへ云ひ伝へられた池である。

その池が数年前、埋められて、今は、人家が立ち並んでゐる。池の縁をなしてゐた崖も、或はコンクリートで築かれ、或は木を切られてしまつた。昔の池の名残を留めてるものは、殆どない。たゞ僅かに、昔のことを知つてる者に一脈の懐古の情を起させるのは、太田邸の一端をなしてる昔ながらの崖の一部と、それから、私の家の東側の崖……。

この崖、幅十間にすぎないが、椎や椋や榎や楓や、其の他の雑木が、それも径一二尺の大木が、立ち並んでゐて、その根で土壌を支へ、落葉を積らして、何等人工を施さない昔のまゝのものである。私はそれ等の雑木、その朽葉、その崖を愛する。そして、崖下に降りてみると、傷ましく心を打たれる。崖の土は、長年の風雨に流されたらしく、樹木の根が半分露出して、それが絡まりもつれながら、崖の中に喰ひ入つてゐる。残りの土壌を支へ、且つ我身を支へてゐるのだ。半ば傾いてるのもある。傾きながらも喰ひ入つてゐる。すばらしい力と闘争だ。……

樹木を愛する心などは、一文の価値もない、と或る人々は云ふだらう。然し私は、崖の中途に根を露出してる樹木を、社会的に虐げられてる人間と同一だと観る。そしてそれらの樹木から、根深い力と闘争とを教へられる。

崖の樹木よ、私もまた汝等のうちの一人だ。

プロレタリア文学が盛んだった頃の時代的雰囲気が伝わって来る文章である。文中の、「懐古の情を起させる」ものとしての、「太田邸の一端をなしてる昔ながらの崖の一部」とは、先ほど通った、谷底に降りるような気分の石段から見えた北側の崖であろう。では、「私の家の東側」、すなわち、「太田の池」の西側の崖の一部は、現在どうなっているのであろうか。……

豊島与志雄旧居跡から北の方をぐるっと回って、千駄木一丁目十番、九番に出て、また藪下道を南に向かって歩く。先ほどその間を右折した石垣の連なりが見える。その上からちょうど木々が道に覆いかぶさるようになっている。左側には古めかしい赤煉瓦塀が見えて来る。この辺が、林順信も指摘しているように（『東京路上細見①』）、昔の藪下道の面影が最も良く残っている所である。いわば、絶好の写真スポットである。

赤煉瓦塀を通り過ぎて少し行き、一丁目五番と四番の間を右折する。突き当たり（千駄木一―四―四）にアパート一葉荘がある。失敬してその階段を上り、二階廊下の端から身を乗り出して見る。右手の方の崖はコンクリートで固められているが、左手の方の崖は土のままで、樹木がある。――ここが、「豊島与志雄宅東側の崖」であろう。旧宅はなくなってしまったが、「崖の樹木」はまだ残っている。勿論、豊島生前と同じということはないだろうが、当時を偲ぶことは出来る。

さて、戦時中からしばしば豊島宅を訪れていた野田宇太郎は、昭和二十一年一月二十八日、ちょうど散歩に出るところだった豊島与志雄の案内で、「猫の家」（「吾輩は猫である」を漱石が書いた家。すぐ南隣まで焼けていて、この家から先だけ焼け残った。明治村に移築されたのは昭和四十年である）そして観潮楼の焼け跡を訪れている。今日の私とは逆の順番で見て回ったことになる。二月二十二日再び、写真師を連れて観潮楼跡の撮影に行き、その記録写真は自ら編輯する「芸林閒歩」第二号巻頭に載っている（『東京文学散歩・山ノ手篇　上』による）。

本郷（菊富士ホテルの近く）に生まれ、「猫の家」の少し先（向丘二―二十三―四）に昭和二十八年から住んでいる木下順二は、本郷をこよなく愛し、その著『本郷』の中で、観潮楼への往き帰りに藪下道を通った永井荷風の、「私は東京中の往来の中で、この道ほど興味のある処はないと思つてゐる」という文章（『日和下駄』所収）を引用し、自分も「この道ほど興味ある処はないと思いながら、週に大抵一ぺんはこの道を散歩する」と述べている。そして、

猫の家健在の当時は、わが家とそことのちょうど中間のへんに豊島与志雄さんのお宅が有り、伺うと、それが一日中のいかなる時刻であろうと豊島さんは酔っていられて上機嫌で、時々「では出るか」と、前後の話と何の脈絡もなく立ち上がって下駄をはかれるのに私も一緒に外へ出て、目的不明の散歩をしたことが二、三度ある。

ということである。また、森鷗外の三男類が観潮楼跡に営む「千朶書房」（昭和二十六年〜三十六年）にも立ち寄っている。藪下道界隈を自らのテリトリー、ホームグランドにしている人である。

「豊島宅東側の崖」から藪下道に戻る。実は今日の文学散歩の主な目的は、この、かつて鷗外の散歩道だった藪下道を歩くことだったのである。団子坂を通ったり、根津神社に行ったりしたことは今までにあるが、この道を歩くのは今日が初めてである。ゆっくりと歩いて行く。日本医大附属病院の横を通って、根津神社裏門へ出る。神社境内をしばらく散策した後、東大へ向かう。正門から入り、図書館の横

を通り、明治新聞雑誌文庫入口前に貼ってあるポスターを眺める。赤門から出る。通りをはさんで向かい側に、扇屋という和菓子屋があるが、ここの「文学散策」（本郷銘菓集）はブックタイプのパッケージで、「本郷文学散歩案内」も付いており、なかなか楽しめるものである。値段は高いけれども。

本郷三丁目、御茶ノ水を通って、駿河台下に行く。三省堂二階のピッコロで生ビールとイタリアンサラダを注文する。随分歩き、暑かったので、ビールが旨い。サラダもやけにおいしい。東京堂で本を数冊買い求め、帰途に就く。

十二月某日。日暮里駅で降りる。御殿坂を下って行く。谷中銀座の武藤書店で「谷中・根津・千駄木」のバックナンバーを買い求める。いかにも下町の、なつかしい雰囲気の商店街。更に進み、突き当たって左に曲がると、よみせ通りに入るが、ここは藍染川が流れていた所で、現在は暗渠となっている。大通りにぶつかり、くねくねと曲がってずっと続いているが、今は右折する。団子坂下に出る。通りを渡り、地下鉄入口の横を裏道に入って行く。ちょうど表通りの団子坂と並行に進んで行く。やがて階段が見えて来る。左横には区立第八中学、階段上には木々がある。上りきった所が――観潮楼跡である。先日、ＮＨＫ朝の文学散歩の番組で、児玉清が同じこの階段を上って、観潮楼跡から図書館・鷗外展示室に入って行った。団子坂の喧騒を離れての、このアプローチはなかなかいい。大銀杏を眺めてから、藪下道を歩いて行く。……本郷台地の地形を歩き、読む楽しみ。これからも、私の「藪下道詣で」はしばらく続きそうである。

東大前で地下鉄南北線に乗り、後楽園で下車する。文京区役所二階で、『文京ゆかりの文人たち』の増補改訂版を入手する。二十五階のレストラン椿山荘でハンバーグランチを食べる。東京ドームを見下ろせる、穴場である。

〔個人誌「山猫通信・宮ヶ谷版」創刊号　一九九八・十二↓『国松春紀書誌選集〔Ⅰ〕』金沢文圃閣　二〇一三・三〕

横浜市営地下鉄の三ッ沢下町駅で降りる。すぐに裏の、車の少ない道に行く。ここは「せせらぎ緑道」という、川の上に蓋をしたプロムナードである。すぐに私ははっとして気が付く。崖土にかなり大きい木が何本も生えている光景、これはまさに豊島与志雄がエッセイ「樹を愛する心」で描いていたものではないか、と。根が半分露出しているものや、半ば傾いているものがある。必死になって土壌を支え、また、我が身を支えている。今まで何度もこの横を通っていたが、全く気が付かなかった。見ても、それと意識することがなかった。……その道をしばらく歩いた後、左折して、ちょっと急な坂道を上って行く。三ッ沢南町の丘の上の勤務先に着く。予期せぬ出来事に私は少し興奮している。

「山猫通信」というのは、長谷川四郎の著書のタイトルから借用したものである。「宮ヶ谷版」としたのは、以前、二十年近く前の学生の時分、「新宿版」を出していたからである。この時は、B5版四百字詰原稿用紙に手書きしたものをコピーしてホチキスで綴じて、知人に配った。十号近くまで出た（九号は昭和五十五年八月刊の「豊島与志雄年譜補遺」で、この号だけはB4版を二つ折りにしたものだった）。が、今私の手元にはない。実家の押入れの中に残っているはずだが、ひょっとして捨てられてしまっているかもしれない。

何故、復活したのか。時間の流れに楔を打ち込むため。編集方針は何か。書きたいものを書き、出したい時に出す。

（「山猫通信・宮ヶ谷版」創刊号　一九九八・十二　編集後記）

第一号の「藪下道を通って観潮楼跡から豊島与志雄旧宅跡へ」の中で、「太田の池が埋められたのは昭和五年前後か」と書いたが、「谷根千工房」の山崎範子氏から、「大正時代に既に埋められていたと聞いている」との御指摘を受け、加宮貴一氏「藪下通りと太田の池」（『谷根千同窓会』所収）のコピーを送っていただいた。どうも有難うございました。

（「山猫通信・宮ヶ谷版」第二号　一九九九・二　編集後記）

※「旧太田子爵所有地の木々が広がっている所」は現在、「千駄木ふれあいの杜」として一般公開されている。

鷗外記念本郷図書館（生誕百年記念で一九六二年建設）は、図書館部分が移転して本郷図書館鷗外記念室となった（二〇〇六年）後、全く新しい重厚なミュージアム、文京区立森鷗外記念館（生誕百五十年記念で二〇一二年十一月開館）となった。観潮楼の門柱跡と敷石、三人冗語の石、大銀杏は健在である。

※池内紀は「本郷寄り道紀行　靴を鳴らして歩いていく」（「東京人」第七十号一九九三・七〈特集漱石・鷗外の散歩道本郷界隈〉）の最初の所で、豊島与志雄の短篇「都会の幽気」を紹介しているが、「豊島与志雄が東京のどのあたりを想定して『都会の幽気』を書いたのかはわからないが、当人が毎日のように歩いていた本郷・千駄木界隈が小説の舞台にピッタリだ。執筆当時の大正年間だけではなく、平成の今でもほぼ原寸大で通用する。」とのことである。

（『国松春紀書誌選集〔Ⅰ〕』）

※「山猫通信」は長谷川四郎の著書のタイトルから借用……と書いたが、実際には私の「山猫通信」創刊の方が早かったかもしれない。

※東雅夫『日本幻想文学事典』（日本幻想文学大全）ちくま文庫　二〇一三・十二　Ｐ238～241「豊島与志雄」

豊島与志雄と私

作家、豊島与志雄（一八九〇〜一九五五）と私との出会いについて述べてみたい。

今から二十七年前、大学に入った年（一九七一年）のことである。四月に入学し、ゴールデンウイーク近くまでは欠席することなく真面目に授業に出ていた。ところがそれが過ぎると、授業に出なくなった。これは何故かと言うと、受験勉強の反動である。読みたい本もほとんど読まずに、入試に関係のある科目のみをひたすら勉強していた、その反動である。私は自分の読みたい本を学校の図書館や家でどんどん読んで行った。読書三昧、本を読むことが仕事であったような日々、と言えようか。

当時、私は大学まで歩いて十分の榎町（早稲田通りから南に上る「滝の坂」の途中の所）に住んでいたのだが、主な散歩道と言うと、西へ行って早稲田古書店街から高田馬場コース（途中、大学構内か戸山ハイツ・箱根山を経由することあり）、北へ行って江戸川公園から椿山荘・胸突坂・駒塚橋コース、東へ行って神楽坂から飯田橋・九段下・神田神保町古書店街コース（途中、俎橋を渡るか、北の丸公園を通るか、どちらか）である。神田古書店街へは家から徒歩約三十分で、調子のいい時は往復とも歩き、疲れた時は片道地下鉄に乗る。夕暮れの北の丸公園を、買ったばかりの本を持ちながら歩いて行った頃を思い出す。また、靖国神社境内、法政大学や日仏会館の横を通って行った頃を。

ある日、私は偶然『フイリップ全集』（昭和四〜五年、新潮社刊の三巻本）を神田の三茶書房のショーウィンドーの中に見付けた。プロレタリア文学の盛んな頃、よく読まれた作家である。早速買い求め、愛読した。この全集の月報に豊島与志雄が次のような文章を書いていた。

民衆の味方に立つて民衆のことを書いた作家は極めて多い。そしてその境遇や稟質によつて凡そ三つに区別出来よう。――第一は批評的態度の作家である。無産民衆の味方をしながら、頭も心もその外部にあつて云はゞ啓蒙的作家である。――第二は研究的態度の作家である。無産民衆の中に頭だけをつきこんで、心はその外部にあつて、云はゞ代弁的作家である。――第三は生活的態度の作家である。無産民衆の生活を生活して、その生活からにじみ出る叫びを挙ぐる、云はゞ自発的作家である。ルイ・フィリップはこの第三のものに属する。而も、ニーチェやクロオデルを敬愛する彼の作品は、泥濘の匂ひと共に熱情の光を放つてゐる。

いい文章だなと思い、印象に残った。

また、私は未来社という出版社がどういう訳か好きで、「未来社図書目録」をよく見ていたのだが、そこに『豊島与志雄著作集』の案内が載っていた。「近代日本文学の不当な落丁部分を訂正する……」という文句、怪しげな横顔の風貌、恐らく買って読む人などほとんどいないであろうマイナー性、等々、思わずぞくぞくっと来るではないか。

そこで私は暇をいいことに、大隈講堂近くの大観堂書店に注文し、著作集全六巻（一八〇〇円×6＝一〇八〇〇円）を入手した。ずいぶん細かい字の二段組みでびっしり入っていたせいもあり、約一年かかって読了した。ちょうど私の「彷徨時代」であり、その時の気分にぴったりと合った。知識人が酒を飲んで荒れている、あるいは、爆発寸前のエネルギーを秘めつつ街を彷徨する登場人物……作品の持っているアナーキー性（一切の自由を束縛するものに対する破壊性、何ものにもとらわれない自由を求める心）は、私には魅力的だった。

結局、大学一年目は授業料値上げ反対のストライキで後半授業がなくなり、二年目も「内ゲバ殺人事件」のためにやはり後半授業がなくなった。疲風怒濤の時代。中退した人や、自殺した人がかなりいたように思う。私は……中退する勇気のなかった私は、教室に戻り、必死になって授業に出た。その瞬間、私の「豊島与志雄の世界」は終わりを告げた。

（「山猫通信・宮ヶ谷版」創刊号　一九九八・十二↓『国松春紀書誌選集〔Ⅰ〕』金沢文圃閣　二〇一三・三）

本郷界隈――明治新聞雑誌文庫、本妙寺

本郷というと東大、東大というとまず明治新聞雑誌文庫が思い浮かぶ。赤門から入ってちょっと左、半地下の、いかにもあわただしい時代の動きに背を向けたような、時代の外に身を置いたような雰囲気がいい。東大で私のいちばん好きな場所かもしれない。

普通、他の人があまり興味を持たないようなこと・人物に興味を持ち、昔の新聞や雑誌をひっくり返して、新たな文献を発掘する。――それが私には合っているというか、好きなのである。この明治文庫には何度かお世話になった。

一九二三年の関東大震災により明治時代の本・新聞・雑誌が多数焼失したのを受けて、一九二九年、宮武外骨が長年かかって収集したコレクションを基にして、東大法学部に明治大正の新聞雑誌保存文庫が設立された。中央図書館と文学部が受け入れを断り、法学部が受け入れたという所が面白い。新聞・雑誌がまだ軽く見られていた、また、吉野作造・中田薫・穂積重遠といった法学部の先生達と宮武外骨との個人的なつながりがあったから、ということだろう。

宮武外骨はこの保存文庫を民間に設置し財団法人にしたかったのだが、出資者の瀬木博尚（広告取次店博報堂社長）が、長期保存を考えた場合、東大内に設置するのがベストだとの考えだったので、そう

なったのである。
この外骨と瀬木とのかかわりは、四十年ほど前に遡る。宮武外骨年譜を見てみよう。

一八八九年・明治22年（23歳〔数え年〕）三月四日、発行する「頓智協会雑誌」二十八号に、〔二月十一日に〕発布されたばかりの「大日本帝国憲法」に擬した「頓智研法」の条文と、玉座の天皇を連想させる骸骨（＝外骨）が「研法」を下賜する絵を掲載し、治安妨害に問われ、身柄は拘束され、該当誌は発行停止となる。

裁判の結果、重禁錮三年罰金百円の刑が確定し、未決収監の東京鍛冶橋監獄から石川島監獄に身柄を移される。ここで、国事犯で入獄中の瀬木博尚と知り合い、以後、生涯にわたる親交を結ぶ。

一八九二年・明治25年（26歳）十一月十一日出獄。
一八九四年・明治27年（28歳）四月、瀬木博尚満期出獄、外骨が身元引受人となる。
一八九五年・明治28年（29歳）十月、富山の人・瀬木博尚が広告取次店博報堂を開業。

二人の間にこのようなかかわりがあったことを、今回初めて知って驚いた。

博報堂創立三十五周年記念で、瀬木の寄付により、明治新聞雑誌文庫が出来たのである。

空襲で自宅を焼失した宮武外骨が戦後約四年間、明治新聞雑誌文庫内に住んでいたことがあったとのことだ。

※吉野孝雄『宮武外骨伝』河出文庫　二〇一二・三
『外骨戦中日記』河出書房新社　二〇一六・五
西田長壽『明治新聞雑誌文庫の思い出』みすず書房　二〇〇一・四
祖田浩一編『日本奇人・稀人事典』東京堂出版　一九九一・七　P306〜312「宮武外骨筆禍の帝王—反権力の一生」

東大総合図書館にも何度か行った。入ってみて、国立大学は金があるなあ、と思った。特に東大は、最も金がかけられている大学だろう。ゆったりとしていて、思う存分調べることの出来る雰囲気がある。

図書館からの帰り、ロシア史・朝鮮史の和田春樹とすれ違ったことがある。よれよれのレインコートを着ていて、一見、労務者風（失礼！）だった。別の時に、国際政治学者の藤原帰一を見かけたことがある。煙草を吸いながら歩いていた。（構内禁煙？）　ちょっと椎名桔平に似ていた。

一九六九年一月十八日・十九日の安田講堂攻防戦の時には、高校の生徒ホールでテレビ中継を見ていた。高二の時である。私の上の学年の人が、東大入試中止となり、影響を受けた。ちなみに、私は典型的な私立文系で、国立大学は全く眼中になかった。私のクラスに、受ければ東大に現役で受かるが、紛争の影響で別の大学に入った人がいた。

中二の時、同じクラスに、いかにも東大に行きそうな感じの人がいた。保立和夫君である。中一の時から勉強が出来るので名前を知られていた。彼は高校は戸山・青山の二十二群を受けて、戸山に行った。最近になって、ふと名前が思い浮かび、インターネットで検索したところ、顔写真入りで出て来た。私の勘は正しかった。現役で東大に行き、工学部の先生になっていた。光ファイバーの研究論文を多数書いている。二〇一六年度一杯で定年で、二〇一七年三月三日最終講義、とのことである。

その中二のクラスの、渡辺雄二君（ドラムス）、清水敏明君（ギター）、大坂清君（ベース）の三人がバンドを組んで、体育館の三年生を送る会で、ベンチャーズの「ダイヤモンドヘッド」等を演奏したことを思い出した。担任は社会科の佐々木博先生。私の親友の宮出正博君が三学期、埼玉県の中学に転校していなくなってしまった。

安田講堂の向かって左隣に工学部二号館の古い建物（どちらも内田祥三《よしかず》設計）がある。その上に、大きな柱に支えられた新しい建物が乗っかる形になっている。この例は珍しいのではないか。よく、昔の景観をできる限り残すべく、外周には古い建物の部分をスカートのような形で残して内側は新しい高い建物、というのがあるが。

保立和夫君、工学部教授の最終講義がここで行われた。午後三時から五時半近くまで、パワーポイントを使って。「システムフォトニクス物語」というタイトルで、光ファイバーとその応用の話だった。初めの自己紹介で、子どもの頃、ラジオやカメラを直すと言っては壊していた。プラモデルをすごくたくさん作った。ＨＯゲージをやっていた。ラジコンの飛行機・船・自動車をやっていた。学校の科目では図画工作が好きだった。中学では生徒会長をやり、技術・家庭が好きだった。等々の話が面白かった。プラモデル、図画工作、技術・家庭が私と共通していた。そう言えば、矢野君が応援演説をやって、生徒会長に立候補していたな。

一九七〇年大学入学・教養課程、一九七二年専門課程、初め航空工学科に行くつもりだったが、変更して、電子工学科に行った、とのこと。大学院を経て、駒場、柏、本郷と勤務地は変わっている。中学の時の面影はあるが、もう卒業して五十年になるので、全く別人とも言える。理系の専門の話はある所までは分かるが、そこから先は全く分からない。予想どおり。

新しいことにチャレンジしてやり抜く研究者の育成が大事だということを強調していた。それにしてもやはり東大は特に理系は金があるなあと思った。

東大の副学長を二年間やっていたが、四月からは豊田工業大学（二年後開校予定）副学長とのことである。

＊

振袖火事（一六五七年、明暦三年の大火）の火元の本郷丸山の本妙寺は、東大赤門近く、法真寺の裏、本郷五—十六あたりにあった、とのことである。施餓鬼の供養で最後に焼いた振袖が空中に舞い上がって本堂に引火し、燃え広がり、江戸市中の三分の二を焼き、江戸城本丸も焼失、死者十万人余と言われる火事である。出火原因には諸説ある。
（1）福山藩主阿部家中屋敷（今の西片にあった）の湯殿から出火したが、老中家からの出火ではまずいので、本妙寺ということにしてもらった（本妙寺に火元を引受けてもらった）。その後、阿部家からは毎年米十俵が、菩提寺でもない本妙寺に納められた。
（2）幕府に不満を持つ、由井正雪・丸橋忠弥等の残党の放火説。混乱に乗じての幕府転覆、政権奪取……。由井・丸橋等の「慶安の変」＝クーデター未遂事件は一六五一年である。
（3）老中松平信綱の、都市再開発計画実施のための放火説。更地にして計画実施……
等の説がある。（1）を読んで私は、全く時代が異なるが、ある仮説を思い出した。一九八五年の日航機墜落事故（事件）である。自衛隊の無人標的機が垂直尾翼に衝突したのが墜落の原因ではないか、しかしそれではまずいので、ボーイング社の圧力隔壁修理ミスによる隔壁破壊が原因としておく。以後、政府は、ボーイング社が日本で商売を展開する上で便宜を図る。……構図が似ている。

蛇足だが、十九世紀前半、本郷丸山（今の西片）の福山藩中屋敷に、藩校・誠之《せいし》館が設けられた。今も誠之小学校、誠之寮等に誠之の名前が残っている。

元に戻る。

回向院（墨田区両国二―八―十）は、明暦の大火の焼死者を埋葬供養するために建てられたものであり、また、築地は、この大火後の瓦礫で埋め立てて出来たものである。

本妙寺は一九一〇年、豊島区巣鴨五丁目に移った。境内に、明暦大火供養塔がある。

※『ぶんきょうの歴史物語——史話と伝説を訪ねて』文京区教育委員会　一九八八・六第二刷　P124～126「大江戸を焼いた振袖火事」参照
『江戸東京の聖地を歩く』岡本亮輔、ちくま新書　二〇一七・三　P146～「両国回向院——大量死が生んだ聖地」

二〇一七年一月二日・三日、江戸東京博物館に「初詣」に行った。十二月三十一日の新聞広告に、「新年は一月二日（月）より開館」、と出ていたからである。ついでに吉良邸跡（本所松阪町公園、両国三―十三―九）、吉良邸正門跡（両国三―六―七、後藤解体工業（株）のビルの前）も見て来た。芥川龍之介文学碑のある両国小学校のこんな近くにあったとは、初めて知った。帰りに店先で、シアターＸ（カイ）で二月二十日に「四方田犬彦、翻訳を語る」という催しがあるという看板が目に留まった。

江戸東京博物館では、常設展示室（無料）「Ｅ１―２ひろがる江戸」の「明暦の大火焼失地図」に注目した。これによると、明暦の大火（振袖火事）は、明暦三年一月十八日～二十日に起きたもので、第一の出火は本郷丸山本妙寺、一月十八日十三時頃出火、十九日未明（二時頃）焼け止まり（鎮火）。第二の出火は小石川鷹匠町の大番与力衆の宿所、十九日十一時出火、十八時頃焼け止まり（鎮火）。第三の出火は麹町五丁目町屋、十九日十六時頃出火（第二出火の焼け止まり前）、二十日八時頃焼け止まり（鎮火）。となっている。出火元は、寺、武家、町屋の三個所である。もし第一出火が実際には武家だとしたら、やはり、支配者＝幕府にとってはまずいだろう。面目丸つぶれ、権威失墜である。寺に罪・責任を肩代わりしてもらうということはあり得る。現代のようなマスコミの報道のある時代ではないから、何とでも言いくるめられるだろう（マスコミの報道のある時代でも、言いくるめることは可能かもしれない。権力の圧力にマスコミが屈するのは悲しいことだけれど）。

二〇一七年一月五日、都立中央図書館に行く。黒木喬『明暦の大火』（講談社現代新書　一九七七）を借り出して読む。振袖云々という振袖にまつわる因縁話は後世の人の作ったもので、フィクションだとのこと。「丁酉《ひのととり》の火事、酉年《とり》の大火」と初めは言っていた。ちなみに今年（二〇一七年）は、明暦の大火（一六五七年）から三百六十年（60×6＝360）、丁酉の年である。

幕府は放火説（勿論、幕府以外の者による）で押し通そうとしたようだ。本妙寺に火元を引き受けてもらって。まさか福山藩阿部家の屋敷が火元だとは言えない。

一階の都市・東京情報コーナーで、『一六五七　明暦の大火報告書』（中央防災会議災害教訓の継承に関する専門調査会　二〇〇四・三）を見る。黒木さんの本から引用されている。

四階で、企画展「東京凸凹地形――地形から見た東京の今昔――」を見る。坂、川、暗渠、台地、スリバチ等、本・地図・写真による展示がされているが、まさに私が今歩いて確かめているものである。

一月十日、ＪＲ巣鴨駅で降りる。西友、仰高小学校の横を通る。泰宗寺の隣に天理教の建物（東京教務支庁）がある。門から入ってすぐ左手の建物（和風家屋）が、荻窪の荻外荘《てきがい》（旧近衛文麿邸）の一部が移築されたものだろうか。染井霊園の管理事務所でＭＡＰと案内図をもらう。白い猫が目に付く。猫のいい遊び場所だ。とりあえず二葉亭四迷（長谷川辰之助）の墓（一種イ5号37側）を見ておく。わりあい大きい、平べったい墓だ。確か四十代、日本に帰る途中、ベンガル湾上の船中で死んでしまった人だったな。次に、宮武外骨夫妻の墓（一種イ3号21側）を見る。

こぢんまりとした霊園内の道をまっすぐ進んで行くと、慈眼寺《じげんじ》に出る。芥川龍之介、司馬江漢の墓を見る。芥川の墓は染井霊園だとばかり思っていたが、違っていた。四角い、ボックス型だ。田端の家からわりあい近いかな。わずか三十五歳で死んでしまったが、ずいぶん多くの研究者に飯の種を与え続けている。すごい作家だ。すべての高校生がその著作（「羅生門」）を読む作家とは……国民作家だ、夏目漱石同様。

隣の本妙寺では、関宿《せきやど》藩主・久世大和守歴代の墓、森山多吉郎・遠山金四郎・千葉周作の墓を見た後、明暦の大火（振袖火事）供養塔を見る。一月十八日が三百六十周忌になる（実際には、旧暦の明暦三年一月十八日は新暦では一六五七年三月二日になるのだが）。黙祷する。

※関宿は千葉県野田市北端にあり、利根川と江戸川との分岐点である。鈴木貫太郎記念館、関宿城博物館がある。

一月二十三日夜十時、ＢＳ－ＴＢＳで、「にっぽん！　歴史鑑定　明暦の大火……火元の謎」を見る。明暦の大火、関東大震災、東京大空襲、いずれも十万人以上の人が亡くなっている、江戸東京の大災害である。出火原因で振袖火事というのは、やはり後世の創作である。幕府放火説（都市再開発のため）もあるが、いくら何でもそこまではやらないだろう、おそらく。本妙寺の北隣の阿部邸出火説は、出火元の本妙寺に何らおとがめなしどころか、むしろ寺の格が上がっていることから考えると、あり得る。確証はないが（真相を知っている人間は口封じで抹殺され、証拠物件は闇から闇に葬られる……日航機墜落事故のように？　ボイスレコーダーは都合の悪い部分をカットし編集して公表、オリジナルは廃棄……）。

※山本博文・逢坂剛・宮部みゆき『江戸学講座』新潮文庫　二〇一四・十二「明暦の大火――そのとき江戸は」
島村敬一「明暦の大火――慶安事件の後始末」（異説・迷宮事件）「歴史読本」一九九一・十　参照
歴史現場研究会編『大江戸歴史事件現場の歩き方』ダイヤモンド社　二〇一二・八「03明暦の大火――江戸の街を灰燼に帰した未曽有の火災発生！」

＊

サトウハチロー旧居跡は、東大農学部の裏、弥生坂から北へちょっと入った東（右）側、文京区弥生二―十六―一（旧・向ヶ岡弥生町）にある。本名・佐藤八郎。一九〇三年市谷薬王寺前町に生まれ、一九三七年、上野の桜木町からここに移った。一九七三年死去。一九七七年、旧居の一階を改装して、サトウハチロー記念館開館。一九九五年閉館。建物はとり壊された（翌年、岩手県北上市に記念館新設）。

庭に残された櫨《はぜ》の木――仕事部屋からよく見え、童謡「ちいさい秋みつけた」（サトウハチロー作詞、中田喜直《なかだよしなお》作曲）の中で「はぜの葉紅くて入日色」とうたっている――は二〇〇一年、約一・五キロ離れた礫川《れきせん》公園（文京区役所シビックセンターの西側）の南側に移植された。

なお、作曲者中田喜直（一九二三～二〇〇〇）は三鷹市に住み、そこを散策中にメロディーが生まれたとのことで、井の頭公園・弁天池のほとりに、「ちいさい秋みつけた」の歌碑（中田喜直生誕九十周年記念、二〇一三）がある。中田喜直の直筆譜が刻まれている。

二〇一六年十一月、アニメ映画「この世界の片隅に」（片渕須直脚本・監督、原作・こうの史代）を渋谷ユーロスペースで見たら、最初の方にサトウハチロー作詞の「悲しくてやりきれない」（作曲は加藤和彦、ザ・フォーク・クルセダーズ）が出て来て懐かしかった。サトウハチローは今も生きている。

※『オランダ商館長が見た江戸の災害』フレデリック・クイレンス著、磯田道史解説　講談社現代新書　二〇一九・十二「第一章　明暦の大火を生き抜いた商館長ワーヘナール」

江戸川橋から切支丹屋敷跡を通って、水道歴史館へ

東京メトロ有楽町線江戸川橋駅で降りる。3番出口から出て、神田川——一九六五年までは神田上水取水口大洗堰跡・大滝橋付近から飯田橋・外堀までを江戸川と言ったのだが——に架かる華水橋を渡る。直進し、大日坂を上って行く。この坂の西側一帯が久世山である。

牛込弁天町五十三（現在の保健センター辺り）で生まれ育った鷲尾洋三（一九〇八〜一九七七）が久世山のことを書いているいい文章があるので、引用させていただく。

牛込の弁天町に近いわたしの生家の物干しからは、方角によってはかなり遠くの方まで、すっきりと見渡せた。三階以上の建物の如きは、丸の内界隈ならいざ知らず、たいていの町では、病院でもなければついぞ見られなかった時分である。高台からの眺望に、取り立てて眼ざわりとなる障壁は少なかったといえよう。

江戸川の向うにそびえる久世山《くぜやま》などという丘は、わたしの家の物干しからも望見できた。冬ならば、その久世山の上の原っぱで凧《たこ》を上げる子供たちの姿が、望遠鏡を用いれば、容易に認められたであろう。

久世山は、江戸時代の大名久世大和守〔下総関宿藩主《しもうさせきやど》〕の、たぶん下屋敷の邸跡で、この高台は丘つづきに音羽の故鳩山一郎邸〔現・鳩山会館〕につらなる。小学四、五年生の足で、うちからものの三十分ほどの道程《みちのり》を、少年のわたしは、着ぶくれた筒っぽの紺飛白《こんがすり》すがたで、よく久世山へ通ったものである。

皹《ひび》や霜やけで紫ばんだ手に、軍手ぐらいは嵌《は》めて、虚心に凧上げをつづけたのであろうか。

『東京の空　東京の土』北洋社　一九七五・十　Ｐ５～６

久世山は大正時代に次第に住宅地となり、堀口大学（一八九二～一九八一）も一九二五年から一九三二年まで住んだ。

※『ぶんきょうの史跡めぐり』（第四版）文京区教育委員会　一九九八・一　Ｐ196「関口大洗堰跡」Ｐ204「久世山・鷺《さぎ》坂」Ｐ205「神田川（江戸川）」

この本のカバーが、神田上水取水口、関口の大洗堰（伊藤晴雨・画）である。

※関宿は現在の千葉県野田市北端で、関宿城博物館がある。北千住から東武スカイツリーラインで東武動物公園まで行き、そこからバス（一時間に二本）で約三十分、関宿台町の先の新町下車と

なる。

※柏倉康夫『敗れし國の秋のはて　評伝堀口九萬一《くまいち》』左右社　二〇〇八・十　堀口大学の父親の評伝。久世山（小石川区小日向水道町一〇八）の家は一九二五年新築、一九四五年五月空襲により焼失

※黒沢明（一九一〇〜一九九八）は小学六年の時に久世山で他の小学生達とけんかになった時のことを書いている。石や土の塊を投げてのけんかである。『蝦蟇の油―自伝のようなもの』岩波書店一九八四・六　P60〜61

大日坂の上（小日向二―二十六と二十七の間）を西へ左折して突き当たり、更に南へ左折すると、階段状の八幡坂に出る。西側（旧・小石川三―九十三、現・音羽一―六―一）に石川啄木旧居跡――一九〇二年上京して最初に下宿した家の跡――がある。先ほどの突き当たりを北に右折し、左側に鳩山会館の裏門を見て直進、音羽一―十二の所を左折すると鼠坂（森鷗外に「鼠坂」という作品がある）に出る。下って行って音羽通りに出たら左折し、しばらく行くと鳩山会館表門に出る。中に入り、カーブする道を上って行くと、鳩山会館（旧・鳩山一郎邸）に到着、有料で見学が出来る。小日向台地の上にある別世界である。かつてここで暮らしていた人は通りから家までの上り降りが大変だったろうな、と思う。若い

時はいいが、老齢になってからはきつかっただろう。通りから家までのエレベーターが要るような気がする。なお、鳩山一郎の父親の鳩山和夫は、元衆議院議長で、東京専門学校（現・早大）の校長をやったこともある人、とのことである。初めて知った。四世代議会関係者で、今の館長は鳩山威一郎の子どもの鳩山由紀夫。

元に戻り、八幡坂を降りて行くと、今宮神社の北側に出る。右折すると坂下に出るが、ここでは直進し、少し平地を行くと、再び坂――鷺《さぎ》坂となる。途中、坂の説明板の所から直角に右折し、そのまま進むと音羽通り・ファミリーマート横に出る。

鷺坂の由来。堀口大学や、近くに住んで居た三好達二、関口に住んでいた佐藤春夫等が山城国《やましろのくに》（京都府）の「久世の鷺坂」になぞらえて「鷺坂」と付けた。

山城の久世の鷺坂神代より
春は張りつゝ秋は散りけり
（「万葉集」巻九・雑歌）

※『ぶんきょうの坂道』文京区教育委員会　一九八九・五　第四刷

『文京ゆかりの文人たち』（増補改訂第三版）文京区教育委員会　一九九六・四
『歩いてみたい東京の坂（上）』地人書館　一九九八・十二
『江戸東京坂道事典』新人物往来社　一九九八・二　コンパクト版　二〇〇三・九
山野勝『古地図で歩く　江戸と東京の坂』日本文芸社　二〇一二・九「第7章　小日向《こひなた》の坂」
※東雅夫『日本幻想文学事典』（日本幻想文学大全）ちくま文庫　二〇一三・十二　P125〜128「森鷗外」

音羽通りから江戸川橋に戻り、東へ巻石通り（旧・神田上水跡）を進んで行く。小日向台地の下の道である。先ほど上った大日坂入口を過ぎると、黒田小学校・文京区立第五中学校跡、現・文京総合福祉センターが左側にある。黒田小学校は永井荷風、黒沢明（一九一〇〜一九九八）の出身校である。元は旧福岡藩主・黒田長知《ながとも》が一八七八年（明治十一年）に創立した黒田学校。

黒沢明の家は巻石通りの南、小石川区西江戸川町九、現在の水道一丁目四、印刷博物館の近くにあった。父親・勇（一八六一年生まれ）は陸軍戸山学校出身で母校の教官をやった後、現在の日体大創立にかかわった人である。

※黒沢明は小学生の時、姉達とともに父に連れられて戸山学校に行き、野外演奏場で軍楽隊の演奏

を聴いた時のことを書いている。父は既に一八九一年から日本体育会体操学校に勤めていたのだが。『蝦蟇の油―自伝のようなもの』岩波書店　一九八四・六　P67　同時代ライブラリー　一九九〇・三　P60　岩波現代文庫　二〇〇一・八　P61

永井荷風の家は水道一丁目の北東、金剛寺坂を上った春日二丁目にあった。父親はアメリカ留学後、工部省、文部省、内務省に勤めた後、日本郵船に勤めた人である。

少し進むと、文京区小日向一・二丁目南遺跡、神田上水旧白堀（開渠の堀）跡がある。ガラス張りになっていて、見ることが出来る。

江戸川橋の西、上流の大滝橋を渡ってすぐ左側に、「神田上水取水口大洗堰跡」の説明板がある。神田川の源は井の頭池で、善福寺池・妙心寺池の流れを落合で合わせ、関口大洗堰で取水して上水路に流し、余水は神田川（江戸川）に流した。神田上水は今の江戸川公園を通って、江戸川橋、巻石通りを経て、小石川後楽園（水戸藩上屋敷）に流れ込み、水道橋近くの懸樋（木製のとい）を通って、地下の木樋《もくひ》や石樋《せきひ》により神田、日本橋の方に給水された。

一九〇〇年（明治三十三年）、近代上水道が敷設されたことにより、神田上水は上水としての市内給水を停止し、砲兵工廠（現在の東京ドーム、東京ドームシティにかつてあった官営兵器製造工場。昭和八年、小倉に移転）への工業用水として利用されることとなった。

大正末年、水質・水量が悪くなり、一九三三年（昭和八年）、取水口が塞がれた、とのこと。

大滝橋から、江戸川公園内を進んで行くと、湧き水だろうか、岩の間を流れている。ちょうど紅葉の時期で、いい雰囲気である。大洗堰由来碑と説明板があり、神田上水取水口の石柱（流水量を調節する「角落《かくおとし》」と呼ばれる板をはめ込むためのもの）が記念として置かれている。

目白台下にあり、神田川沿いの、大滝橋から江戸川橋までの江戸川公園は、神田上水記念公園《メモリアルパーク》である。

上流の駒塚橋近くの水神社（神田上水の守護神）、関口芭蕉庵（松尾芭蕉は神田上水改修工事に携わり、龍隠庵という水番屋に住んだ。それを記念してこう名付け、建物を復元したもの）を見て、江戸川公園を通り、巻石通り・後楽園を経て、水道橋の神田上水懸樋跡まで歩くコースは、一度、通して歩いてみたいものである。

※『神田上水関口村大洗堰水番人関係資料』文京区教育委員会編・刊　二〇一五・十二　大洗堰の図版が多数収録されていて、参考になる。

※門井慶喜『徳川家康の江戸プロジェクト』祥伝社新書　二〇一八・十二　「江戸を歩く④―関口

大洗堰」Ｐ184～187
※門井慶喜『家康、江戸を建てる』祥伝社　二〇一六・二「大洗堰」Ｐ232～　祥伝社文庫　二〇一八・十一　「大洗堰」Ｐ二八〇～
※『徳川家康入府後の神田川を歩く』（新宿歴史博物館　第三回歴史文化探訪、全14頁の冊子）二〇一八・六・九
…大洗堰跡・江戸川公園～白堀跡～後楽園～竹橋～平川門という歴史散歩で、通して歩くことが出来た。

元に戻る。神田上水旧白堀跡を過ぎて左折し、服部坂を上ると、左側に小日向神社がある。『黒沢明　夢のあしあと』（黒沢明研究会編、共同通信社・ＭＯＯＫ21　一九九九・十二）Ｐ35を見ると、「小日向神社で同級生交歓（一九七六）」として、黒沢明と植草圭之助の写真が載っていて、「黒田小学校はなくなったが、鳥居も石段も銀杏も、当時のままだった。」とある。植草の『わが青春の黒沢明』（文春文庫）には二人の交流が詳しく描かれている。

戦前は小日向神社の手前（坂の中腹）に黒田小学校の校門があったようだ。

服部坂は左右二手に分かれるので、右の方を上って行くと、左側（小日向二―一―三十）に新渡戸稲

造旧居跡がある。一九〇四年から一九三三年まで居住し、ニトベ・ハウスと呼ばれていたとのこと。

小日向台町小学校の横を通ってヤマザキYショップの所を左折すると、切支丹屋敷跡に出る。イタリア人宣教師、シドッチが幽閉されていた所である。ずいぶん昔（四十年以上前？）、一度来たことがあった。今度が二度目。二年前（二〇一四年）、偶然シドッチの骨が発見され、新聞に出ていたのを覚えている。

今、手元に、一九七〇年版文京区詳細図がある。歩いた所を赤鉛筆でたどってあるので、見てみると、江戸川橋から右折して巻石通りをずっと歩き、称明寺の東側を左折して荒木坂を上って行く。左折して切支丹坂を上ると、切支丹屋敷跡に出る。この辺は小日向一丁目。今上った坂を降りて行き、丸ノ内線のトンネルをくぐって北に向かい、小石川四丁目、小石川植物園をぐるっと回り、小石川五丁目、旧教育大横を通って小日向三丁目、二丁目、小日向神社横の服部坂を降りて右折、巻石通りを経て江戸川橋へ、というコースである。切支丹屋敷跡、あるいは小日向の住宅地の雰囲気に触発されてであろうか、家に帰って短歌を数十首詠んだのを覚えている。一九七〇年代前半のことである。

二〇一六年十一月十二日。上野の国立科学博物館に行く。文京区小日向一丁目の切支丹屋敷跡から発掘されたヨハン・シドッチ（一六六八〜一七一四、イタリア人の宣教師）の骨を元に樹脂で復元した顔の展示を見る。没後ちょうど三百年の二〇一四年に、集合住宅建設工事に伴い骨が発見され、ＤＮＡ分析の結果、シドッチのものであると確定された。発見のタイミングが十年後でも十年前でもだめだったようだ。十年後だとＤＮＡが経年変化で破壊されてしまっていただろうし、十年前だとＤＮＡ分析技術がまだそこまで進歩していなかったから、とのことである。

発掘された人骨のＤＮＡがヨーロッパ人、特にイタリア人によくあるもので、切支丹屋敷に埋葬されたイタリア人がシドッチだけだったので、確定されたのである。実はそれ以前にもイタリア人宣教師ジョセフ・カウロ（一六〇一～一六八五）が幽閉されて死亡したのだが、埋葬地は別の所だったとのこと。

※「よみがえる江戸の宣教師《バテレン》――シドッチ神父の遺骨の発見と復顔」国立科学博物館　二〇一六・十一・十二～十二・四　展示解説パンフレット

『ぶんきょうの歴史物語――史話と伝説を訪ねて』文京区教育委員会　一九八八・三　Ｐ34「岡本三右衛門」（カウロの改宗後の名前）Ｐ40「長助とはる」Ｐ41（白石のシドチ尋問）

切支丹屋敷跡から北へ進み、メゾン蛙坂を左側に見ながら蛙坂を下って行く。よっぽど蛙がたくさんいた所なのだろうか。カーブして坂下（この辺が小石川台と小日向台の間の茗荷谷になる）から西へ行くと、左に拓殖大学、右に浄土宗深光寺――『南総里見八犬伝』の滝沢馬琴の墓のある所――がある。この間を北へ上って行くのが茗荷坂で、丸ノ内線茗荷谷駅に出るが、途中右側に林泉寺――願かけのとき地蔵を縄で縛り、願がかなったらそれをほどくという、縛られ地蔵で知られる――がある。一九九七年八月一日に死刑を執行された、死刑囚作家・永山則夫(一九四九年生まれ)の葬儀が行われた所である。当時の新聞記事を引用しておく。

永山元死刑囚葬儀に一二〇人

一日に刑を執行された「連続射殺事件」の永山則夫元死刑囚(48)の葬儀が一四日午後、東京都文京区の林泉寺で営まれ、支援者ら約一二〇人が参列した。差し戻し二審の途中から弁護を担当した遠藤誠弁護士が喪主を務め、「永山君には眠ってほしくない。死刑廃止運動の支えになってほしい」と葬儀後、静かに話した。遺骨は獄中結婚した元妻が引き取るが、遠藤弁護士にも分骨され、それぞれ永山氏の希望通りに故郷の北海道・網走のオホーツク海に散骨するという。

葬儀では、『死刑囚永山則夫』の著書がある作家の佐木隆三さんが弔辞を述べ、「世界的に見ても、このような経歴の人が小説を書くのは珍しい。異端児だが、小説家の中の小説家と思っている」と文学的に高く評価した。また、遠藤弁護士は、永山氏が「出版して印税を貧しい人のために使ってほしい」と言い残した小説「華」の原稿が引き取った遺品から見つかり、原稿用紙三四三七枚に達することを明らかにした。「華」は東京・新宿のホームレスをテーマにしている。

「毎日新聞」一九九七・八・十五　朝刊24面記事全文

私は一年浪人して大学に入った年（一九七一年）、永山則夫の獄中記『無知の涙』（合同出版）を読んだ。新鮮な感動があった。赤瀬川原平の装丁もよかった。小説「木橋」（新日本文学賞受賞）「土堤」も読んだ。

勤めをリタイアした（二〇一一年）後、文献探索研究会で活動していたが、永山則夫を主とする「獄中作家文献目録」を作ることになった。永山のその他の小説も読み、簡略な年譜も作った。永山の生まれた網走、中学卒業まで過ごした板柳も訪れてみた。東京拘置所にも行ってみた。

東京地裁の一審の最初からちゃんと裁判を受けていれば、無期懲役で結審してもおかしくないと思った。四人殺したからどうせ死刑、と思い込んで、初めちゃんと裁判を受けなかった。育った環境、精神年齢、殺意の有無（殺人なのか傷害致死なのか）、精神鑑定の結果、著作活動等を考慮すれば、無期懲役もあり得ると思った。四人殺して死刑にならなかった者はいない……それは成人の場合である。永山は犯行当時十九歳、しかも精神年齢はそれよりもはるかに低い。永山の最初の弁護人の助川武夫が永山裁判批判を書いている。

一九九七年の神戸連続児童殺傷事件のとばっちりを受ける形で、永山は死刑を執行されてしまった。少年犯罪に対して断固とした措置を取るべきだという世論が盛り上がり、この機会を逃したらもう永山に死刑を執行する機会は二度とやって来ないかもしれないと法務省の役人（たぶん東大出の）が考えて、執行したのだろう。ちょうど身元引受人のいない、空白の期間をねらわれてしまった。執行の翌日、支援者に遺体を確認される前に、火葬にされてしまった。抵抗する永山を暴力でぐったりとさせて担ぎ上げ、刑場に運んで行って首に縄をかけて殺したのである。坂本敏夫が詳しく書いている。

永山は中国の社会主義をまだ信じていた。中国は少数民族にもちゃんと配慮する、すばらしい社会主義の国だと思っていた。その点ではある意味、幸福だったのだろうか。体は拘置所に囚われているが、思想的には革命家である。死刑囚であり、詩人・小説家であり、革命家。

永山のある所まではついて行けるが、そこから先はついて行けない気がする。勿論、長い間の拘禁生活で、誇大妄想・被害妄想になるのはやむを得ない所があるのだが。

ともかく、私がこれまでに出会った中で、最も衝撃を受けた人物であることは確かだ。人間は読書によってここまで変わることが出来るのか……。

二〇一七年七月二十九日。横浜から上野東京ラインで東京へ。丸ノ内線に乗り換え、本郷三丁目の次、後楽園へ。南北線に乗り換え、東大前下車。東大農学部の門を見て、通りを渡る。文京区立第六中の南側の細い道を通って大通りに出る。北西方面に少し行くと、左側に目指す日本基督教団西片町教会がある。

「第十四回永山子ども基金　チャリティトーク＆コンサート　ペルーの働く子どもたちへ」という催しがあり、たまたまチラシを見て、参加することにしたのである。入ってみると、いかにも歴史のある、建物の雰囲気がよい。映画「ペルーの働く子どもたち物語」の上映、石川義博と大谷恭子のトーク「虐待と犯罪、そして再生――永山則夫の精神鑑定から」、三上寛のコンサート「望郷」等がある。永山が処刑されて二十年の年に、石川さんの生のお話を聴くことが出来てよかった。永山は石川さんと出会うことが出来て幸せだった（大谷さんの言葉）。また、三上寛さんの「ピストル魔の少年」を生で聴くことが出来、よかった。

※石川さんと大谷さんのトークは冊子（全18頁）になっていて、読むことが出来る。永山子ども基
金　二〇一八・七

二〇一七年八月一日＝永山則夫没後二十年の日。横浜から上野東京ラインで赤羽へ。南口から東へ向かう。赤羽公園の南側を通って更に直進、左側、志茂二―十六―三に「いのちのギャラリー（永山則夫遺品・資料室）」がある。市原みちえさんの自宅の一階を開放した、私設ミュージアムである。永山の著作・参考文献、写真・原稿等が展示されている。『無知の涙』の原本のノート、「木橋」の原稿等も見せてもらう。永山はなぜ遠藤誠弁護士――最もよく永山のことを考えてくれている人に身柄引受人を頼まなかったのか？　遠藤さんが釈迦・マルクス主義者なので、つまり仏教＝宗教をまだ信じているところが気に入らなかったので。もし永山が初めから裁判をちゃんと受けていれば（そして事実認定もちゃんとされていれば）無期懲役で結審してもおかしくなかったのではないか。等々、様々な話が出た。翌二日、私の「獄中作家文献目録（永山則夫他）」（『文献探索人叢書・書誌選集ⅡⅢ』）を直接寄贈させていただいた。

茗荷谷駅に出たら右（東）へ行き、跨線橋を渡る。春日通りに出たら、南東方向に歩き、左折すると播磨坂桜並木に出る。しばらく行って左折すると、石川啄木終焉の地（文京区小石川五―十一―七、旧・小石川区久堅町七十四―四十六）、歌碑、顕彰室がある。まず、（株）樹村書房のビルの壁にある終焉の地の説明板を読む。少し離れてその左に、原稿の文字をそのまま使った歌碑がある（直筆原稿を陶版にして嵌め込んである）。

呼吸すれば、
胸の中にて鳴る音あり。
凩《こがらし》よりもさびしきその音！
眼閉づれど
心にうかぶ何もなし。
さびしくもまた眼をあけつるかな
石川啄木晩年草稿より

啄木最後の歌。死後出版の第二歌集『悲しき玩具』の冒頭を飾っている。

そして更に左、珠泉会館（高齢者施設）のビルの一階に、石川啄木顕彰室がある。石川啄木の人生（年譜・写真）、山本千三郎・とみ子（啄木の次姉夫婦）宛書簡、文京区と盛岡市、文京区内の啄木ゆかりの地――赤心館・蓋平館別荘・喜之床・観潮楼、第一号歌碑（盛岡市玉山区渋民、旧渋民村）と終焉の地歌碑、石川啄木最後の歌、等の展示説明がある。

歌碑と顕彰室は二〇一五年に出来たとのことだが、文学愛好者には実に有難い。来てよかったなあ。

石川啄木はやっぱりいいなあ。と思う。

実は今、原稿用紙に啄木の歌を書き写して、眺めているうちに、涙が出て来た。

私が高校の教員をやっていた時、啄木のよく知られている歌や私の目に留まった歌を抜き出して一枚のプリントにし、それを配って、自分の気に入った歌を三首以上抜き出してコメントを書く、という課題を出したことがあった。結果を集計して、そのクラスあるいは数クラスの人の選ぶ啄木の歌ベスト3、ベスト10を発表したことがあった。今の十代後半の人間の心にも通じる歌なのだな。

播磨坂に戻って右折し、上って行くと、春日通りに出る。横断歩道を渡って直進し、トンネルをくぐると、貞静学園短大前、左手の先ほど下った蛙坂を逆に上って行く。南進し、小日向一丁目遺跡の説明板、切支丹屋敷跡の説明板を見て左折し、切支丹坂を下って行く。トンネルをくぐって右折し、南にずっと進んで行くと、巻石通り（神田上水路跡）に出る。交番の所を左折すると、左側に国際仏教学大学院大学があるが、ここ（春日二―八―七）が徳川慶喜終焉の地、屋敷跡である。元・荻野山中藩下屋敷であった所。

増上寺、寛永寺とともに、徳川家の菩提寺である伝通院《でんづういん》（徳川家康の生母・於大《おだい》の方《かた》や千姫等の墓がある）や小石川後楽園（かつて水戸藩上屋敷があり、慶喜はここで徳川斉昭《なりあき》の七男として生まれた。神田上水はここに流れ込み、水道橋近くの懸樋を通って神田・日本橋一帯の飲料水となった）に近いので、この地を選んだのであろう。

徳川慶喜はここに一九〇一年（明治三十四年）から一九一三年（大正二年）まで居住し、現在、横の坂上から中に入った所にある大銀杏――この左手に玄関があった――が昔を語る唯一のものとなっている。

榊原喜佐子『徳川慶喜家の子ども部屋』（草思社　一九九六・十二）巻頭の「小石川・第六天町徳川慶喜邸見取図」（昭和初年〜二十年ごろ）を見ると、なるほど、正門を入ると銀杏の大木があり、築山を挟んで左に玄関がある。敷地三千坪、建坪千坪余り。北側に使用人の住宅、正門以南が邸宅、その南に芝生の庭（傾斜地）と築山と御霊殿、そして使用人の住宅、となっている。

※井手久美子『徳川おてんば姫』（東京キララ社　二〇一八・六）Ｐ12〜13に「明治44年（一九一一）頃の徳川慶喜邸再現模型（国際仏教学大学院大学）」の写真が載っている。Ｐ187には現在の銀杏の木の前の著者（徳川慶喜の孫）の写真。

※竹内正浩『地図と愉しむ東京歴史散歩　地形篇』中公新書　二〇一三・七　Ｐ148〜「最後の将軍の小日向邸」

竹内正浩『カラー版　重ね地図で愉しむ江戸東京「高低差」の秘密』宝島社新書　二〇一九・三　Ｐ52「慶喜邸前の巻石通り」

巻石通りを更に東に進んで行くと、春日二―五と四の間を上る金剛寺坂に出る。二―四の角の所に坂の説明板がある。坂を上って、本田勤労会館の所を右折し、更に左折した所、春日二―二十―二十五辺りが永井荷風の生育地である。一八七九年（明治十二年）から一八九三年（明治二十六年）まで居住した。大田南畝が一八〇四年（文化元年）から一八〇九年（文化六年）まで居住した金剛寺坂鶯谷（多福院の南のあたりか）に近い。荷風は蜀山人大田南畝を敬慕している。

※籠谷典子編著『東京１００００歩ウォーキング16　文京区小石川後楽園・植物園コース』明治書院　二〇〇六・四　P99

北進すると、春日通りに出る。右折し、十字路に出たら左折すると、伝通院。清河八郎（浪士隊にいたが暗殺された。浪士隊の結成大会は一八六三年、伝通院の塔頭の一つ、処静院で行われた）や佐藤春夫の墓（隣同士になっている）、徳川家康の母・於大の方（法名が伝通院で始まるので、寺の名が伝通院となった。元々この母を葬るために造られた寺）や千姫（徳川秀忠の娘、豊臣秀頼の妻）の巨大な墓、柴田錬三郎のユニークな墓（ピラミッド状の四角い墓の横に球体――眠狂四郎の円月殺法を表わしているようだ――がある）等々がある。昔、柴錬原作の「図々しい奴」をテレビでやった時に主役を演じた丸井太郎が、戸塚で選挙の応援演説を車の中からやっているのを偶然通りかかって見たことを思い出した。原作はカッパブックスで読んだと思う。

伝通院を出て、左（東）へ行くと、角の家（小石川三―十七―十六）が旧幸田露伴邸である。標札には「青木・幸田」とある。近く（小石川三―十八ポケットパーク内）に、「善光寺坂のムクノキ」の大木がある。樹齢四百年の古木。昭和二十年五月の空襲により上部が焼けてしまったもの。江戸時代、ここは伝通院の境内だったとのこと。塀の上にマダラ猫がいる。通る人が何人も撫でていく。よっぽどこの場所が好きなのだな。

旧露伴邸の横を北から北西にずっと入って行くと、伝通院の裏あたり（小石川三―十三―三）に野間宏終焉の地がある。『真空地帯』『青年の環』『狭山裁判批判』等々。蔵書は神奈川近代文学館に寄贈された。

小林勝（一九二七～一九七一）が読者投稿欄（文芸欄）の選者をやっていた「学生通信」（三省堂の高校生向けタブロイド版新聞）のバックナンバーを神奈川近代文学館で調べたことがあるが、野間邸にあったものだった。「学生通信」の創刊準備号か創刊号に、野間宏が寄稿していた。新日本文学会の関係で、小林勝が選者をやったのであろう。

元に戻り、伝通院前から南進し、春日通り交差点を直進、安藤坂を下って行く。巻石通り（神田上水路跡）に出たら左折すると、左側が北野神社（牛天神）である。更に左折すると、小石川後楽園に出る。隣が東京ドーム（その前が後楽園球場）。後楽園の庭園は一、二度、球場は小学校の時に何度か入ったことがあるが、ドームはまだ一度も入ったことがない。

水道橋から神田川（外堀）沿いに歩くと、石造のモニュメントがある。今回、初めて知った。都立工芸高校の通りを挟んで向かい側である。しばらく行くと、昭和第一高校正門の道路を挟んで向かい側あたりに、神田上水懸樋《かけひ》跡の記念碑がある。神田上水は関口大洗堰で取水し、水戸屋敷の中を通ってから外に出て、ここから川（堀）の上に架けた木の樋《とい》を通り、地下の木樋《もくひ》・石樋《せきひ》により神田、日本橋方面に給水された、日本最古の都市水道である。

都立工芸高校の裏、宝生能楽堂の横の忠弥坂（坂上北側に丸橋忠弥の槍の道場があり、慶安事件で捕えられた場所にも近いので、この名が付けられた）を上った突き当たりが本郷給水所公苑（給水所の上に盛り土して庭園にしたもの）で、奥の方に、昭和六十年代に発掘された神田上水の石樋が移築復元されている。

公苑の南東に、東京都水道歴史館がある。一階が近現代水道、二階が江戸上水の展示、となっている。神田上水・お茶の水の懸樋の模型や木樋がある。上水記という古文書もある。三階がライブラリーで、様々な関係資料が集められている。ちょうど順天堂大学の裏になる場所にあり、今回初めて知った。小学校の社会科見学の気分？　ちょうど団体の見学者が来ていて、アテンダント（案内係）の説明を一緒に聞くことが出来た。興味深い内容で、楽しめた。

※神田上水公園というのがあるのを、最近知った。高田馬場駅から早稲田通りを南西に行くと、小滝橋に出るが、その下を流れる神田川の上流右岸（東側）にあるのが神田上水公園である。この公園を通って更に南に行くと、淀橋、青梅街道に出る。東に左折してずっと行くと、新宿駅。

※舘野皙《たてのあきら》編著『韓国・朝鮮と向き合った36人の日本人』明石書店　二〇〇二・四　P206～211　林浩治「小林勝　侵略者としての自己嫌悪を育んだ故郷朝鮮」

目白台、江戸川公園、戸山公園

大願寺隣の山猫山房（私の実家、現在はマンションになっている）から早稲田通りに出て、大日本印刷榎町工場の横を通って北に向かい、神田川に架かる大滝橋か一休橋を渡って江戸川公園に行く。階段を上がって目白台アパート（かつて円地文子が住んでいた。現・目白台ハウス）、関口台町小の横を通って、椿山荘前に出る。通りの向かい側に、東京カテドラル聖マリア大聖堂（丹下健三設計）がある。目白通りを少し進んで左折すると、やがて胸突坂に出る。右側には永青文庫（細川家コレクションのミュージアム）、そして、神田上水の守護神、水神社が見えて来る。この道、何度通ったことだろう。坂下に駒塚橋、その右手に新江戸川公園（細川家下屋敷跡、現在は肥後細川庭園と名称変更）がある。

※『ぶんきょうの史跡めぐり』文京区教育委員会　一九九八・一　第八版　P194「水神社（目白台一―一―九）」

「牛込柳町界隈」第29号　二〇一七・十一　P2〜6「永青文庫」→『神楽坂から早稲田まで③』

柳町クラブ

三月末から四月初め、駒塚橋から上流の神田川沿いの桜は実に見事である。両岸の桜がアーチ状になって川面を覆っている。ここ数年、私はここに花見に来ている。今年も桜を見ることが出来たが、来年はどうだろうか（竹内まりやの「人生の扉」が思い浮かぶ）。

先ほどの目白通りを左折せずに西進し、日本女子大のすぐ手前を右折すると、窪田空穂終焉の地・窪田章一郎宅（目白台二―四―十六）がある。玄関の近くに巨木のある家である。

目白台の空を真北に渡る雁
まれに見る雁の四五十羽かも

窪田空穂

窪田空穂と死刑囚歌人・島秋人（本名・中村覚《さとる》、ペンネーム秋人を音読みすると、しゅうじんになる）との交流はよく知られている。空穂が毎日歌壇で秋人の歌を選んで掲載して以来の交流である。松本市の窪田空穂記念館の二階には島秋人コーナーがある。

ぬくもりの残れるセーターたたむ夜

一日《ひとひ》の命両手《もろて》に愛《いつ》くしむ
この澄める心在《あ》るとは識らず来て
刑死の明日に迫る夜温《ぬく》し

この当時は前日に死刑を予告され、親しかった人との面会＝最後の別れをすることが出来たのである。ちなみに、ポール牧や東国原英夫（そのまんま東）が島秋人を一人芝居で演じている。東国原英夫のはＤＶＤになっている。『アキト～詫びても詫び足りず～』東北新社　101分＋特典32分　二〇〇八・八　見ている者の胸に迫るものがある。

窪田空穂の子の章一郎は、おそらく目白通りから胸突坂を下り、駒塚橋を渡って、早稲田大学に教えに来ていたのだろう。一九七五年頃、月曜・一時限の「万葉集」の講義を私は聴いている。テキストは角川文庫の上下二冊。短歌の実作者らしい、味わいのある話だった。〔実際には、豊坂《とよさか》～豊橋、である〕

日本女子大前から目白通りを更に西進すると、明治通りと都電荒川線を跨ぐ陸橋、千登世橋に出る。直進すると左側に学習院大学の正門、そして目白駅に出るが、右斜め前方の道（この道をずっと直進すると右側に古書店・往来座があり、ジュンク堂書店、池袋駅前に出る）を少し行って左折すると、高橋義孝の家跡（目白二―四―二）に出る。
加藤建亜『したたかに酔ふや――高橋義孝先生』（里文出版　一九九九・七）を読むと、人に物をあげるのが好きな先生だったようだ（呉魔《くれま》と自称している）。特注の原稿用紙二束二千枚――満寿屋の原稿用紙より数等倍上等のもの――を頂戴した、とある。どんな原稿用紙だったのだろう。

江戸川公園はよく遊んだ公園である。高低差の魅力がある（庭園にもあるだろう。公園も庭園か）。下でキャッチボールをやったり、登って行って探検をしたり、日向ぼっこをしたり。ある時、どういう訳か水の流れていない水路に上の方から潜って、下の神田川の所に出たことがある。小学生で体がまだ小さかったから出来たのだろうが、他の子どもたちがやっているのを見て、まねしてやったのである。今思うと、ぞっとする。途中でもし大量の水が流れて来たらどうするのか。水没してしまうではないか。それとも、うまく下まで押し出されるのか。途中一ヶ所、水を溜める枡のようになっている所があったのを覚えている。この水路に潜ったのは一度だけである。今は立入ることが出来ないようになっている。土管から湧水（たぶん）が常に流れていた。大滝橋を渡ってすぐの公園内である。夏は冷たくて気持ちよかった。今はもうない。
桜の名所――家からすぐに行ける桜の名所というと、江戸川公園と戸山公園（箱根山）だった。

戸山公園（当時は戸山ハイツと呼んでいたが）もよく遊んだ公園で、陸軍戸山学校のプール跡（いちばん深い所に水が溜まっていた）、訓練用の断崖（ロッククライミングの練習をやっている人がいた）、軍楽隊の野外演奏場跡（演奏ステージがあった）、戸山荘庭園の築山＝箱根山等のある、ワンダーランドだった。早朝マラソンで行ったこともある（一、二回しかやらなかった）。箱根山山頂に初詣に行ったこともある。私にとっては、「戸山富士」のようなものだったのかもしれない。形を変えた富士山信仰である。

唐十郎が花園神社でやる前に、灰かぐら劇場と称して軍楽隊野外演奏場跡で芝居をやったことがある。出演者の方が観客よりも多かったという伝説的な舞台である。当時（一九六六年）は私は全く知らなかったが。

※写真集『唐組――状況劇場全記録１９６４―１９８２』パルコ出版　一九八二・四によると、一九六六年四月、戸山ハイツ浴場前プールのある空地で「腰巻お仙の百個の恥丘」を、同年十月野外演奏場跡で「腰巻お仙忘却篇」を上演している。その時の写真及び嵐山光三郎の「泥の季節」が載っている。

坪内逍遥が戦前（一九二一年）、ここ陸軍戸山学校構内で、ページェント劇（野外劇）を上演していたことを思い出した。坪内逍遥『わがページェント劇』という本を以前古本屋で買ったことがある。

※特別展図録『季節のうた——歌人窪田空穂生誕一四〇年・没後五〇年』文京ふるさと歴史館二〇一七・十　P15、36、64「豊坂」窪田空穂・章一郎父子は、豊坂～豊川稲荷～豊橋～早稲田電停というコースで、目白の自宅と早稲田大学との間を往き来していた。

石川悌二『江戸東京坂道事典』新人物往来社　一九九八・二　コンパクト版　二〇〇三・九　どちらもP110「豊坂」

拙著『硝子戸の外』二〇二二・八「窪田空穂と窪田章一郎」

目白、学習院、旧近衛邸跡、神田川

二〇一七年六月二十四日。横浜から東横線～副都心線直通で雑司ヶ谷下車、少し南の千登世橋から北西の目白二丁目に行き、高橋義孝宅跡（目白二―四―二）を確認。現在はALERO Mejiroという四階建てのマンションになっている。目白通りに出ると、私服刑事や制服警官が何人も立っている。午後三時頃。学習院前、目白駅前を通って西進、右折して少し行くと、右側に「赤い鳥」の鈴木三重吉宅跡（目白三―十八）がある。そこから左折して行くとTOKUGAWA VILLAGE（分譲住宅?）、徳川黎明会・徳川林政史研究所（渡辺仁設計の重厚な建物）がある。以前、「戸山荘絵図」を見に来たことがある。

※「特集　豊島区を楽しむ本」「東京人」318号　27（15）二〇一二・十一　H24・11　P92「徳川黎明会」P93「赤い鳥―鈴木三重吉旧居跡」

※藤森照信『完本・建築探偵日記』王国社　一九九九・八　P166～172「葵の御紋付きの徳川黎明会」

目白通りに出て、目白駅前、学習院に行き、大学内のトイレを借りる。何かの催し物が終わったのか、大勢の年配の人たちが歩いて来る。通りに出て、百周年記念会館近くの門の所を通ろうとすると、何人もの人がカメラを構えて門内の方を見ている。午後五時すぎ。どなたが来るのかと近くの人に聞いたら、天皇陛下、とのこと。五分くらい後、門内の向こうで車に天皇が乗る姿が見える。オートバイが先導し、車が門から出て来る。空いている窓から天皇のにこやかな顔が見える。歓声が上がる。思わずこちらも手を挙げる。あっという間に車が通り過ぎて行く。あ、撮れてる、と喜んでいる人たちの声。全く偶然、天皇の顔を拝することが出来た。この日は若きチェリストのコンサート（於・学習院大学創立百周年記念会館）を聴きに来校していたとのこと（二十五日朝のニュースによる）。

そう言えば、以前、上野の科学博物館の近くで、偶然、車の中の皇后・美智子さんの顔を拝したことがあった。頭を下げて、沿道の警備の人たちにご苦労様です、と言っているような感じだった。国立博物館のシルクロード展を見に行った帰りで、その時は天皇の顔は見えなかった。

千登世橋を渡って東進、右折し、宿坂《しゅくざか》を降りて行く。目白不動金乗院《こんじょういん》（丸橋忠弥の墓がある）、南蔵院（三遊亭円朝「怪談乳房榎」ゆかりの寺）を見た後、更に南下して行くと、面影橋の袂に出る。「山吹の里」の碑がある。神田川沿いに東進、駒塚橋、関口芭蕉庵、大洗堰跡・大滝橋を渡り、鶴巻南公園を通って、東西線早稲田駅に着く。大手町・東京駅に行き、東海道線で横浜へ。

※一九七〇年の浪人時代、会場・学習院大学で予備校の模擬試験を受けたことが何度もあった。そ

の帰り、目白通りから神田川近くに下りて、歩いて家まで帰ったことがあった。実家は新宿区榎町五十一番地にあった。

今の天皇は安倍首相を嫌っているだろうな、議会制民主主義、憲法を蔑ろにしているから、勿論口に出しては言わないが、……と今日何度も思っていたら、天皇の姿を実際に見ることになったわけで、こういう予兆のようなものがあることもあるのだな、と思った。

ずいぶん以前、こういう予兆・前知らせのようなものを経験したことは、何度かあった。

※行政を私物化する日本のパク・クネ、安倍晋三首相は国会議員をやめろ、というデモが起きても不思議ではないと思うが、全然起きる気配がない。日本人は甘いと言うか、忘れっぽいと言うか。マスコミの幹部も政権側と会食を重ね（ただで飲み食いし、そのお金の出所は官房機密費つまり元は国民の税金）、うまく丸め込まれてしまっている、骨抜きにされてしまっているということか。国民の幸福を考えたら、内閣退陣要求を突き付けなければ。私はそう思う。

七月三日（月）。東横線～副都心線直通で西早稲田下車、直進・北進し、明治通りと早稲田通りの交差点を東に右折して少し行き、左折、裏通りを北進、坂を下りて都電の線路を渡り、神田川の上の曙橋（面影橋の西）を通って氷川神社（高田総鎮守）、南蔵院、そして北の目白不動金乗院《こんじょういん》（丸橋忠弥の墓あり、近くで紫陽花の花が見守っている）と見て回り、そこから高南小の南側を西進して都電・学習院下、明治通りを渡り、学習院大の南側をずっと西進して山手線の線路の手前を右折、切手の博物館（水原明窗《めいそう》が創設、豊島区目白一―四―二十三）に行く。残念ながら月曜で休館。

※「特集　山の手１００名山」「東京人」316号　27（13）二〇一二・十　Ｈ24・10　Ｐ95「都電荒川線と面影橋界隈」

元に戻り、山手線の線路の下を通ってから北へ右折し、しばらく行って左折すると、左手にスペイン風の白い洒落た建物が見えて来る。日立目白クラブである。アール・デコ様式で、元は学習院昭和寮（一九二八年竣工）、設計者は権藤要吉――東京都庭園美術館（旧朝香宮邸、一九三三年）も設計している人――である。美術館とか文化センターにして、一般開放してくれると有難いと思う。ずいぶん昔、ここで親戚の新年会をやったことがある。

※松田力『東京建築さんぽマップ』エクスナレッジ　二〇一一・四　P118「徳川黎明会」P119「日立目白クラブ」「目白ヶ丘教会」
竹内正浩『地図と愉しむ東京歴史散歩　地形篇』中公新書　二〇一三・七　P147～148「日立目白クラブ」

少し北に行くと、目白ヶ丘教会があるが、これもなかなか洒落た建物である。更に北に行くと、道路の真中に欅の古木が立っているが、これは旧近衛邸（近衛文麿の父親の近衛篤麿公爵邸）の車廻しの所にあったと伝えられるものである。往時を偲ばせる地域文化財として残されている。この辺、新宿区下落合二丁目だが、俗に「目白近衛町」（旧近衛邸分譲地）と呼ばれているようだ。いかにもお金のありそうな家がいたる所にある。

南のおとめ山――江戸時代、将軍家の狩猟地で、一般の人の立入りが禁止されていたため、御留山《おとめやま》と呼ばれていた――公園内を通り、再び日立目白クラブ、切手博物館、その北の椿の坂を通って目白駅（日立目白クラブをイメージして造られたものか）へ。山手線で新宿に行き、湘南新宿ラインに乗り換えて横浜へ。

※「特集　山の手100名山」「東京人」316号　27（13）二〇一二・十　H24・10　P46〜47「華族の山―『おとめ山』として親しまれている近衛邸」

〔付記〕神田川に架かる面影橋、曙橋の上流、源水橋と戸田平橋の間、明治通りの西側の高田馬場二―六―十辺りが、「神田川」（一九七三）の作詞者、喜多條忠《まこと》が女性と同棲していたアパートのあった所である。現在はマンションになっている。笠井木材（二―十一―十四）の東二軒隣である。歌碑や説明板は残念ながらない。あってもいいと私は思うが。〔中野区末広橋袂に歌碑あり〕

〈ただあなたのやさしさが怖かった〉これは日常性（言わば小市民的幸福）に埋没して、時代・社会に対する異議申し立ての志が鈍る、挫かれてしまうことが怖いという、男の方の思いである。

※本橋信宏『高田馬場アンダーグラウンド』駒草出版　二〇一九・三「第三章『神田川』はいかにしてフォークの聖地となりしか」

本橋信宏『60年代郷愁の東京』主婦の友社　二〇一〇・六「五　名曲神田川にまつわる隠されたエピソードを探る」

高橋公《ひろし》『兵《つわもの》どもが夢の先』ウェイツ　二〇一〇・九　P57、58

Ⅱ　滝の坂界隈

私の新宿物語——箱根山ワールド逍遥

新宿と言うと、まず、歌舞伎町の歓楽街や新都庁をはじめとする西口の高層ビル群を思い浮かべる方が多いと思うが、私にとっての新宿はそうではない。私にとっての新宿は、高田馬場から飯田橋までの早稲田通りを中心とする南北の地域である。実家が榎町（早稲田通りと外苑東通りとの交差点の近く、滝の坂の途中）にあったので、東の神楽坂を通って飯田橋までは歩いて約二十分、西の高田馬場までは約三十分で行けた。北は鶴巻町を通り神田川に架かる大滝橋を渡って（既に文京区に入ってしまっているが）江戸川公園そして目白台まで、南は弁天町を通って柳町まで、以上がかつての私の大体のホームグランドであった。高校は渋谷から井の頭線でちょっと行った所だったが、それ以外の小・中・大学はこの地域内だった。ここで約三十年間過ごした。が、今では年に一、二回訪れるだけとなってしまい、たまに訪れると街の変わりように違和感を覚え、異邦人感覚を味わったりする（故郷は遠きにありて思うもの）。どうかすると全然足を踏み入れない年もあったりする。

小学校一年から三年くらいまで、家の近くの弁天公園でよく野球をやっていた（ちなみに、一年の時＝昭和三十三年、長嶋が巨人に入団した。私の野球人生は長嶋とともにあった。いや、これは冗談）。私は背が高かったので、たいていファーストか外野だった。夕方暗くなるまでやった。何しろ、テレビもファミコンもまだなかったのである。遊ぶと言えばまず野球、そういう時代だった。他に空地（まだ空地があった！）や鶴巻南公園でやったこともあった。

次に、江戸川公園では、目白台アパート（確か円地文子が住んでいた所だと思う。現・目白台ハウス）の下の崖のようになった所で、日向ぼっこをしたり、戦争ごっこ（２Ｂ弾という花火の投げ合い）をやったりした覚えがある。敗戦後十数年、まだ漫画雑誌に戦争物の比重が大きかった。家では飛行機や戦車の絵を描いたり、プラモデルを作ったりした。

戸山ハイツは旧陸軍戸山学校の跡で、木造集団住宅が建てられていた。確か生協前広場に街頭テレビが置かれていた。力道山の活躍していた時代である。箱根山という山があってここに登ったり、朽ち果てて一部雨水がたまっているプール（昭和十年に尾張徳川家の寄付で建設されたもの）に降りて行って遊んだり、かつて訓練に使ったコンクリート製岩壁（昭和五年設置、四十七年撤去）で大人がロッククライミングの練習をしているのを眺めたりした。野外音楽堂（昭和十八年建設。戦後荒廃し、二十八年復元。三十五年頃撤去）の跡があったのも面白かった（作曲家の芥川也寸志は昭和二十年、ここ―戸山学校軍楽隊―で学んでいたらしい）。それから、コッペパン山と名付けられた山（横から見るとコッペパンの形をしていたのだろう）があった。国立栄養研究所の建物（空襲で焼け残った旧陸軍軍医学校の建物）にはまだ戦争中の黒い迷彩（カムフラージュ、敵機に狙われにくくするためのもの）が施されたままだった。国立東京第一病院（旧陸軍病院）の近くには高射砲陣地の跡が残っていて、そこに降りて行って写真を撮ったりした。――私にとって、いや、当時そこで遊んでいた少年たちにとって、戸山ハイツは一つの巨大な原っぱだった。まだ整備されていない、自由に遊べる空間、工夫次第でいろいろな冒険をすることの出来る場所だった。

※『新宿区十五年の歩み』新宿区役所　一九六二・二　新宿区立中央図書館所蔵「集団住宅の建設」

※国立栄養研究所は、焼け残った旧陸軍軍医学校軍陣衛生学教室の建物を使っていた（『陸軍軍医学校五十年史』一九三六・十二　口絵に写真あり）。なお、軍医学校と、七三一石井四郎部隊長創設の防疫研究室（現在運動場になっている所にあった）とは、地下道でつながっていたとのことである（郡司陽子『【証言】七三一石井部隊――今、初めて明かす女子隊員の記録』徳間書店　一九八二　P117）

※『ガイドブック葵から菊へ――二十世紀の戦争遺跡から二十一世紀の平和を学ぶ』葵から菊を訪ね平和を学ぶ新宿戦争遺跡ネットワーク　二〇〇七・七　新宿区立中央図書館・戸山図書館、新宿歴史博物館所蔵　P27～「軍医学校・防疫研究所（室）、陸軍病院／骨は告発する」参照

※旧陸軍戸山学校全般については、鵜沢尚信『陸軍戸山学校略史』（一九六九・六）国会図書館所蔵

を参照

ここで、「箱根山は見ていた」といういい文章があるので、一部引用しておく。


昭和二十三年、軍隊のない日本に軍用地は不用であるから、東京都はここを自然動物園と競技場にする計画で仕事を始めるばかりにした。そのころ日本は米軍の占領下であった。第八軍東京軍政部司令長官ホーリングジェット大佐は、日本の役人を呼びつけた。

「東京の大勢の市民が家がなくて困っている。動物と人間とどちらが大切と考えとるか。軍の材料を恵んでやるから、大至急千戸の家と鉄筋コンクリートのアパートを造れ！」

翌日から米軍のブルドーザーが動き出し、川も池も、軍の施設は見る間に消えて、生まれたのは眼下に並ぶ千戸の戸山ハイツである。時に昭和二十四年三月、日本では最初の水洗便所付き集団住宅群である。ホ大佐は間もなく帰米したが、箱根山には、ホ大佐を記念する銅板の碑が建てられた。しかしこれは二十七年何者かに盗まれ、荒れ果てたままだったが、今は円形の休憩所となった。

（産経新聞社会部編『東京風土図１』現代教養文庫　一九六一・七、『東京風土図』ハードカバー一冊本・社会思想社　一九九三・十）

なお、明治通りを隔てて戸山ハイツの西方（現在交通公園や早大理工学部のある所）には陸軍射撃場（昭和の初め、鉄筋コンクリート造りのトンネル式のものが造られた。戦後米軍が使い、自衛隊も共同使用していたが、昭和三十三年接収解除となった）跡があり、私は残念ながら行ったことがないが、弾丸が多数落ちていて、そこで拾った弾丸に加工してキーホルダーにしたものを兄からもらったことがある。ずんぐりとした真鍮色のものと細長い銀色のものと、二種類だった。行ってみればよかったなと、今にして思う。この地（現在大久保三丁目）と山手線を隔てて西方に広がる地域（現在百人町三・四丁目）とを総称して戸山ヶ原と呼んでいた、ということを最近になって知った。

高低起伏のある地形で、線路の近くはナラ林、西北部はマツ、クヌギなどの雑木林、その他は一面の草原で、軍隊が使わない時は学校の遠足や、家族連れの散策地、学生や会社の野球、蹴球などでにぎわったものである。冬に雪が降ればまたにわかスキー練習場にもなった。
（芳賀善次郎『新宿の散歩道――その歴史を訪ねて』三交社　一九七二・十）

文字どおり巨大な原っぱであり、映画のロケも何度かここで行われたということだが（具体的にどの作品に戸山ヶ原が出て来るのか、もしも御存じの方は御教示いただきたい。チャンバラ映画の決闘シーンなどが撮影されたのか）、敗戦後昭和二十四年から鉄筋アパート群が建設されて行き（戦後の鉄筋アパート団地第一号）、すっかり変貌してしまった。ここでの人々の暮らしぶりについて、佐多稲子の「戸山アパート街」というルポルタージュ（井上友一郎編『東京通信』黄土社　一九五四・五　所収）がある。

※『新宿と文学―そのふるさとを訪ねて』新宿区教育委員会　一九六八・三　P64～69「戸山が原」
新宿歴史博物館所蔵

夏の一日、私は十数年ぶりに戸山ハイツを訪れた。ＪＲ新大久保駅で降り、大久保通りを東へ歩いて行く。明治通りを渡り、少し進んで、東戸山小学校の横を左へ曲がる（この辺にかつて人工岩場があった）。予想以上に緑が多く、道も整備されている。目指す箱根山をゆっくりと登って行く。生い茂った樹木の葉によって道が隠れがちである。何とか頂上にたどり着き、下界を見渡す。が、樹木にさえぎられてほとんど遠くを眺めることは出来ない。自動車の音も聞こえて来ない。一瞬私は、明治以前の戸山荘（水戸藩の後楽園と並ぶ名園だった）の時代にタイムスリップしたような錯覚に陥った（勿論これは小寺武久『尾張藩江戸下屋敷の謎』中公新書　一九八九・十二を読んでいたことによる思い入れがあったからである)。が、わずかに緑の間から高層アパートの一部が見え、私は元に戻り、下に降りて行く。野外音楽堂の跡、そして教会。なつかしい場所である。昭和三十年代だと思うが、テレビの「少年探偵団」にこの箱根山近辺が出て来た。少年探偵団と怪人二十面相とが対決する場面である。それから昭和四十年代、箱根山に登った時、偶然「太陽に吠えろ」の撮影をやっているところに出くわし、木之元亮や高松英郎の姿を見たことがある。他にも、テレビや映画に、けっこうこの箱根山は登場しているのではないだろうか(なお、ずっと時代を遡って大正十年、坪内逍遥指導の野外劇「熱海町のためのページェント」がこの陸軍戸山学校内広場で試演されている)。それにしても、この山にいったい何度登ったことだろう。私がこれまでに最も多く登った山であることは確かだ。いずれまた、今度は子どもを連れて登ってみたい。

さて、箱根山の周囲をぐるりと回り、過去の記憶と現在の景色とを照応させつつ、歩いて行く。勿論、底の方に雨水のたまったプールの廃墟など、もはやない。きれいに遊歩道が整備され、都営アパートが建っている。あたりまえだ。既に敗戦後四十数年たっているのだ。陸軍戸山学校時代の遺物などもはや無用のものだ。諏訪通り、穴八幡方面へ向かう。人工のせせらぎがあり、子どもたちが水遊びをしている。以前、この辺りに木造住宅がずっと並んでいたはずだ。広場があり、街頭テレビがあった。私はノスタルジックな気分に浸りながら、歩いて行く。思い出の戸山ハイツを歩いて行く。……

※田中昭三『日本庭園を愉しむ』実業之日本社　二〇〇二・一　P64～「尾張藩下屋敷・戸山荘のスケールと美―お殿様のテーマパーク」
田中正大『東京の公園と原地形』けやき出版　二〇〇五・六　P243～251「大名庭園と谷戸―戸山荘（一部、戸山公園）」
竹内正浩『写真と地図でめぐる軍都・東京』NHK出版新書　二〇一五・四　P94～101「戸山・大久保」

※『写真集尾張徳川家の幕末維新』吉川弘文館　二〇一四・三は、写真家大名の尾張藩主・徳川慶勝《よしかつ》の撮影した写真を収録しているが、「江戸屋敷と庭園―戸山下屋敷」P22～30に下屋敷内部と庭園の写真が載っている。『写真家大名・徳川慶勝の幕末維新――尾張藩主の知られざる決断』NHK出版　二〇一〇・十のP93～99「慶勝が撮った戸山荘」を参照
『将軍・殿様が撮った幕末明治―徳川慶喜・昭武・慶勝写真集』新人物往来社・別冊歴史読本47　一九九六・四　P54～64「尾張藩江戸下屋敷・戸山邸」（徳川慶勝）
『高須四兄弟　新宿・荒木町に生まれた幕末維新』新宿歴史博物館　二〇一四・九　P20～23「徳

川慶勝・戸山謹慎・「写真家大名」

よく歩いていた。今では信じられないくらい、よく歩いていた。十代から二十代にかけて、職業を持っていないから暇な時間がたくさんあり、よく散歩していた。コースは大体三つ、一つは戸塚・高田馬場方面、もう一つは江戸川公園・目白台方面、そして神楽坂・飯田橋方面。戸塚・高田馬場方面へは家から早稲田通りを真直ぐ行くこともあれば、鶴巻町に出て早大構内を通って行ったり、戸山ハイツ経由で行ったりすることもあった。早稲田の古本屋（二朗書房・五十嵐書店・文献堂他）、高田馬場のソーブン堂・未来堂・芳林堂などで本を買った。山手線の向こう側にまで足を伸ばすことはほとんどなかった。神田川を渡って江戸川公園に行き、上の方の見晴し台から一八〇度のパノラマを楽しみ、それから目白通りに出て椿山荘の前を通り、左へ曲がってしばらく歩き、胸突坂（この上から大隈講堂が見える）を降りて水神社の横を通り駒塚橋に至る、というコースもよく行った。駒塚橋を渡らないで右へ行くと新江戸川公園に出るが、ここは確か細川家の下屋敷跡で、あまり人が来ることもなく、静寂な趣があり、京都の庭に行ったような雰囲気を味わえた。橋を渡り大通りを越えてちょっと行くと早大正門前に出た。

※新江戸川公園は、かつて肥後熊本藩細川家の庭園だったことから、二〇一七年三月、肥後細川庭

園と名称変更した。

神楽坂（で思い出すのは五の日の縁日のバナナのたたき売りである。これは見ていて面白かった）を通って飯田橋まで行き、佳作座（今はない）で映画を見たり、ボート場でボートを漕いだり、逓信博物館（現在は大手町の方に移っている）で切手を眺めたり、というのもよくやった。このボート場近くの線路と土手を舞台にした小説を書いたことがあるほど、私にはなじみ深い場所だった。飯田橋から更に足を伸ばして九段下、神保町、駿河台下へ行き、本屋街・学生街を何度となくさまよった。家から矢来町、横寺町を抜け、法大通信教育部か日仏学院の横を通って新見附橋を渡り、法大の構内か横を通って靖国神社に出てちょっと休憩、それから俎（まないた）橋を渡って神保町へ、あるいは田安門をくぐり北の丸公園、竹橋を通って神保町へ、というコースもよく歩いた。できるだけ裏道を通った方が車の往来も少なく気分がよい。路地をさまようのは面白いものである。全く思いもかけなかった所に出て驚いたりする。見慣れた通りでもいつもと異なる角度から眺めると全く別のものに見えたりする。全く初めて足を踏み入れた所でも、以前見たことがあるような気がしたりする。歩いていた。やたらに歩いていた。歩行者の快楽。――歩いている間はともかく、学校からも家からも離れて、一人で自由でいられる。しばし自分の役割から逃れ、自由な思考を巡らすことが出来る。どうしようか迷っていたことに、解決の糸口が見付かったりする。今は歩く時間が少なくなった。仕事を持っているから仕方がない。が、そのうちまた思う存分歩いてみたい。歩く快楽に身を任せてみたい。

※飯田橋（正確には富士見町）の逓信博物館は大手町ていぱーく、更に東京スカイツリー下の東京ソラマチ９Ｆに移り、郵政博物館となっている。

※池田信《あきら》『新装版　１９６０年代の東京―路面電車が走る水の都の記憶』毎日新聞出版　二〇一九・二　Ｐ201「逓信博物館。富士見２丁目。１９０２年に日本の万国郵便連合への加盟25周年を記念して設立された博物館。交通と通信に関する各種資料と世界各国の郵便切手やハガキ８万種類を収蔵していた。」逓信博物館の写真は珍しい。

九月の風の吹き始めた頃、私は新宿歴史博物館（ＪＲ四谷駅から徒歩十分くらい、三栄町にある）を初めて訪れた。企画展「尾張徳川家戸山屋敷への招待」を見るためである。行ってみると、戸山高校（かつての戸山荘の敷地内にある）の生徒が文化祭の時に作ったビデオ「武士たちの聖域」をやっていたので見た。本格的なものなので驚いた。出来れば手に入れたかったが、残念ながら販売はしていなかった。絵巻物などの展示も見た。私はしばしの間、失われてしまった名園への空想旅行を楽しんだ。常設展示も見て、数種類のパンフレットを買い求めた後、そこをあとにした。四谷から東京駅に出て、横浜への帰途についた。快い疲労を覚えながら。

※『尾張徳川家戸山屋敷への招待』（平成４年度企画展図録）新宿歴史博物館編、新宿区教育委員会刊　一九九二・七

※『明治一五〇年、幕末、そして明治の戸山をめぐる』（新宿歴史博物館　平成30年度　第２回歴史・文化探訪、全13頁の冊子）二〇一八・五・二十　戸山公園（大久保地区）～諏訪神社～戸山公園（箱根山地区）～早大学生会館（龍門の滝跡）～穴八幡という歴史散歩。

さて、ここまで書いてから、十月も終わろうとする日、私は神奈川県立図書館に行って調べてみた。すると、嬉しいことに、芥川也寸志の「自伝抄〈歌の旅〉」という文章（『音楽の旅』旺文社文庫　一九八一・十二　所収）が見付かった。それによると、昭和十八年、東京高等師範学校附属中学から上野の東京音楽学校作曲科に入学し、翌年、一年上の團伊玖磨等とともに陸軍戸山学校軍楽隊に入隊している。

私たちの入隊は昭和十九年十月一日であった。国電新大久保の駅前で、学友たちが、〈海ゆかば〉

を歌って送ってくれた。同級の女子生徒たちは、みんなポロポロ涙を流していた。

陸軍軍楽隊のシステムは、まず戸山学校の軍楽生徒となり、一定の教育期間を経て、隊員になるというものであった。本来の教育期間は二年だったそうだが、非常時で一年になり、私たちの時には戦時下でさらに六ヶ月に短縮されていた。……

陸軍戸山学校のあった所は、徳川時代からの尾張侯の別邸で、広大な庭園には東海道の山や川が作られ、私たちの時代になっても箱根山があり、大井川があり、一番はずれにはかなりの広さの琵琶湖という、本物と同じ形をした沼があった。つつじの群生している箱根山は、旧東京市の三角点があった所だけにかなり高く、ここへ登ると上野の森や寛永寺の屋根がよく見えた。

ああ、あの森へまた通いたい、箱根山に登るたびに、その想いで胸がしめつけられるようであった。戦争は終わり、軍楽隊の生活も終わり、その想いは今、現実のものとなった。


軍楽隊に志願して入隊してしまえば、たとえ赤紙（召集令状）が来ても平気だし、音楽の勉強が続けられる、ということで、志願したのである。自ら述べているように、まさに賢明な選択であったと言えよう。

樹木の葉の落ちた冬の日に、また箱根山を訪れてみたくなった。それではこの辺で、擱筆することとしょう。

（「汐路」第二十九号神奈川県立磯子工業高校　一九九三・三→『国松春紀書誌選集II』金沢文圃閣二〇一五・六）

※『東京芸術大学百年史　東京音楽学校篇２』音楽之友社　二〇〇三・三を見ると、「陸軍軍楽隊への入隊」の所Ｐ374～399に、芥川也寸志の「自伝抄歌の旅」と園伊玖磨の「私の履歴書」が引用されている。

※陸軍戸山学校軍楽隊を描いた映画に「戦場にながれる歌」（東宝一九六五）がある。先年、ラピュタ阿佐ヶ谷で戦争映画特集をやった時に見ることが出来た。脚本・監督松山善三、原作・音楽團伊玖磨、児玉清・加山雄三・大村崑・森繁久弥等。

また、同館で松山善三監督特集をやった時にも見ることが出来た。

現在、『東宝・新東宝戦争映画ＤＶＤコレクション』（隔週刊）第六十四号　デアゴスティーニ・ジャパン　二〇一六・七・十九に収録されている。解説冊子に載っている鈴木宣孝『陸軍ドレミファ物語』から『戦場にながれる歌』へ」を読むと、映画成立事情がよく分かる。

※『平和のために戦争を語り継ぐつどい』新宿300年若松地区委員会（若松町特別出張所内）一九九九

八・十一　Ｐ39～「第２回軍楽隊のふるさと」

※「戦場にながれる歌」の原作、団伊玖磨「陸軍軍楽隊始末記――一学徒兵鼓手の思出」（三芳悌吉・絵）は、『文芸朝日』（『週刊朝日別冊』を改題）創刊号　一九六二・五　Ｐ64～69に載っている。

※『青空の音を聞いた――団伊玖磨自伝』日本経済新聞社　二〇〇二・五　Ｐ43～「陸軍軍楽隊」「敗戦」

団伊玖磨「戸山軍楽隊狂騒曲」「太陽」創刊号～第三号、一九六三年七月～九月

※瀬戸内晴美（寂聴）の『無垢の人』を読むと、「文京区関口町の目白台アパートで、私は円地さんと足かけ五年、一つ屋根の下に暮した。／はじめ私がそこに仕事場を持ち、円地さんがやがて同じようにされたからである」とある。円地文子よりも前に目白台アパート（現・目白台ハウス）に居住していた作家がいたことを初めて知った。『現代日本文学大系71』筑摩書房　一九七二・四「月報66」Ｐ５

※本書の原型の『私の東京』の表紙カバー写真は、一九六四年、国立栄養研究所と高射砲陣地跡を撮ったもの。現在は国立健康栄養研究所という別の新しい建物になり、陣地跡はない。

神楽坂から小浜藩江戸下屋敷（矢来屋敷）跡を通って、夏目漱石生誕の地へ
付・箱根山界隈

二〇一六年五月十八日、横浜からＪＲ東海道線に乗り、東京駅下車、地下を通って大手町で東京メトロ東西線に乗る。神楽坂駅（飯田橋寄り）で降りる。磯佳和君と合流、地上に出る。赤城神社に向かう。ガラス張りのずいぶんモダンな建物（隈研吾設計）になっている。赤城カフェもあり、洒落ている。

※「建築家　隈研吾×神楽坂—『自分たちの路地』の気構え」（東京ミライ）「読売新聞」二〇一九・四・一八　朝刊32面

神楽坂に戻り、スーパー木村屋の横を南に朝日坂を上って行く。坂上、右手にちょっと入ると、島村抱月・松井須磨子終焉の地（芸術倶楽部跡、横寺町十）がある。民家の前に説明板が立っている。この辺（横寺町）は、正宗白鳥が一八九六年（明治二十九年）に岡山から上京して最初に住み、そこから東京専門学校（現・早大）に通った所でもある。

※石川悌二『江戸東京坂道事典』新人物往来社　一九九八・二　コンパクト版　二〇〇三・九　ど
ちらもＰ143「朝日坂」

右手の円福寺にちょっと寄った後、左手大信寺の先の材木が並んでいる所を左に入ると、尾崎紅葉旧居跡（横寺町四十七）に出る。一八九一年（明治二十四年）から一九〇三年（明治三十六年）まで、十二年間居住した所。一階に弟子・泉鏡花等が住み、二階に紅葉が晩年まで住んだ、その家は空襲で焼けてしまい、今あるのはその後建てられた家（鳥居家）である。庭は勿論紅葉在世時とは異なっているだろうが、藤棚があり、なかなか趣がある。

※『神楽坂さんぽ』いきいき編集部編　二〇一五・五　４刷　Ｐ59　紅葉旧居跡のカラー写真
『水木しげるの泉鏡花伝』小学館　二〇一五・四　Ｐ42～56、58、64～65、226～232参照

ここから少し戻り、長源寺の前を東に右折すると、袖摺坂に出る。高台と板塀に挟まれ、行き交う人の袖が摺り合うような狭い、かなりマニアックな坂である。近くにレストラン袖摺坂がある。

※『歩いてみたい東京の坂（上）』地人書館　一九九八・十二　P123～124
『東京散歩学』洋泉社MOOK　二〇一六・十一　P28

坂を下りると、大久保通りに出る。大江戸線牛込神楽坂駅入口を斜め前方に見ながら通りを渡り、カーブする道を上って行く。上った右手（旧・牛込御徒町、現・北町四十一）が大田南畝（一七四九～一八二三）の旧居跡である。説明板はなし。生まれてから一八〇四年、五十五歳まで住んだ（翌年、小石川金剛寺坂鶯谷に転居。後年、永井荷風が生育する所に近い）。尾崎紅葉は大田南畝を敬愛して、近くの横寺町に住んだようだ。いや、その前に、そもそもこの大田南畝旧宅跡に住んでいる！（一八八九～一八九一）

※『「蜀山人」大田南畝と江戸のまち』新宿区立新宿歴史博物館　二〇一一・十　P4～5「牛込御徒町・南畝の住居と転居」によると、現・中町三十六が大田南畝旧居跡である。宮城道雄記念館の少し東になる。

ここで、大田南畝＝蜀山人の狂歌を何首か見てみよう。

世の中にたえて女のなかりせば
　をとこの心のどけからまし

これは勿論、在原業平の「世の中に絶えて桜のなかりせば春の心はのどけからまし」のパロディーで、読書・飲酒・好色を人生の三楽に挙げている南畝らしい作、とのこと。博打・飲酒・好色、三拍子揃った遊び人、ではない。勿論、女性がいなかったら、そもそも生命は誕生しないのだが、ここでは、そんな野暮なことを言ってもしょうがない。反実仮想（事実に反する仮の想像）である。

昨日までひとが死ぬると思ひしが
　おれが死ぬとはこいつはたまらん
世の中は金と女がかたきなり
　どふぞかたきにめぐりあひたい
わが禁酒やぶれ衣となりにけり
　ついでもらおうさしてもらおう
死にとうて死ぬにはあらねど御年には

不足はなしと人のいふらん

※沓掛良彦『大田南畝――詩は詩佛書は米庵に狂歌おれ』ミネルヴァ日本評伝選　二〇〇七・三
※大田南畝の墓は本念寺（文京区白山四―三十四―七）にある。終焉の地は神田駿河台。

生き過ぎて七十五年くいつぶし
限り知らぬ天地の恩　　　　（辞世）

元に戻る。カーブする道を上って左手に行くと、日本出版クラブ会館に出る。東京空襲を生き延びた樹齢二百五十年以上の銀杏の樹がある。夏目漱石「それから」の主人公・長井代助の家はこの辺りに設定されていたようだ。

※北野豊『漱石と歩く東京』雪嶺文学会・雪嶺叢書　二〇一一・六

道を挟んで向かい側の浄土宗光照寺は、牛込城跡で、福井・小浜藩酒井家の菩提寺である（ここには今回初めて入る）。

※川副秀樹『東京「消えた山」発掘散歩』言視舎　二〇一二・四「牛込城址と神楽坂―幻の砦の痕跡を捜す―」

『神楽坂から早稲田まで①』（「牛込柳町界隈」永久保存版）柳町クラブ　二〇一七・十　P161「牛込城跡、光照寺、地蔵坂」

こどもらよ笑はば笑へわらだなの
ここはどうしよう光照《こうしょう》寺前
　　　　四方赤良＝大田南畝の狂歌

言うまでもないが、笑（わら）ふ《う》と藁（わら）店《だな》、どうしょうと光《こう》照（しょう）寺の洒落である。
光照寺から更に北に進んで行くと、下りの地蔵坂（わらを売る店があったので、藁店《わらだな》、藁坂、ともいう）となるが、左側（西側）に戦前、牛込館という映画館があった。内装は帝劇を模したものだったという。牛込館の前身は和良店《わらだな》亭という席亭（寄席）である。

漱石は「僕の昔」と題する談話の中でも、「落語《はなし》か。落語《はなし》はすきで、よく牛込の肴町の和良店《わらだな》へ聞きにでかけたもんだ」といっている。正確には和良店亭で、これが牛込館となり、大正、昭和を通して、牛込、小石川の山の手族に洋画を提供する場となった。場所は袋町三番地と四番地にまたがっていた。

武田勝彦『漱石の東京〔Ⅰ〕』早大出版部　一九九七・五　P202

戦前の「牛込区詳細図」（地形社編　昭和十六年大東京三十五区内、復刻版・人文社）を見ると、確かに袋町三の所に牛込館が載っている。また、「夢をつむいだ館《やかた》――追憶の牛込館」（「週刊朝日」増刊　一九七五・九・三十）には牛込館の外観及び舞台・客席の写真が載っている。キャプションによれば、牛込館が出来たのは大正九年＝一九二〇年頃とのこと、すなわち、関東大震災――そして大泉黒石原作・溝口健二脚色監督の「血と霊」の一般公開――の三年前頃である。

※牛込館大正三年開館説もある。『キネマの楽しみ』新宿歴史博物館編・刊　一九九二・二「新宿区

内にあった映画館（戦前まで）」

三遊亭圓生（六代目、一九〇〇～一九七九）の『江戸散歩（下）』（小学館Ｐ＋Ｄ　ＢＯＯＫＳ　二〇一六・七）によれば、牛込館の前身の和良店《わらだな》亭は江戸時代からあり、都々逸の創始者の都々逸坊扇歌（一八〇四～一八五二）がここから都々逸を広めていった。明治四十年頃、一階が寄席、地下が食堂という形になった。少し離れた牛込亭（神楽坂と大久保通りの交差点を矢来の方へ少し行った右側、通寺町八、現・神楽坂六―八にあった）で、大正九年か十年、圓生が初めて独演会をやった。……とのことである。同じ圓生の『新版寄席切絵図』（青蛙房　二〇一一・九　新装版）Ｐ129に地図が載っていて位置が分かる。

※高橋武子『都々逸坊扇歌の生涯』叢葉書房　一九七九・七
三遊亭圓生『噺のまくら』小学館Ｐ＋Ｄ　ＢＯＯＫＳ　二〇一五・十一　Ｐ126～131「都々逸の元祖」
渡辺功一『神楽坂がまるごとわかる本』展望社　二〇〇七・八　Ｐ104～105「牛込亭の圓生」地図あり

芳賀善次郎の『新宿の散歩道――その歴史を訪ねて』(三交社一九七二・十)P26に神楽坂上地蔵坂の写真が載っているが、キャプションに「明治39年の地蔵坂(風俗画報)右手は寄席、その向うは牛込館」とある。この牛込館は平屋で、大正時代に建て替えられて二階建てになった。

細かいことになるが、平屋の牛込館の前身は牛込高等演芸館で、藤沢浅二郎の俳優学校が設けられていたという。

※籠池典子編著『東京10000歩ウォーキング文学と歴史を巡る13　新宿区神楽坂・弁天町コース』明治書院　二〇〇六・八

黒沢明研究会編『黒沢明　夢のあしあと』(資料・記録集、共同通信社MOOK21　一九九九・十二)を見ると、黒沢明(一九一〇~一九九八)は一九一七年から一九二三年頃まで、小石川区西江戸川町九(現在の文京区水道一―四、印刷博物館の近く)に居住し、よく父親たちと神楽坂上地蔵坂の牛込館に行ったという。おそらく筑土八幡神社の横を通って行ったのであろう。なお、兄の須田貞明《ていめい》こと黒沢丙午《へいご》(四つ違い)は一九二五年から一九二七年までの約二年間、牛込館で活動弁士(活動写真=無声映画説明者)をやっていた。

神楽坂の相馬屋――多くの作家が愛用してきた原稿用紙の老舗、原稿用紙発祥の店――に入る。原稿用紙を買い求める。「神楽坂マップ」（ミウラ折り、パッと開いてサッと閉じることが出来る）をもらう。鮒忠で昼食・休憩。この店も昔からある店である。

※長妻直哉「偶然が生んだ原稿用紙――『マス目入れたら』紅葉の一言　相馬屋当主が語る秘話」「日本経済新聞」二〇一七・八・三十一　朝刊40面

『神楽坂から早稲田まで①』（「牛込柳町界隈」永久保存版）柳町クラブ　二〇一七・十　P109「相馬屋源四郎商店」

渡辺功一『神楽坂がまるごとわかる本』展望社　二〇〇七・八　P93～「最古の老舗相馬屋」

神楽坂を上って行く（西進する）。左手のスーパー木村屋の手前、右手のスーパーよしやが、かつて神楽坂武蔵野館（一九五七～一九七七頃）のあった所である。小学校五、六年の時だったか、二階席で勝新太郎の「座頭市」を見て、休憩時間に下を見たら、同じクラスの竹川君一家が見に来ていたのを今も覚えている。戦前、ここには神楽坂日活館があった（「牛込区詳細図」による）。その前は文明館（明治四十五年開館)。

※渡辺功一『神楽坂がまるごとわかる本』展望社　二〇〇七・八　Ｐ144～151「映画伝説黒沢明と神楽坂」

よしやの横の道を右手に入って行くと、白銀公園がある。かつて遊んだ場所。近くに駄菓子屋があったが、今は料理屋になっている。元の神楽坂に戻る。文悠という本屋も昔からある店で、古い店が残っているのは何となくうれしい。

スーパー木村屋のすぐ隣は勝村ビルのカフェコパンだが、ここはかつて「かつむらのじまん焼」(今川焼の大きいやつ)の店があった所である。

再びスーパー木村屋の横を南に朝日坂を上って行く。円福寺、長源寺を通り、右に曲がると、矢来町に出る。少し行くと、古今亭志ん朝旧居跡がある。志ん朝というと、志ん生の子どもで、馬生の弟。昔、サンデー志ん朝というのをテレビでやっていた。君には影がある、いったい何をやったんだ、言ってくれ、と熊倉一雄に聞かれて、逃亡者、リチャード・キンブルの扮装をした志ん朝が、実は……選挙違反をやったんです、と答えて、ギャフンとしたのを思い出した。

新潮社に出る。この辺が、夏目漱石の鏡子夫人の実家のあった所のようだ。通りを渡り、秋葉神社（正雪地蔵がある）に寄った後、新潮社別館の横を入って行くと、矢来能楽堂がある。以前入ったことがあるが、古いので、椅子が窮屈だった覚えがある。あと、受付の女の人がきれいだった。演目はあまり記憶がない。「隅田川」だったか。

矢来能楽堂を背にして西に進んで行くと、矢来公園がある。小浜藩江戸屋敷跡、杉田玄白生誕の地の碑がある。ここ矢来町一帯は江戸時代、福井・小浜藩酒井家の下屋敷があった所である。庭園がすばらしく、将軍家光がたびたび来訪し（十五年間で一四五回！）、警護のために周囲に竹矢来が巡らされた、それで矢来町という町名となった由。〔この庭園は小堀遠州作〕

なお、杉田玄白の墓は浄土宗・猿寺栄閑院（港区虎ノ門三―十）にある。浄土宗・興昭院の隣で、愛宕山のすぐ下である。港区文学歴史散歩をやっている時に偶然遭遇、発見した。

※『酒井忠勝と小浜藩矢来屋敷』（平成22年度特別展図録）新宿歴史博物館　二〇一〇・七「四、将軍御成の荘厳」「五、矢来屋敷の構造」「七、矢来生まれの蘭学者・杉田玄白」

※幕末、下屋敷の隣に上屋敷が移った。

私は、小浜藩江戸下屋敷（矢来屋敷）跡近くの榎町に約三十年間住んでいた。神田神保町方面に散歩に行く時は、大通り（早稲田通り）ではなく、滝の坂から南榎町の坂を上って、矢来町、新潮社横を通って朝日坂に出て、神楽坂、飯田橋、九段下、というコースでよく行った。

小・中九年間は、早稲田南町の漱石山房跡の横を通って、早稲田小学校・牛込二中に通っていた。高校は渋谷のちょっと先の都立駒場高校だったが、予備校・大学・大学院の計十年間は早稲田である。神奈川の教員採用試験を受けたのは、東京以外全然知らないから違う所をというのも動機の一つにあった。川崎・下小田中に三年住んだ後、横浜・宮ヶ谷に約三十年住んでいる。勤めていた頃、約十年間、神奈川県の郷土文学について調べていた（合冊本『神奈川県近代文学資料』全二巻に収録）。一九九八年、個人誌「山猫通信・宮ヶ谷版」を創刊。退職後、気になる作家について調べて、書誌選集全三冊を出した。そして今、『私の東京』の原稿を書いている。原点回帰か。今後、横浜以外の所に移り住むことがあるかどうか、それは分からない。

※戦後、矢来町十二番地（泉鏡花の住んだ南榎町の近く）に住んでいた気になる人物として、ノエル・ヌエット（一八八五〜一九六九）がいる。神楽坂の焼け跡風景を描いている。Ｐ138参照。
柏倉康夫「東京を愛した文人画家ノエル・ヌエット」全三回「東京人」No295〜297　26（４〜６）

二〇一一・四～六参照

「ノエル・ヌエット『東京のシルエット』に描かれた牛込」『神楽坂から早稲田まで①』（「牛込柳町界隈」永久保存版）柳町クラブ　二〇一七・十　Ｐ58～59

元に戻る。矢来公園の所の十字路を南に左折し、しばらく行って西に右折すると、やがて左手に説明板が見えてくる。泉鏡花旧居跡（牛込区南榎町二十二、明治三十二～三十六年、一八九九～一九〇三年居住）で、ここで名作「高野聖」を書いたとのことである。ここ南榎町に鏡花が住んでいたのは知っていたが、実地確認したのは今回が初めてである。説明板はないが、実はこの隣の家（南榎町二十三）に、居住時期は異なるものの、嘉村礒多（一八九七～一九三三）が住んでいた（昭和七～八年、一九三二～一九三三年）。

※『水木しげるの泉鏡花伝』小学館Ｐ143～146「明治三十二年一月　神楽坂で新年宴会、その年の秋に牛込南榎町に転居」とある。Ｐ291「泉鏡花年譜」を見ると、「明治三十二年二十六歳一月、硯友社の新年宴会で、神楽坂芸妓桃太郎（本名、伊藤すず）を知る。秋、牛込区南榎町二十二番地に転居」「明治三十三年二月、『新小説』に『高野聖』を発表。」とある。

『新宿ゆかりの文学者』新宿歴史博物館編・刊　二〇〇七・九「牛込の文学者」P22「泉鏡花」
※大村彦次郎『文士の生きかた』ちくま新書　二〇〇三・十「嘉村礒多」P39〜54
許光俊『世界最高の日本文学　こんなにすごい小説があった』光文社新書　二〇〇五・十「嘉村礒多『業苦』―世界最高のウジウジ文学」P147〜164

なお、泉鏡花は明治三十六年、南榎町から神楽町二―二十二（現・神楽坂二―二十二）に転居し、明治三十八年まで住んでいる。現在の東京理科大学の敷地の北西端、八号館前、ＰＯＲＴＡ神楽坂（Ｂ１Ｆ　サイゼリヤ、１Ｆ　天丼てんや他、４〜７Ｆ　東京理科大学）の裏、である。ちなみに、この同じ所（神楽町二―二十二）に北原白秋が明治四十一年（一九〇八）から四十二年（一九〇九）まで住んでいて、「物理学校裏」という詩を残している（『東京景物詩及其他』一九一三・七所収）。

泉鏡花・北原白秋旧居跡の西横の坂道を曲折しながら上って行くと、若宮町公園に出る。説明板を見る。

江戸時代の通称「振り袖火事」（明暦の大火）（一六五七年）以降、雑木林や草原であった牛込地区に武家が移り住み、武家屋敷中心の街が形成されました。したがってこの公園は江戸時代の牛込を

思い起こさせる武家屋敷をイメージした和風広場公園として整備しました。

武家風の門と塀と石垣のあるユニークな公園で、外国人の父子がサッカーで遊んでいる。こちらに来たボールを足で返してあげたら、男の子がアリガトウと言う。

この公園の隣が東京理科大学・近代科学資料館である。明治時代後期の東京物理学校の校舎の外観を復元して建てられたもの。展示内容は、一階が計算機の歴史と録音技術の歴史、二階が東京物理学校から東京理科大学へ、となっている。算盤は、日本・中国だけでなく、ロシア・イランにもあるということを初めて知った。電卓と算盤がくっついたものがあるのも初めて知った。算盤は加減が得意、電卓は乗除が得意、それで合わせたとのこと。

外堀通りに出て左手、東京理科大学一号館の前庭に、坊っちゃんの塔が建っている（夏目漱石の「坊っちゃん」の主人公は東京物理学校出身の数学教師）。五面体の組合せで構成されたもので、個の集積によりうねるように上昇する塔である。

神楽坂から鏡花・白秋旧居跡、若宮町公園、近代科学資料館、坊っちゃん塔、という散歩道はなかなかいい。

ここで、今（二〇一七年）から八十五年前の作家の文章――嘉村礒多の随筆「神楽坂の散歩」（「時事新報」一九三二・十二・二十）のおしまい部分を引用しておく。P174参照。

故郷の春秋の山野の跋渉《ばつせふ》〔歩き回ること〕よりもこの五六年の神楽坂の散歩のはうが、どれだけ私の心を慰めてくれたゞらう！　神楽坂の故に、私が都市放浪の夢円《まど》らかである。私は何処へ行くにも飯田橋駅から省線に乗るが、帰りに飯田橋駅に着くと、あゝ我家に帰つたぞ、といふ気がして、吻《ほつ》として、神楽坂を上るのである。

『嘉村礒多全集下巻』南雲堂桜楓社　一九六五・九　P808

南榎町二十二に戻る。西に直進して行くと、ゆるやかな坂道に出る。滝の坂である。右折して、その坂を北に下って行くと、榎町に入り、浄土宗の大願寺が右側にある。その隣の隣（表から見ると）がスカイコート神楽坂参番館、ここが私の実家、山猫山房（ドイツ文学者、国松孝二宅）がかつてあった所である。ちょうど私の生まれた年（一九五一年）から父の死の翌年（二〇〇七年）まであった。住居と土地を不動産業者に売却し、マンションが出来る前の更地の状態の時に見に行ったことがある。その時思い浮かんだ言葉は、「兵《つわもの》どもが夢の跡」である。かつてここを訪れた文学者には、高橋義孝、柴田翔、柏原兵三、古井由吉、種村季弘等がいる。

父の書いた文章（「瀧の坂界隈」）によると、家の前に、かつて滝の坂の説明標柱があり、夏目漱石がよくここを通って神楽坂方面へ行ったと書き添えられてあったが、宅地造成の際に撤去されてそのままになってしまったとのこと。もし可能なら、新宿区教育委員会の手で復活してほしいと思う。夏目漱石が早稲田南町の自宅から神楽坂方面に行く時に、大願寺に突き当たって左折して通っていたと思われる道なので。

前進し、滝の坂下に出て、早稲田通りを東に右折すると、中華料理・五芳斉、豆腐店（両店とも昔からある店）、そして、矢来のお釈迦様で知られる日蓮宗宗柏寺釈迦堂に出る。

夏、中華料理店から、氷あずき、氷いちご等の出前をしてもらったことがあった。勿論普段、普通のラーメン等も。お釈迦様の朝の勤行の音が、実家にいた時に聞こえて来たのが思い出される。あと、夜寝ている時、地下鉄東西線の電車の音がかすかに聞こえた。

その少し先、東榎町になるが、鳳月《ほうげつ》という和菓子の店があった。赤城神社の祭礼の時、鳳月の御赤飯の折詰が町内会から配られたりしていた。普段のおやつでも、鳳月の和菓子ということがあったと思う。現在そこは、メゾン鳳月というマンションになっている。その近くにあった池村牛乳販売店は現在、コーポ池村になっている。

夏目漱石の「門」の主人公・野中宗助は、このあたり（東榎町六、七、八のいずれか）に住んでいる設定になっていたようだ。宗柏寺の近くに住んでいるから宗助、としたのだろうか。（?）

※武田勝彦『漱石の東京（Ⅱ）』早大出版部　二〇〇〇・二　P23〜27

北野豊『漱石と歩く東京』雪嶺文学会・雪嶺叢書　二〇一一・六

更に先、同じく東榎町の伊藤表具店は、私の小学校の同級生の家である。

今、思い出したが、弁天町の交差点から矢来下、天神町までの早稲田通りは、昔、道幅が狭かった。小学校の同級生の大野君の家が通りの向こう側（北側）、弁天町交差点寄りにあった。交差点の角の今ファミリーマートのある所には、かつて早稲田市場——果物屋・お菓子屋・乾物屋・魚屋・肉屋が入っていた——があった。お菓子売り場に行くのが楽しみだった。魚を買ってきてとか親にお使いを頼まれたこともある。

実家での食材調達先の変遷、と言うと大げさだが、まず最初、早稲田市場だった。近くてほぼ何でも揃うから。次に、江戸川橋寄りの地蔵通り商店街（文京区関口一丁目）に移った。ちょっと歩くが、店舗が多くて安いから。確か、スーパー丸正も出来た。私もここに行くようになったのは、小学校五、六年生になってからだったと思う。そして、早稲田の地下鉄の駅の近くにスーパー三徳が出来てからは、そちらに行くようになった。

矢来下から北の江戸川橋に向かう道の左角、今のリンガーハット長崎ちゃんぽんの所には、かつて倉田屋という和菓子屋があったが、鳳月よりも早く店仕舞いしてしまった。

長崎ちゃんぽんの店の左隣のビルの左側面に、詩人の生田春月旧居跡の説明板がある。一八九二年（明治二十五年）鳥取県米子市生まれ（芥川龍之介と同年生まれ）、一九〇八年（明治四十一年）上京、一九一五年（大正四年）から十一年間、この辺に住んでいたということである。一九一八年（大正七年）の詩集『感傷の春』により詩人としての地位を確立。弁天町の多聞院に生田春月詩碑がある。

元に戻り、滝の坂下から早稲田通りの横断歩道を渡り、北に向かう。昔、左手に医院があった記憶がある。済松寺と大日本印刷榎町工場との間の道を行くと、都立新宿山吹高校（旧・赤城台高校）に出る。更に行くと神田川、江戸川公園に出るが、今日は行かない。大日本印刷の敷地は東に拡張して現在の形になったが、その際、由井正雪邸跡に建てられた寺（芳心院）と古井戸（霊亀泉）がなくなってしまった。

※高橋庄助『東京史跡ガイド④新宿区史跡散歩』学生社　一九七八・五

歴史現場研究会編『大江戸歴史事件現場の歩き方』ダイヤモンド社　二〇一二・八「02慶安の変―幕府転覆を図ったクーデター計画発覚！」

滝の坂に戻り、大願寺前を通ってずっと上って行く。突き当たったら、左（東）に道なりに行くと、右側・市谷山伏町に史跡・林氏墓地がある。林羅山等、朱子学で徳川幕府に仕えた一族の墓地で、年一回、文化の日前後に公開されている。少し先を左に入った所（南榎町）に、英文学者・斉藤勇（一九八二・七・四死去。孫に殺害された）の家があった。

また、右側（北山伏町）の特別養護老人ホームあかね苑の駐車場脇の椿の生け垣の傍に、尺《せき》家旧居跡の標柱（石柱）と尺振八《せきしんぱち》の業績の説明板がある。尺振八（一八三九年・天保十年～一八八六年・明治十九年）は、中浜万次郎（ジョン万次郎）に英語の手解きを受け、一八六一年（文久元年）幕府の外国方通弁官に任じられ、一八六四年（文久四年）遣欧使節の随員となり渡仏、一八六七年（慶応三年）遣米使節の随員として福沢諭吉等とともに渡米した。明治初年、北山伏町に住居を定めた。一八七〇年（明治三年）本所相生町（現・両国四丁目、両国小学校南、学校敷地内南東に説明板あり）に英語英学塾・私立共立学舎を開設、福沢諭吉の慶應義塾と並び称せられた。『明治英和字典』（ウェブスター英語辞典を元にした最初の本格的英和辞書）を訳述中、熱海で病没した。この字典は三年後（一八八九年・明治二十二年）に刊行され、現在、復刻版（近代日本英学資料5、ゆまに書房一九九五・三）も出ている。

なお、徳川慶喜は明治になってから英語学習で牛込北山伏町の尺家に馬で通ったとのことである。

※惣郷正明『辞書漫歩』朝日イブニングニュース社　一九七八・七

※両国小学校の東の両国公園には、勝海舟生誕の地の石碑と勝海舟幕末絵巻（大きな壁面に写真と説明文）がある。

市谷山伏町から北山伏町に更に東進すると、牛込一中に突き当たる。この隣にかつて都立市ヶ谷商業高校があったのを記憶しているが、その前身の都立市ヶ谷高校に一九五三年（昭和二十八年）に入学したのが伊東四朗（元・てんぷくトリオ）である。新宿・十二社（現・西新宿四丁目）の家から北町まで都電で通っていて、体育の時間にはよく学校〜新潮社前〜天神町〜矢来公園〜学校のコースを走らされた（三周！）そうだ。私（一九五一年生まれ）が幼稚園に入る前、伊東四朗がわりあい近くを走っていたことを考えると、親近感を覚える。なお、加藤武（文学座、早稲田の英文科出身）が牛込一中で一時教鞭を執っていたことがあるとか。

※伊東四朗「『牛込』、この響きがいい」『新宿文化絵図　新宿まち歩きガイド』新宿区地域文化部文化観光国際課編・刊　二〇〇七・三　第二版　二〇一〇・三　P88～89
伊東四朗・加賀まり子対談「思い出がつまったホームタウン」「東京人」〈特集新宿を楽しむ本〉278号　二〇一〇・二　増刊
伊東四朗『この顔で悪いか！』集英社　一九九七・十一
『古地図・現代図で歩く昭和三十年代東京散歩』（古地図ライブラリー別冊）人文社編・刊　二〇〇四・十　P34「新宿区全図」（昭和31年）を見ると、牛込一中の北隣に市谷《ママ》高が、P35「新宿区全図」（二〇〇四年）を見ると、同中の北隣に市ヶ谷商高がある。同校は二〇〇九年閉校となり、今はない。

ついでに言っておくと、牛込一中の南三百メートルほどの所―大久保通りを挟んで向かい合うような形になるが―牛込三中がある。市谷加賀町一―三―一。戦前は府立四中（現・都立戸山高校）があった所。この東側に大日本印刷の横に下って行く中根坂があり、坂を挟んで納戸町公園がある。ここがクーデンホーフ光子（青山みつ、一八七四～一九四一）居住の地である。東京市牛込区牛込納戸町二十六番地、現・新宿区納戸町二十六番地。

父親は佐賀県出身の商人で、骨董屋と油屋を営んでいた。一八九二年二月、ハインリッヒ・クーデンホーフ・カレルギー伯爵がオーストリア・ハンガリー帝国駐日代理公使として日本に赴任。当時ハンガリー公使館は牛込納戸町二十八番地にあった。二〇一一年青山劇場で見たミュージカル「MITSUKO ～愛は国境を超えて」（安蘭慧《けい》主演）では、骨董屋を訪れた伯爵が光子を見初めるシーンがあった。三月に結婚、市谷加賀町の洋館（借家）に移り住む。一八九六年、長男・次男とともに光子、夫の故郷ロンスベルクへ。一九〇六年、ハインリッヒ急逝。遺産を相続する。一九〇八年、子ども達の教育のためウィーンに移住する。社交界で活躍。

次男のリヒャルト（一八九四～一九七二）は現在のEUの元となる汎ヨーロッパ主義を提唱した（一九二三年『パン・ヨーロッパ』出版、一九二六年第一回パンヨーロッパ会議開催）ことから、「EUの父」と呼ばれている。

〈黒髪の白髪混じりて老ゆるまで故郷を思わぬ時も日もなし〉

〈年老いて髪は真白になりつれど今なお思うなつかしのふるさと〉

光子の歌である。

一九四一年八月、光子死去、ウィーンのカレルギー家の墓地に葬られた。

※藤目幸子「クーデンホーフ光子　ヨーロッパ貴族と結婚した日本女性」折井美耶子・新宿女性史研究会編『新宿歴史に生きた女性一〇〇人』ドメス出版　二〇〇五・九

「牛込からヨーロッパ社交界へと華々しく登場した麗しき日本女性。その名は―『ミツコ』」『神楽坂から早稲田まで①』（「牛込柳町界隈」永久保存版）柳町クラブ　二〇一七・十　P143～144

元に戻り、滝の坂上から西に行くと、幽霊坂（宝竜寺坂）に出る。子どもの頃、夜ここを通るのは怖かった。それこそ、幽霊が出るような雰囲気があった。今はすっかり新しくなり、照明があるので、名ばかりのものとなったようである（24時間営業のコンビニがあり、幽霊も出にくい時代か）。

※『東京散歩学』洋泉社ＭＯＯＫ　二〇一六・十一　Ｐ31に幽霊坂（宝竜寺坂）の写真が載っている。

外苑東通りに出て、北へ右折すると、牛込弁天公園がある。小学生の頃――まだテレビのない時代――、放課後よく野球をやった所である。公園入口手前の豊島畳店は小学校の同級生の家。

古戦場再訪

古戦場と言っても、川中島や関ヶ原ではない。新宿区の牛込弁天公園である。外苑東通りの東側、牛込柳町の北にある公園。ここでいったいいつ戦《いくさ》が行なわれたと言うのか？

私の小一から小三の頃、ここで放課後、野球の試合をやったのである。まだ家にテレビのない時代だった。小一の時、長嶋が巨人に入った。「週刊少年サンデー」が創刊された。まだ空地、原っぱがあった。ラジオの時代。

最近、この公園を訪れる機会があった。あまりにも狭い。小学校低学年の子どもにはこれくらいがちょうどよかったのだろう。今はすっかり整備されていて、球技は禁止になっている。公園の端の方は高い崖のようになっていて、ぐるっと回れる、ちょっとした冒険コースだったのだが、今は立ち入ることが出来ないようになってしまっている。下に落ちたら危ないから。管理責任が問われるから。ということなのだろう。確かにそうなのだが、何かつまらない。

使っていたのは軟球。私は背が高かったので、ファーストか外野を守った。当時、榎町から江戸川橋に行く途中（天神町）にあった玉澤で用具を買った覚えがある。長嶋や王もここのバットを使っていたと聞いたことがある。今はこの店はない。

鶴巻南公園で野球をやったのは一度か二度だったと思う。公園ではなく空地でやったことも、何度かあった。南榎町とか、若松町とか。勿論、その空地は今はもうない。

小四以降は、公園での野球はほとんどやらなくなってしまった。そろそろ勉強しないとなどと、殊勝にも思ったのだろうか。そう、何か参考書を買ったような気がする。テレビで面白い番組があったのだろうか。でも、学校でゴムボールを使った手打ち野球はやっていた。休み時間や放課後に。体育の授業時間に野球をやることはまずなかった。なぜなのか不明。それだけに、たまに野球をやった時はうれしかった。本領発揮、自分をアピール出来るから？　いちばん好きな体育種目だから。

蛇足だが、私の体育の評価は常に3だった。もっと授業で野球をしょっちゅうやっていれば、評価が上がったかもしれない。残念。

鷲尾洋三（一九〇八〜一九七七）は、『東京の空　東京の土』によると、牛込弁天町（今の保健センターのあたり）に生まれ、漱石山房を横に見ながら早稲田小学校に通っていたということだが（小二の時に漱石が死去）、弁天公園で野球をやっていたかどうかは不明である。ただ、一九二〇年、東京市の少年野球大会に出場して優勝したことがある、ということである（『東京の人』文芸春秋制作　一九七八・四「鷲尾洋三年譜」による）。


晴和病院の先（北）の浄輪寺には、和算で有名な関孝和の墓がある。

隣の多聞院は節分の時豆まきをやる所だが、墓地に入って右手に少し行くと、松井須磨子の墓及び島村抱月との芸術比翼塚がある。

保健センターの所の横断歩道を渡り、漱石山房通りへ。私が小・中九年間、通った道である。しばらく行くと、右手に漱石山房跡・猫塚・漱石公園がある。現在、二〇一七年―生誕百五十年―五月末竣工・九月開館を目指して、記念館建設中である。私が通学していた頃は、都営アパートと猫塚があるのみだった。

私にとって夏目漱石とは、最も身近な作家だった。自宅から歩いて五分の、猫塚のある所にかつて住んでいた、親しみを覚える作家だった。高校の時に、ドストエフスキーとともに愛読した。そういう作家だった。中学の校庭で夜、「坊っちゃん」の映画を上映したのを覚えている。昭和三十年代、小学校の時だったと思う。現在、「こころ」は高校国語教科書の定番で、もっともらしく授業が行なわれている。が、何かが違う。勿論表現は自由だし、解釈も自由だが、私の考える文学はこれとは違う。深刻好きの日本人には受けるだろうが、何かが違う。ここではそうとだけ言っておこう。

漱石山房通りを進んで行くと、早稲田小学校、牛込二中に出る。私の出身校である。早稲田小学校（一九二八）の設計者と横浜のホテルニューグランド（一九二七）の設計者とが同じ人（渡辺仁、一八八七～一九七三）ということを、わりあい最近知り、驚いた。そう言えば、出来た当時は東洋一の学校と言われた云々と、昔聞いたような気がする。私のいた当時、空襲で焼けた校舎の外壁が一部はがれた状態だった。今はすっかりきれいになっている。

※『新宿区立小学校――受け継がれた学び舎の宝』新宿歴史博物館編・刊　二〇一二・二　P50～51「早稲田小学校」参照。「壁面にはいまだ戦災のつめ跡が残る校舎昭和35年」の写真等、貴重である。

『東京建築さんぽマップ』松田力著・写真撮影、エクスナレッジ　二〇一一・四　P124～125「早稲田小学校―渡辺仁設計の復興小学校」

吉田鋼市『日本のアール・デコの建築家　渡辺仁から村野藤吾まで』王国社　二〇一六・一

吉田鋼市『日本のアール・デコ建築入門』王国社　二〇一四・三

『神楽坂から早稲田まで①』（「牛込柳町界隈」永久保存版）柳町クラブ　二〇一七・十　P126～130「早稲田小学校」

※新宿区何十年史だったか、焼け野原の早稲田一帯の上空をB29が悠々と飛行している写真が見返しになっていた。

『平和のために戦争を語り継ぐつどい』新宿300年若松地区委員会　一九九八・十一の口絵に同じ

写真（昭和20年6月頃に米軍が撮影した早稲田地区空襲による焼け跡）がある。写真真中に早稲田小学校。

『新宿風景Ⅱ　一枚の写真　そして未来へ』新宿歴史博物館　二〇一九・三　P74「牛込上空のB29爆撃機と市街」同じ写真。

牛込二中は、私のいた当時は、一・二年が木造校舎、三年が鉄筋の校舎だったが、現在はすべて鉄筋の校舎となっている。運動場が狭く、野球部がなかったので、バスケットボール部が強い学校だった。

漱石山房通りを更に行くと、早稲田通りに出る。少し進むと、堀部安兵衛ゆかりの酒屋、小倉屋KOKURAYA SINCE 1678がある。高田馬場での叔父の決闘の助太刀に、ここで一杯ひっかけていった云々。実は堀部安兵衛は下戸だったとの説もあるが。通りの向こう側が東京メトロ東西線早稲田駅の入口だが、左折すると夏目坂通り、その左側すぐの所に夏目漱石生誕の地の記念碑（生誕百年記念）がある。夏目坂は喜久井町だが、これは夏目家の紋が菊と井桁だったことから来ている。

夏目坂を少し進むと左側、標柱にぶつかる。坂を挟んで向かい側にある餃子の王将の横を入って行くとすぐに、浄土宗誓閑寺に出る。夏目漱石は小さい頃の「音の記憶」を書いている。

〔誓閑寺の〕朝晩の御勤《おつとめ》の鉦《かね》の音《ね》は、今でも私の耳に残っている。ことに霧の多い秋から木枯《こがらし》の吹く冬へ掛けて、カンカンと鳴る西閑寺〔誓閑寺〕の鉦の音《おと》は、何時《いつ》でも私の心に悲しくて冷たい或物を叩《たた》き込むように小さい私の気分を寒くした。

「硝子戸の中」十九より　岩波文庫

明治の初め、勿論、自動車の往来の全くない時代の話である。

※『ガイドブック　新宿区の文化財　史跡（東部編）改訂版』新宿区立歴史博物館　一九九七・三

『江戸東京歴史の散歩道２　千代田区・新宿区・文京区』（江戸・東京文庫②）街と暮らし社編・刊　二〇〇二・六

『新訂　江戸名所図会４』市古長生・鈴木健一校訂　ちくま学芸文庫　一九九六・十二

夏目坂通りを更に進んで、喜久井町のバス停の手前に金井米店があるが、私の小学校の同級生の家である。元に戻る。

夏目漱石終焉の地・漱石山房跡と生誕の地とがずいぶん近いことが分かる。一八六七年生まれ、一九一六年死去、四十九年間の人生。今から考えると、短い。写真で見ると、老成した風貌だが。

早稲田通りを更に進むと、穴八幡前・馬場下交差点に出る。右折すると、南門通りを通って、早大正門・大隈講堂前、大隈庭園・大隈会館、リーガロイヤルホテルとなる。大隈講堂の隣に昔、早稲田ゼミナールという予備校があった。一九七〇年、私が一年間通った所で、良心的な予備校だったと思う。渡辺先生（早大・商学部）の英作文の時間、毎回前に出て英文を書いて、添削してもらったのが懐かしい。英作文は面白く、ためになった。現在は早大エクステンションセンター本部になっている。

あれは大隈会館で、竹盛天雄先生が大学院生たちにごちそうしてくれた時だった。学生たちにおごって、発破をかけてくれた会だった。千葉俊二さんが、『豊島与志雄著作集』を買って、第四巻の花田清輝のすばらしい解説（豊島の「近代説話」は戦後文学の金字塔云々）を読んでから実際に作品にあたってみたら、それほどのものとは思えなかった、と言ってきたので、あれは作品そのものよりも解説の方がいいんですよと私が答えたところ、千葉さんは笑っていた。

実際のところ、花田清輝の名解説を読んでから豊島与志雄を読んでみようと思った人がかなりいるのではないか。

大隈講堂で二〇一六年七月、演劇博物館主催のユニークな催しがあった。偶然知って、見に行った。

一九六九年七月、テレビ東京のディレクターだった田原総一朗が撮った「バリケードの中のジャズ〜ゲバ学生対猛烈ピアニスト〜」――学生たちが大隈講堂から持ち出したピアノを山下洋輔が激しく演奏し、セクトを超えて学生全員が目を閉じ耳を傾ける――を上映し、山下・田原等がトークするというもの。六九年七月に八号館地下であったことで、録音ＣＤ「山下洋輔トリオ　ＤＡＮＣＩＮＧ古事記」（解説・平岡正明）も発売されている。六九年と言うと私の高三の時だが、こういうことがあったことは今に至るまで全く知らなかった。今回のこの催しのチラシを目にしなかったら、知らないままで終わったかもしれない。学園紛争の時代がこういう思ってもみない形で甦ってくるのは面白い。

なお、この時ピアノを持ち出した学生の一人、高橋公《ひろし》さん（一九四七〜）が会場で紹介されていた。『兵《つわもの》どもが夢の先』という学生運動とその後の回想記（ウェイツ　二〇一〇・九）を書いている人である。この本のＰ56を見ると、バリケードの中で山下洋輔トリオのジャズ演奏会が行われた、この時のことは立松和平氏が「今も時だ」という小説に詳しく書いている、とのことである。

※『新宿彩《いろどり》物語〜時と人の交差点』（新宿区成立70周年記念誌）新宿区総務部総務課　二〇一七・六）の「新宿人70――山下洋輔」Ｐ59にもこの時のことが出て来る。

第二学生会館について。現在大隈記念タワーのある所にかつてあった建物で、管理運営をめぐって大学側と学生側とが対立し、実際に使われた期間は短かったのではないかと思う。学園紛争の時には全共闘系の学生が立て籠もり、一九六九年九月三日、機動隊による封鎖解除が行われた。前日雨の中、学生がアジ演説をやっていた。当日は晴れで、私は朝から見に行った。やじ馬である。機動隊は高圧放水車を使い、学生は上から火炎瓶や石を投げていた。

一階の敬文堂書店は別にして、二階以上には一度だけ中に入ったことがある。大学当局により封鎖された第二学生会館の解放闘争が行われ、一般学生も中に入って行ったので、私も入ったのである。それだけ。

地下に稲毛屋と稲不二という二軒の食堂があり、稲毛屋はセルフサービスの定食屋（御飯＋みそ汁＋おかず）、稲不二はセルフサービスの洋食の店で、私は稲不二の方をよく利用した。ドライカレーやナポリタンの上に揚げ物が載ったのを食べた覚えがある（ドライカレーあるいはピラフ＋ナポリタン＋トンカツやチキンカツ等揚げ物あるいはハンバーグで、「トルコライス」になる。トルコというのはトリコロール〔三色旗〕から来ているのだろうか。トリコがトルコになった？）。

第一学生会館は南門を出て、通りを挟んで斜め向かい側の角にかつてあった。今の小野梓記念会館（地下二階に小野梓記念講堂がある）の所。私はほとんど入ったことがなかった。大学側に抗議する集会だったか、第一学生会館前に学生がびっしりと埋まった光景が記憶にある。何年のことだったかは分からないが、ライトに照らされて、いかにも早稲田という光景だった。

八号館法学部近くの南門から馬場下方向に少し行き、右折すると、天台宗宝泉寺SINCE 810がある。パンフレット（カラーで美しい）によれば、早大よりはるかに長い、約千二百年の歴史を持つ寺、とのこと。江戸時代、最初に富くじ（今の宝くじのルーツ）を行ったのはここ。最初の富士塚である高田富士が北隣（九号館のあたり）にあった。墓地の中を一巡する。墓地から九号館の建物を眺めると、何か不思議な、新鮮な感じがする。それにしても大学に接してこんなに広い墓地があるとは、今に至るまで全く知らなかった。宝泉寺から眺めると、かつては北側に高田富士、水稲荷神社、富塚古墳、があったわけだ（九号館の横の階段を上って行くと、富塚古墳跡、そして第三西門に出る。この道はかつて水稲荷神社の参道だったとのこと）。

※海老澤了之介『新編若葉の梢――江戸西北郊郷土誌――』同書刊行会　一九五八・五　P80に「水稲荷社境内の高田富士（昭和三十一年写）」の写真が載っている。芳賀善次郎の『新宿の散歩道―その歴史をたずねて―』三交社　一九七二・十　P335にも同じこの写真が載っていて、「昭和三十

一年の富士塚　後方は早大の校舎（新編若葉の梢）」とのキャプションが付いている。この富士塚
＝高田富士は高さ約十メートルで、短期間のうちに出来たのは、前方後円墳型の富塚古墳の前方
部分を利用して築いたからであろうと、本文の方にある。P348に「昭和29年の富塚古墳」の写真
があり、現在の九号館の中央部に古墳があったとのこと。宝泉寺境内と水稲荷神社境内は元は同
じ高さだったが、九号館を造る時に掘り下げて（他の大学の建物と同じ平面にして）建てた、と
のことである。
※竹谷靫負《たけやゆきえ》『富士塚考——江戸高田富士築造の謎を解く』岩田書院　二〇〇九・九
『「江戸名所図会」でたどる新宿名所めぐり』新宿歴史博物館編・刊　二〇〇〇・七　P33「高田
富士他」
岡本亮輔『江戸東京の聖地を歩く』ちくま新書　二〇一七・三　P39〜「富士信仰」
※フランキー堺主演の映画「愛妻記」に高田富士が出てくる。小説家の主人公が妻・司葉子とと
もに高田富士から富士山を見るシーンで終わる。宮崎祐治『東京キネマ地図』キネマ旬報ムック　二
〇一六・八　P74

馬場下交差点のすぐ目の前の穴八幡、確か兄の小学校の同級生がここの神主さんの子どもだったと思

う。北側の八幡坂を挟んで向かい側――現在カーサ早稲田のある辺りか――に昔、早稲田全線座という映画館（一九三三年開館）があった。重厚な建物だったと思うが、ここで宇津井健のスーパージャイアンツ（新東宝の映画）を見た覚えがある。この背後の北側には、元々は富塚古墳・水稲荷神社・高田富士があった（残念ながら私は見た記憶がない）のだが、早大が校地を拡張して九号館法商研究室棟を建てるために、北西四〇〇～五〇〇メートルほど先の甘泉園公園の方（西早稲田三―五―四十三）に移った。一九六六年。この話は記憶にある。現在、高田富士は年一回一般公開されている（七月第三週目の土・日→海の日とその前の日曜に変更）。

※有坂蓉子『ご近所富士山の「謎」―富士塚御利益散策ガイド』講談社＋α新書　二〇〇八・十二
『昭和三十年代東京散歩　古地図・現代図で歩く』人文社　二〇〇四・十　Ｐ34「新宿区全図（昭和31年）」には全線座と水稲荷が載っている。

『漱石山房の思い出』新宿区地域文化部　文化観光国際課編・刊　二〇一一・三　第二版「夏目漱石ゆかりの史跡めぐり」を見ると、〈水稲荷神社――『彼岸過迄』の中に、「後の方に高く黒ずんでいる目白台の森と、右手の奥に朦朧と重なり合った水稲荷の木立を見て坂を上がった」という文がある。当時は現在の西早稲田一―六付近にあった。〉とある。

八幡坂途中右側の第三西門——カーサ早稲田の隣——から入って行く。この通路はかつての水稲荷神社の参道。しばらく行くと、富塚古墳跡の説明板がある。この富塚、あるいは十塚が、戸塚という地名の起源ということのようだ。

※芳賀善次郎『新宿の散歩道』P348に「昭和29年の富塚古墳」の写真が載っている。

ここにあった富塚古墳・水稲荷神社・高田富士は早大との敷地交換で、北西約五五〇メートルの甘泉園の相馬家屋敷跡に移された。現在、神社近くにある「遷座の碑」裏面の「遷座の記」にその経緯が刻まれている。甘泉園は元々は徳川御三卿の一つ、清水家の下屋敷であったが、明治三十年相馬家の所有となり、昭和十三年早大に移譲、その後、都そして新宿区に移管された。

早大西門通りを西進すると、早稲田通りに出る。その右横の細い道に入ると茶屋町通りになり、更にその右横の北に向かう大通りを行くと都電荒川線・神田川、右手斜め後方に行くとグランド坂（かつて左側・北側に安部球場があった。現在は中央図書館がある）となる。横断歩道を渡り、細い道の方に行く。昔この辺に切手の店があったのを思い出す（切手収集ブームが二度か三度あった）。高田馬場の説明板がある。ここ早稲田通りの北側背後（西早稲田三—一、十二〜十四）にかつて馬場があり、流鏑馬の見物客がたくさん来たのでお茶屋が何軒も出来て、裏道が茶屋町通りとなったとのこと。甘泉園住宅を横に見ながら前に進むと、甘泉園公園入口に出る。「BB弾使用禁止！」との貼り紙がある。園内をぐるっと一周する。神田川近くの高低差をうまく利用した庭園で、高い建物に囲まれてしまっているが、都会のオアシスである。入口に戻り、水稲荷神社の方に行く。

※『江戸切絵図で歩く　広重の大江戸名所百景散歩』（古地図ライブラリー3、人文社　一九九六・四）を見ると、「高田馬場」の絵——近景に弓矢の絵、遠景に富士山——があり、解説には、この馬場は外側が馬術の練習用に、内側が弓の練習用に使われていた。周囲を遮るものが少なく、南々西に富士山を遠望することが出来た。江戸時代は富士山信仰が盛んで、最初の人造富士、高田富士は馬場の南方、水稲荷神社の裏手にあった。とある。

水稲荷神社の後に富塚古墳があるのはすぐに分かったが、高田富士の場所が分からない。神社の人に聞いたら、甘泉園公園入口の隣とのこと。金網で囲ってある内側は木が生い茂っていて、よく見通せないが、山があるのは分かる。何も表示がないが、これがそうなのだろう。「高田富士——七月第三週の土・

日一般公開」（現在は海の日とその前の日曜）と書いてあってもよさそうだが……。早大アジア太平洋研究センター前の通りに出ようとしたら、右手、ちょうど高田富士に向かい合う位置に、「堀部安兵衛の碑（堀部武庸《たけつね》加功遺跡之碑）」があった。高田馬場の助太刀の顕彰碑で、明治四十三年（一九一〇）建立。明治から大正にかけては全国的な建碑ブームだったとのこと。元は茶屋町通り（早稲田通りの裏道）にあったが、一九七一年、現在のここ水稲荷神社入口近くに移された。

神社入口の階段を降りて、通りの向こう側に渡って振返って見ると、高田富士の緑の木々がよく見える。早稲田通りに戻る。

※川副秀樹『東京「消えた山」発掘散歩』言視舎　二〇一二・四「富塚古墳と高田富士――古墳と富士塚のお引っ越し」

『ガイドブック新宿区の文化財史跡（東部篇）改訂版』新宿区立新宿歴史博物館

芳賀善次郎『新宿の散歩道』三交社　Ｐ364に「甘泉園内の富士塚」の写真が載っている。なお、早大理工学部を大久保に造る際、敷地を広く取るために、すぐ隣の大蔵省の土地と甘泉園内南の土地とを交換した。その結果現在の甘泉園住宅がある、とのことである。

早稲田通りを西進する。早稲田古書店街。明治通りとの交差点を左折して南に少し行くと、副都心線・西早稲田駅に出る。ここから電車に乗り、横浜に帰る。副都心線〜東横線は直通なので、ずいぶん楽である。ちなみに、西早稲田駅の近くには、学習院女子大（戦前の近衛騎兵連隊の建物が残っている）、都立戸山高校、早大理工学部がある。

早大理工学部は、戦前、陸軍射撃場があった所で、戦後も米軍が朝鮮戦争の頃まで使っていた。弾丸が多数落ちていて、兄が拾って来た（友だちからもらった？）のをもらったことがある。射撃場と民家との間を仕切る土塁の一部が今も残っている。戸山公園（大久保地区）の西南端、海城高校の東側、である。コッペパン山というのを子どもの頃聞いた覚えがあるが、ここのことか、それとも別のとこ（箱根山の方）か。

※黒田涼『大軍都・東京を歩く』朝日新書　二〇一四・十二　P140
今尾恵介『地図で読む戦争の時代――描かれた日本、描かれなかった日本』白水社　二〇一一・五「街中にたたずむ長方形――射撃場跡地」P258〜261「東洋一の射撃場は大学に」参照。大正十四年、昭和四年、平成十年の地図により、射撃場から理工学部キャンパスへの変遷がよく分かる。射撃場の米軍から日本への返還は一九五九年とのこと。私が小二の時である。私はカマボコ型の

七本の射撃場は写真でしか見たことがないが、四つ上の兄は実際に見たことがあるかもしれない。

穴八幡から戸山公園に入り、尾張藩江戸下屋敷戸山荘庭園の築山だった箱根山に登ろうと思っていたのだが、疲れたのでやめにした。
ちなみに、箱根山は「都内有数の心霊スポット」として知られている。

※吉田悠軌『怪談現場東京23区』イカロス出版

陸軍軍医学校防疫研究室――戦前、満州のハルビン郊外で人体実験をやった七三一石井部隊の本部――が近くにあった。空襲では焼けなかったようだ。現在は運動場――多目的運動広場になっている。「防疫研究室跡」という説明板はない。負の歴史も明示しなければだめだと思う。部隊長石井四郎の墓は東京女子医大近くの月桂寺にある。

※『ガイドブック葵から菊へ　20世紀の戦争遺跡から21世紀の平和を学ぶ』新宿戦争遺跡ネットワーク　二〇〇〇・七　新宿区立中央図書館所蔵。Ｐ24に墓の写真が載っている。

箱根山通りを挟んで向かい側に、国立感染症研究所、健康・栄養研究所がある。建設する際、一九八九年に多数の人骨（敗戦時に埋めた人体標本か）が発掘された所である。

ここにはかつて陸軍軍医学校（防疫研究室とは地下でつながっていた）があり、空襲でほとんど焼けたが、北奥の軍陣衛生学教室は焼け残り、戦後、国立栄養研究所となった。この建物（戦中の迷彩《カムフラージュ》が残っていた）は私の記憶にある。

※佐伯修「都の西北に生きつづける帝国陸軍の伝説――帝都の軍事施設・戸山ヶ原」P175～186『別冊宝島　帝都東京――ミカドが君臨する東京の秘密めぐり』（シリーズ歴史の新発見）一九九五・四

金井安子「陸軍軍医学校」P124～125『保存版ガイド日本の戦争遺跡』平凡社新書二〇〇四・九

感染症研究所の受付で用紙に書いて申込むと、発掘された人骨を納めた納骨堂を見学することが出来る。

納骨堂のすぐ北側は早稲田の新学生会館で、建設の際、江戸時代・戸山荘庭園の龍門の滝の滝壺の石が発掘された。この石は名古屋の徳川園に送られ、龍門の滝が復原されている。「龍門の滝」の説明板は、箱根山通りの一般の人が見ることの出来る場所にはなく、新学生会館の入ってすぐのフロア（二階）の中庭に発掘された石数個とともに置かれている。出来れば外に――箱根山通り沿いに――「龍門の滝記念公園《メモリアルパーク》」を作ってほしいと思う。

※『尾張徳川家下屋敷跡Ⅱ――早稲田大学新学生会館（仮称）建設に伴う埋蔵文化財発掘調査報告書――』新宿区戸山遺跡調査会　二〇〇三・七
『尾張家への誘い―徳川御三家江戸屋敷発掘物語』（平成18年度特別展図録）新宿歴史博物館　二〇〇六・十
田中昭三『全国38ヵ所、名園巡り大名庭園』小学館　一九九七・九　P4～10「幻の大名庭園を訪ねて――戸山荘誌上拝見記」
『明治園芸史』日本園芸研究会編・刊　一九一五・十　復刻版・有明書房　一九七五・十一「第十篇　明治庭園記　酔園小沢圭次郎」「第三章　日本第一の大林泉、戸山荘破壊の事」戸山荘絵図あり

高田富士・水稲荷神社・富塚古墳の元々の土地からの移転、尾張藩江戸下屋敷戸山荘庭園・龍門の滝遺構の発掘調査の後の埋め戻し、これらは大学の教育研究環境の充実、そして社会に有為な人材の育成という大義名分のためにはやむを得ないことだったのだろうか。大学の所有になったとはいえ、まさか甘泉園をつぶして大学の高い建物を造るわけにもいかないし、龍門の滝遺構をそのまま保存してその上に新学生会館を造るわけにもいかなかったのだろう（不可能ではないと思うが）。

開発と、史跡・文化財の保存、歴史遺産の継承とのジレンマ（板挟み）。勿論、当事者同士よく話し合い、合意点を見出してやったことだろうから、ここで私がとやかく言うことではない。ただ、人材を育成し、文化を継承・発展・創造するべき大学という教育研究機関が、どうかすると貴重な文化財の破壊者となってしまう恐れがあるのではないかという気がしたので、敢えて述べてみた次第である。水稲荷神社等は場所は変わったが存続し、龍門の滝は発掘された石を活かして名古屋の徳川園に再現されているわけだから、よしとするべきか……。

※なぎら健壱『東京の江戸を遊ぶ』ちくま文庫　二〇〇〇・十「第二景　東京で富士登山」
中村みつを『東京まちなか超低山』ぺりかん社　二〇一八・三

※高橋庄助『新宿区史跡散歩』（東京史跡ガイド④）学生社　一九九二・四　Ｐ171～「尾崎紅葉旧居跡、秋葉神社、正雪地蔵（キリシタン燈籠）、小浜藩酒井家、杉田玄白」
※野田宇太郎『改稿東京文学散歩』山と渓谷社　一九七一・十　Ｐ48～「ヌエットと『濠にそひて』」
口絵「皇居北桔橋のノエル・ヌエット」
※島内裕子『方丈記と住まいの文学』（放送大学叢書）左右社　二〇一六・七　「第六章　閑居記のユーモア　横井也有と大田南畝」
『没後２００年　江戸の知の巨星　大田南畝の世界』（図録）たばこと塩の博物館編・刊　二〇二三・四

滝の坂の家――山猫山房の思い出

山猫山房とは

山猫山房とは、ドイツ文学者、国松孝二（一九〇六～二〇〇六）の自宅であり、私の実家である。父が猫好きで名付けたというわけではなく（父そして母も大の猫嫌い）、猫好きの私が勝手に名付けたのである。場所は新宿区榎町五十一で、大願寺の隣――早稲田通りと外苑東通りとが交差する弁天町交差点、その一本東側の道を早稲田通りから南に上って行く滝の坂の途中――である。

ちょうど私が生まれた一九五一年にこの家が出来て、初めは平屋だった。一九五九年に東の二部屋を増築。一九七二年に二階建てとなる。母の死去が二〇〇〇年、父の死去が二〇〇六年。その翌年、取り壊され、現在はスカイコート神楽坂参番館となっている。

庭の変遷

小学校の時、級友が何人か来て、庭で野球をやったことがある。この時はゴムボールでやった。昼食を食べて、午後もやったような気がする。兄とのキャッチボール、それから、一人でフライを上げてキャッチして、などもやっていた。卓球台を買って、兄や姉と庭で卓球をやったこともあった。地面がデコボコしているので、台の脚の下に石を入れたりした。

地面に小さい穴をいくつも掘って、ゴルフコースを作ったこともあった。クラブは木を貼り合わせて適当に作ったと思う。けっこう楽しめた。ちなみに、本当のゴルフは一度もやったことがない。

また、２Ｂ（ＢＢ弾ともいう）実験場を作ったこともあった。２Ｂというのは、マッチのように擦ってから投げると、少しして破裂する花火である。「コンバット」のサンダース軍曹よろしく、機関銃を撃ったり、２Ｂを投げたりして、戦争ごっこをやっていた時代である。一九五九年創刊の「少年サンデー」には戦争記事がたくさんあり、プラモデルの戦車・装甲車や戦闘機・戦艦を作っていた時代である。テレビで、日本語吹替のサンダース軍曹がドイツ兵をやっつけるのを見て、かっこいいなと思う……考えてみれば不思議な構図である。一方では、松山の三四三空の紫電改がアメリカのグラマンＦ６Ｆヘルキャットを次々に撃ち落として行くのを見て溜飲を下げる。……まさに昭和三十年代の軍国少年である（臥薪嘗胆、この次アメリカと戦う時は必ず打ち負かす……）。

若松町電停前に「にしき模型（にしき屋飛行機店）」があった。模型作りが上手いので、店主がアメリカの空母に招待された時の記念写真が飾ってあった。

元に戻って、２Ｂ実験場というのは、２Ｂ等花火から火薬を取り出して、ボール紙で作ったロケットの中に入れ、導火線を付ける。それに点火して、燃焼実験をやる。そのようなものだったと思う。けっこう迫力があった。

夏は雑草が伸び放題で、自然のままの庭だった。蝶や蚊や蝉もいたし、蛙もいたし（夜庭を歩いていて蛙を踏ん付けてしまったことがあった）、野良猫も来た。

父が庭いじりをするようになったのは、東大をやめてからだったと思う。それからの父の長年にわたる植物への愛情のおかげで、雑草の生い茂ったかつての姿がうそのように、すばらしい庭が出現した。あまりにもいろいろな植物がたくさんあり、ジャングルのように見えたこともあったが。殊に、玄関前の太い桜の木二本がすごかった。あの生命力！　上の方に鳥の巣があったようだ。

野球場、卓球場、ゴルフ場、「兵器」実験場、原っぱ、庭園……様々な変遷を見て来たが、ここでふと思い至る。勿論、規模は全く異なるが、尾張藩江戸下屋敷戸山荘庭園のことに。江戸時代、天下の名園と言われたが、明治維新以降、陸軍戸山学校となり（運動場で陸上競技大会やホッケーの大会が行なわれたこともある）、敗戦後は戸山ハイツ（集団住宅）・戸山公園となった。この変遷を以前、「箱根山ワールドへの招待　関係文献抄録」としてまとめたことがある（個人誌「山猫通信・宮ヶ谷版」臨時増刊号）。

山猫山房の名園と戸山の名園（ぜひCGで再現してほしい庭である）、私の中ではどちらも親しいものである。写真や絵図でしか今は見ることが出来ないが。そう言えば以前、目白の近くの徳川黎明会・徳川林政史研究所（目白三―八―十一、重厚な建物、渡辺仁設計）まで、戸山荘庭園の絵図を見に行ったことがあった。

原稿用紙と蔵書印

山猫山房の原稿用紙を作ろうとしたことがあった。漱石山房原稿用紙（相馬屋製）をまねて私が原図を描き、兄がそれを近くの大河原印刷（宗柏寺の道を挟んで西隣にあった。現在はフィットネスセンターになっている）に持って行って、どれくらい費用がかかるか聞いてくれた。面白いね、と印刷所の人が言ってくれたようだ。が、結局実現はしなかった。原図は残っていない。

山猫山房の蔵書印を作ったことがあった。これは横書きで、最初と最後に|||（猫のヒゲ）が付いた形。|||山猫山房|||本の後に押していた。一、二年使っていただろうか。もう一つ、猫楽園という蔵書印も作った。縦書きで、やや大きめ。これは今も残っている。

ちなみに、今この原稿は相馬屋の原稿用紙に書いている。全然抵抗なく、書くことが出来る。この前仙台に旅行に行った際も、この原稿用紙を持って行き、何枚か書いた。まるで作家並みである。満寿屋の原稿用紙もストックしてある。ネームなしとネーム入り（山猫山房）と両方ある。ネーム入りの方はインターネットで注文すると、こちらに郵送してくれる。料金後払いである。

ここまで書いてから、かなりの時間が経った。ふと、古いダンボール箱を開けてみたところ、満寿屋や相馬屋の原稿用紙に混ざって、何と山猫山房の原稿用紙が出て来たではないか。ガリバン刷りで、三匹の猫の顔が描いてあり、その下に山猫山房の文字、その両翼に渦巻が二つずつ、普通の20字×10行の桝目となっている。左下に42.9とあるので、昭和42年＝一九六七年の制作である。約半世紀ぶりに日の目を見たことになる。こういうものを作っていたとは。

音の記憶

明け方、勤行の音が聞こえて来た。お釈迦様（宗柏寺釈迦堂）の朝の勤行の音である。裏庭の向こう（東側）がお稲荷さんで、道一つ隔てて矢来のお釈迦様がある。お百度参りをしている人もいる。四月八日には花祭りがある。

夜、踊りをやっている音が聞こえて来た。浄土宗大願寺の本堂で、子どもたちが踊りの稽古をやっている音である。家のすぐ南が大願寺である(家の前の滝の坂の方から見ると隣の隣になる)。小学校の頃、ここで幻灯映写会があり、見に行った覚えがある。住職の娘さんが東大生だった。

夜中、貨物列車の通る音が聞こえて来た。飯田橋方面を通る列車の音である。何か物寂しい音である。

夜、寝ていると、地下鉄の音が聞こえて来た。一九六四年に開通した地下鉄東西線の音である。早稲田通りの下、早稲田・神楽坂間を走っている電車の音が家の寝床まで伝わって来るのである。

昼間、近所の母親が娘（たぶん）を罵る、ヒステリックなわめき声が聞こえて来た。日常的に、娘に文句を言うのが生きがいであるかのように。

昼間、ピアノの音が聞こえて来た。滝の坂を挟んで、向かい側の家のお嬢さん（たぶん）の弾くピアノの音である。大学の先生の家だったかもしれない。

家の外に出て、歩いていると、印刷・製本の音が聞こえて来た。大日本印刷榎町工場の城下町で、その関連の仕事をやっている所が多い。小学校の同級生にもいたと思う。

ところで、そもそも、榎町という町名の由来は、やはり、榎の大木があったからなのだろう。鷲尾洋三（一九〇八年生まれ）は次のように書いている。

由井正雪の道場邸阯に建てられた日清印刷の工場（今の大日本印刷榎町工場）の近くには、年代ものの榎の大木がどっしりと根を張っていた。榎の太い幹には巨《おお》きな空洞《うつろ》があり、その空洞の奥には、らんらんと眼《まなこ》の光る大蛇の主《ぬし》が棲みついている、という云いつたえがあった。

『東京の空　東京の土』「大正の子供たち」

この榎の大木は空襲によって焼失してしまったのだろうか。空襲体験記に誰かが書いているかもしれない。新宿区の郷土資料も見てみよう。

私の中学生の時（一九六六年）に大日本印刷榎町工場が拡張され、由井正雪ゆかりの古井戸（霊亀泉）のある寺（芳心院）がなくなってしまったようだ。兄の級友の家がその時余所に移ったという話を聞いた記憶がある。

※『ガイドブック　新宿区の文化財　史跡（東部篇）改訂版』新宿歴史博物館　一九九七・三　P35「由井正雪旧居跡（天神町　七九・八三・八四　付近）」

山猫山房主人の在外研究

一九六一年、父は在外研究でドイツに行った。期間は半年くらいだったろうか。父五十五歳、私が小四の時である。羽田空港に見送りに行ったはずだが、ほとんど覚えていない。スカンジナビア航空の飛行機で、当時は直行便がなく、アンカレジ経由だった。

留守宅に何度か父から荷物が届いたが、中身はドイツ語の本とビールのコースターだった。コースターの多さは本場の旨さの証明か。

後に父の訳したアンネ・デ・リーヴスの『少年少女聖書物語』(原著オランダ語の独訳版) はドイツの書店で見かけて入手したものである。

父のお土産は、エニカの腕時計とモンブランの万年筆だった。これはうれしかった。何だか大人になったような気分がした。

父の留守中だろうか、母と一緒に大学まで給料をもらいに行ったことがあった。勿論この当時は現金支給、手渡しの時代である。

※渡独前の父へのインタビュー記事が残っている。「東大新聞」一九六一年二月二十二日2面

父のペンネーム

父のペンネーム、西和泉は久留米出身の尊皇攘夷家、真木和泉をもじったものではないだろうか。と言うのも、戦争中父は、空襲を避けて福岡から久留米に疎開し、戦後も住んでいるので(福岡の家は結局焼けなかったとのことだが)。

西和泉以前には西流人というのを使ったことがあり、また、西浮塵子というのも使っているが、いちばん多用しているのは西和泉——筑紫野で自ら命を断った亡友という設定になっている——である。

父の文章

父の文章で、特に印象に残っている、好きなものが三つある。

一つ目は、「ことばの海の真珠採り」（小学館『独和大辞典』内容見本、編輯委員の言葉）である。何と詩的で、美しいタイトルの文章。幾度もことばの海の水圧に押しつぶされそうになりながら、真珠を採りつづけ、ようやく一巻にまとめることが出来た、との思い。この時（一九八四年～一九八五年初め）、父は七十八歳である。

※「ことばの海の真珠採り」は、私の個人誌「山猫通信・宮ヶ谷版」第17号　二〇一七・八にカラーコピーで載っている。
都立中央図書館・日本近代文学館・神奈川近代文学館他所蔵。
※兄の話によると、『独和大辞典』の本文の原稿は当初二倍あったのだが、二分冊で刊行は出来ないので、圧縮して今の形になった、とのことである。

二つ目は、『ミンネザンク　渡辺菭子遺稿集』（同学社一九七一・六）の序文（『浮塵抄――旅・人・本のことなど——』同学社　一九八八・一に収録）である。

……あれは確か法文一号館三階の奥まった部屋だった。……大学院の学生諸君を相手にヴァルターの詩を読みつづけたのだが、ひどく細長い部屋で、狭い北側にだけ一双の窓がひらき、晴れた日でもほの暗く、ひっそりと時代の外に打ち沈んでいた。

「時代の外に打ち沈んでいた」という表現がいい。この文章を書いた時、父は六十四歳である。父は武蔵高校、九大を経て、一九五〇年から一九六七年三月まで東大に勤めている。

三つ目は、『浮塵抄』の跋文である。

なるほど四十年のあいたには、折にふれて書きしるした断章も、次第に少しずつ積もって、なにほどかの分量に達した。片隅のささやかな一本の木の、年ごとに散りしく落葉のように。しかし、いずれもみな、朽葉となり塵と化し、風に乗ってどこへともなく亡逸したとて、さして悔いなき底のものたちばかりである。筆者また、ことさら努めてこれらを手許にとどめておくことをせず、自然の成り行きにまかせて顧みなかった。

この時父は八十一歳、「造園家」で庭を愛した父らしい文章である。

父の訳書

神奈川県立図書館で父の名前を入力して検索したら、『二十世紀の神話』ローゼンベルク著、吹田順助・上村清延共訳、一九三八年八月、中央公論社刊、という本が出て来た。ヒトラーの『わが闘争』とともにナチスの聖典とされていた書物である。

表紙・扉・奥付には父の名前はないが、凡例を見ると、

本書は上村清延君、国松孝二君と私〔吹田〕との合訳である。序、第一篇は私、第二篇は上村、第三篇は国松（第一章より第四章まで）、私（第五、第六章）、上村（第七章）の分担である。三人で時折相談をなし、……

とある。原著は一九三〇年に初版が出たが、翻訳は一九三七年刊の新版による、とのこと。凡例のおしまいには、「昭和十三年（皇紀二五九八年）八月二十日、吹田順助誌す」とある。

この図書館の係の人は、ちゃんと凡例まで見て、訳者を確認したわけである。他の図書館では、父の名前を入力してもこの本は出て来ない。念のために国会図書館サーチで「国松孝二　二十世紀の神話」と入力して検索すると、神奈川県立図書館と熊本図書館の二館が出て来た。

それにしても、この本の表紙にハーケンクロイツ（鉤《かぎ》十字卐）があるのは、ストレートというか、強烈である。

特に戦前、父はエネルギッシュに翻訳をやっている。あれだけ翻訳をやれば、ドイツ語が出来るようになるのは当たり前、と思う。グリム、スピリ等、童話・児童文学への強い関心もずっと持ち続けていた。悪い時代に、自由に夢見る境地を求め続けたのだろうか。ちょうど、豊島与志雄のように。

強運の持ち主

戦時中、九州の福岡から久留米に疎開している時、父の乗っている列車が米軍機に銃撃され、九死に一生を得たことがあった。一九四五年の話である。すぐ後ろの車輌までやられて、危なかったとのこと。この話は私の子どもの頃よく聞かされ、覚えている。

最近、米軍機の機銃連動のカメラ映像がＮＨＫで放映されたが、一瞬、久留米での列車銃撃シーンが出て来た。ひょっとして、あの列車に父が乗っていたのかな、と思った。

※『本土空襲全記録―ＮＨＫスペシャル戦争の真実シリーズ①』ＮＨＫスペシャル取材班　ＫＡＤＯＫＡＷＡ　二〇一八・八「序章　新たに発見された『ガンカメラ』映像と未公開資料」

一九六〇年、本郷付近で歯の治療後、道を歩いていて、車にはねられて足を骨折したことがあった。頭は大丈夫だった。翌年の在外研究には影響はなかったようだ。

高齢になって、地下鉄神楽坂駅の入口から階段を転げ落ちたことがあった。駅の構造上、強風が吹き抜けるようになっている所である。頭も体も打ったと思うが、何とか回復した。

他にも、酔っ払ってホームの下に落ちたとか、いくつか転落事故はあったようだが、いずれも助かっている。

父は家では晩酌はしなかった――高齢になってから、たまに白ワインを飲むことはあった――が、外では、高橋義孝さんや同学社の近藤久寿司さんに誘われて、よく飲んだ。誘われると断われない方。人がいいというか、意志薄弱というか。翌日になって、講義の準備が出来ないと家族に当たり散らすこともあったようだ。それなら、ちゃんと断わればいいのに。日本酒では剣菱が好きだった。

あれだけ飲んで、内臓は丈夫だった。九十九歳と六ヶ月まで生きた。

煙草は若い時は吸わなかったが、戦中の配給によって吸うようになったとのこと。ずいぶん本数が多かったと思うが、さすがに高齢になったらやめた。アルコールと喫煙、相乗効果でよりおいしくなる（！）のだが、体（心臓・肝臓・肺）にはよくない（体によくないからうまい……）。

神楽坂毘沙門天前・福屋の勘三郎せんべい（お焦げ煎餅）が好きだった。

父は相撲とかプロレス、格闘技を見るのが好きだった。相撲はテレビ観戦だけでなく、高橋義孝さんに誘われてだと思うが、よく国技館まで観戦に行っていた。が、プロ野球には全く興味がなかったというか、その面白さが分からなかったようだった。室井庸一《のぶかず》さん（私の岳父）が筋金入りの巨人ファン（？）だったのとは対照的である。

三畳間の思い出

西端・北側に三畳間の子ども部屋（西日をまともに受けるので夏は暑い部屋）があった。西端・南側は父の書斎だったが、一九五九年の東端二部屋増築後はここも子ども部屋になった。三畳間は一九六六年（中三の時）から私の部屋になった。姉の部屋だったのを、受験勉強があるので、ということで、私の部屋にさせてもらったのである。

庭にすぐ面しているので、夜勉強していると、ガラス戸に接して猫の姿が見える。戸を開けてやると、すぐに私の膝の上に来る。冬など寒いので、私の使っている足温器の中に直行ということもある。灯油式のストーブを使っていたので、ストーブの前にへばりついているということもあった。

猫はトイレの下の小窓から中に入って来ることもあった。幸い、他所の猫が入って来ることはなかった。

ある時、大学一、二年の頃だったか、母の弟つまり叔父が遊びに来たことがあった。三畳間の私の所に来て、『坂口安吾選集』（東京創元社版、父の蔵書）を見て懐かしそうにしている。何回も引越しをしたが、これだけは手離さず、常に座右の書だったとのこと。それから、本立てに何本か並んでいるウィスキーのミニチュア瓶に目を留めて、これ、僕にくれる、と言って、確かサントリーの角を選んで、水割りにしておいしそうに飲んだ。よっぽど好きなんだな。叔父には文学趣味があると言うか、文学青年だったんだろうな。父親（鶴岡の人）も文学趣味のある人だったと聞いたことがある。

三畳間の押入れの天井の一部を動かすことが出来るようになっていて、天井裏に行くことが出来た。と言って私は、天井裏――屋根裏を散歩して下で家人が何をしているかのぞき見して喜んでいたわけではない。私は江戸川乱歩の作中人物ではない。

私が処女作を書いたのもこの三畳間である。一九六六年（中三）の夏休み、三十枚の小説「レール」を書いた。まず舞台――牛込見付から市ヶ谷見付にかけての土手が思い浮かび、ここから人間を突き落としたら面白いだろうなと思い、話をふくらませていった。この小説の原稿及び後書きは現存している。

※私の処女作は、国会図書館で検索すると、デジタル資料で読むことが出来る。

『16歳の僕』という手書きエッセイ集を出したことを思い出した。文庫本サイズだったか、活字のような字できちんと書き、表紙を付けてホチキスで綴じたもの。当時読んでいた芥川龍之介のこととか、身近に感じたこととか、いろいろ書いた。これは現存しない。取っておいてもよかったかもしれない。

西端・北側の三畳間は、一九七二年の二階増築とともに消滅した。ここの位置は、新・玄関となった。

私は二階の部屋に行くことになった。猫も。

狭い部屋というのは落ち着く。集中出来る。猫と一緒に過ごすのにもよい。猫も狭い所が好きである。

飼い主が猫に似て来るのか、猫が飼い主に似て来るのか……

二階にて

二階の二部屋は、一九七二年に増築されたものである（それまでは平屋）。この時、一階の一部も改築された。すなわち、西端の三畳間が新玄関に、西端南側の子ども部屋が新応接間に、風呂場隣の旧玄関が洗面所・脱衣所に、それぞれなった。旧応接間は書庫のまま。

一九七二年と言うと、二月に連合赤軍・あさま山荘事件の起きた年である。もう一つ、十一月に川口君事件が起きた。川口大三郎君は一九七一年四月、私と同じ大学の同じ学部に入学した人だが、第二外国語が川口君は中国語、私はドイツ語を選択したので、直接会ったことはない。

この川口君がセクトによってリンチされ、殺されたのである。セクトに対する抗議の声が渦巻く。混乱状況となり、授業どころではない。前年も学費値上げ反対のストライキのため、後半授業がなかった。これでは何のために受験勉強をやって大学に入ったのか分からない。いい加減嫌気がさして、大学を去る、あるいはこの世を去る、そういう人がかなりいたのではないか。歳月の鉛（四方田犬彦の書名を拝借させていただいた）。混沌の季節（これは野田宇太郎の書名を拝借）。――私をこの世につなぎとめていたものは、飼っていた猫だけだったかもしれない。

この時期に、フェデリコ・フェリーニの「道」を早稲田松竹で見たことを思い出した。よかったので、続けて二回見た（入替えなし）。

これも思い出したが、川口君事件の後、大隈重信の銅像の近くの建物の一階で、偶然、高校のクラスメイトで政経、法、商、理工に入った人達が集まったことがあった。事前に場所と時間を決めて集合したのではなく、全く偶然に何となく集まったのである。面白いことがあるものである。この建物の上の方で、劇団暫《しばらく》の演劇「郵便屋さんちょっと」（つかこうへい原作）を見たことがあった。

一九七六年、就職試験、私も人並みに一般企業を五社受けた。すべて落ちた（予定どおり）。元々本気で就職しようとする気がないことを、会社の人事担当者に見抜かれたから。五社くらいで諦めるのは早い、十社、二十社と受け続けなければ、と言われそう。

兄の友人の高橋敏夫君がその時大学院日本文学専攻一年で、兄を通じて大学院を受けないかと誘ってくれ、受験のコツを教えてくれた。私はそれに従って勉強して、運よく受かった、というわけである。

言わば、就職試験すべて落ちた人間の避難所に、うまくすべり込んだ、ということである。

高橋君の卒論指導の先生と私の卒論指導の先生とが同じ佐々木雅発先生だったこと、高橋君と兄とが一、二年で同じロシア語を選択し、同人誌「はいまあと」の仲間だったこと、等により、思ってもみなかった大学院進学となり、一年先に入っていた（すなわち高橋君と同年入学の）磯佳和君と一九七七年四月に出会うことになる。そして、神奈川県立高校——当時百校計画でどんどん教員を採用していた——に先に就職した磯君のすすめ・アドバイスにより、私も同じ県立高校採用試験を受けて運よく受かり、一九八〇年四月に勤めることになったのである。

※小川真理生「僕が出会った人・本・映画」（『重ね地図シリーズ東京　昭和の大学町編』光村推古

書院　二〇一四・二）を読んでいたら、「（近所に住む）早熟の高校生」として高橋敏夫君が出て来た。Ｐ93

一九八〇年代前半、私は実家の二階の一室でラジオを聴いていた。なぜか英語の放送だったと思うが、カリブ海をめぐる音楽紀行、あるいは音楽ファンタジー、といった感じのものだった。寝ながらいろいろな曲を聴いていて、しばしの間、音楽紀行・空想旅行を楽しむことが出来た。

もう一つ、「手斧首（ちょうなくび）」というタイトルで、自由民権運動～秩父事件と学園紛争をオーバーラップさせて展開して行く、ＮＨＫのラジオ番組も忘れられない。ＣＤになっていればもう一度聴くことが出来るが、残念ながらないようである。

三十年以上前、全く偶然に実家の二階で聴いた音楽とドラマ、二つのラジオ番組が今も心に残っている。

母、父、妻の死

二〇〇〇年十二月十二日、母・文子が死去した。享年八十五歳。父の落胆ぶりは凄かった。一九三五年以来連れ添い、心の支えだった人を失ったのだから、無理もない。その六年後、二〇〇六年五月八日、父が死去した。享年九十九歳。あと六ヶ月で百歳だった。二人共、葬儀は箪笥区民センター、火葬場は落合斎場だった。

翌二〇〇七年、山猫山房の建物と土地を売却することになり、二階においてあった私物――本・雑誌・書類等――をダンボール箱に詰めて搬出することになった。私は一九八四年に結婚し、最初川崎の下小田中、次に横浜の宮ヶ谷に住んでいたのだが、実家の二階に私物をおいたままにしていたのである。実に二十三年間！　ダンボール箱は十数個になり、二階においておいた。

私の配偶者が私の父母に贈ってくれた、姉様人形のようなのが、箱に入ってあった。贈られた人はもういない。この他にも、ダンボール箱が何箱か、一階の応接間にも積んであった。

廃棄処分の荷物を業者に回収してもらう日の前々日、二〇〇七年七月六日、私の配偶者・康子が癌のために死去した。享年五十二歳。私は葬儀準備のため、回収に立ち会うことが出来なくなってしまった。兄や姉が立ち会ってくれたが、前日の兄からの電話に対する私の説明が不十分だったため、一階応接間の姉様人形の箱とダンボール箱何箱かが不用品として回収されてしまった。「ここにあるものは残しておいてください」と書いたメモを近くに貼っておいたつもりだが、今にして思えば、箱一つ一つにマジックで大きく「保存　国松春紀」と書いておくべきだった。

姉様人形を贈った人も、贈られた人も、もうこの世にはいない。

※父の訳書、もう一冊。グリーゼの『怒濤』（現代独逸国民文学第一巻）を戦争中、一九四一年・昭和十六年十二月二十日、白水社から出している。ナチス文学の一つであり、「解説」を読むと、当時の熱気が伝わってくる。

猫と私

ガラス戸の外、ベランダから下を見る。隣家の自動車の後ろで、二匹の猫が気持ちよさそうに日向ぼっこをしている。もう食事は終わったのだろうか。簀の子の上でのんびりと過ごしている。

小四の時（一九六一年）、猫を飼った。三毛猫の雌で、兄が友達の家からもらって来た子猫だった。初めは学生帽の中にすっぽり入ってしまうくらいの小ささだった。配色がよく、かわいい猫だった。庭でボールと戯れている写真が一枚残っていたと思う。四月ぐらいに家に来て、数ヶ月後に死んでしまった。不慮の事故である。詳しいことはここでは書かないことにする。あまりにも悲しすぎるので。

小六の時（一九六三年）、猫を飼った。マダラ猫の雌で、偶然家に迷い込んで来たのだったと思う。この猫を慕ってでもないだろうが、いろいろな猫がやって来た。「榎町猫族」という冊子を作ったこともある。どんな猫がいたのか、現状は、そして今後どうなるのか、猫の変遷史である。

東京オリンピックの小旗とマダラ猫とが一緒に写っているカラー写真があった。私の寝床の中でお産をしたのもこの猫である（死産だったが）。

中三の頃（一九六六年）まで生きていたかな。この当時の日記を取り出して見れば、猫がいなくなった日の記述があるかもしれない。近くのＳ病院の実験動物にされたのではないか、などと思ったこともあったが。

高三の時（一九六九年）、猫を飼った。黒白の雄で、私が散歩から帰って来た時、たまたま家の門の前にいた猫である。たぶん、近くの米屋に黒白の猫が何匹かいたので、その子どもだと思う。ちょうど人間の髪の毛のような配色で、やさしい顔の猫だった。が、他の猫とケンカして、耳の一部を傷付けられたことがあった。

体はずいぶん大きくなり、抱っこのしがいがあった。兄の友人の高橋敏夫君がこの猫を抱っこしたことがあったが、全然逃げなかったとのこと。やはり、猫は猫好きの人が分かるのだろう。

私が茶の間にいる時、いきなり後ろから私の背中に飛び乗ったことがあった。勿論、そうしても私が怒らないことが分かっていたからである。

テレビの近くで相撲中継を見ている父の膝の上に乗ろうとして、追い払われたことがあった。暖かそうだと思って乗ろうとしたのだろうが、父及び母は大の猫嫌いなのである。

冬、私が足温器（膝まですっかり覆う形のもの）を使って勉強している時、足温器の中に入って温まっていたことがあった。茶の間の箪笥の上の新聞紙を積んである所に乗って、下界の人間達を見下ろしていたこともあった。

大学四年の時（一九七四年）、皮膚病に罹り、いつのまにか姿を消した。後日、米屋の人が「お宅の猫が死んでいましたよ」と言っていたとの話を、母から聞いた。

二匹の猫のうちの一匹は、暑くなったのか、自動車の下の日陰に移動している。静かである。自動車はめったに通らない。たまに宅配便の車が通るくらい。

隣家は猫を三匹飼っているようだ。この間、三匹一緒に日向ぼっこをしていることがあった。外に出掛ける時、私はいつもこの猫たちに「挨拶」して行く。勿論、せっかく寝ているのを起こしたりはしない。手を振るくらいである。たまに、二階の窓から猫がこちらを見下ろしていることがある。以前は余所者の猫とよくケンカをしていたが(一度、取っ組み合って階段を転げ落ちて行くのを見たことがある)、このごろはないようで平和である。

道を挟んで向かい側（東側）にかつて大きな家があり、そこの庭が猫のよい遊び場だったのだが、現在は九棟の分譲住宅になってしまった。しかし、以前と同じようにゆったりとした時間が流れている。

隣家の猫は私の「心の友」なのかもしれない。

※以前（三十年以上前）、同じ「猫と私」というタイトルで一度書いたことがあった（神奈川県立向

の岡工業高校「図書館報」に掲載）が、その文章は今手元にないので、内容を思い出しながら書いてみた。

午前三時半頃、ベランダに出て、下を見る。道路――マンションの柵の外側、ふだん昼間はこの柵の内側にいて、くつろいでいることがある――に猫がいる。少しして、別の猫が道路を駆け出して行く。どこへ行くのだろうと、後を目で追うと、ちょうどこちらへ歩いて来る人の進むのを妨げるかのように足元にくっついている。蹴飛ばされないか。と、すると、意外なことが……柵の前まで来たその人がしゃがんで、鞄の中からエサを取り出し、そこにいる猫たち三匹に与え始めたのである。この猫好きの人と猫たちには、おそらく前にもこうしたことがあったのだろう。とすると、深夜に隣家の猫が道路に出ていたのは、つかの間の解放感（？）を味わうというだけではなく、エサをくれる人に会うのを楽しみにして、ということもあったのか。どれくらいの頻度でこの人はここを通りかかり、猫にエサを与えているのだろう。まさか毎日この時間に起きていて、ベランダから下を見て確認するのも大変だし、深夜外に出て追跡して、直接聞くわけにもいかないし、かと言って猫たちに、いったいどうなんだいあの人との関係はと聞くことも出来ないし……。

私の秘密の小道

二〇一八年三月三十一日。横浜から東海道線で東京まで行き、地下連絡通路を通って大手町で東京メトロ東西線に乗り換え、神楽坂へ。このコース、いったい何度通ったことだろう。私が横浜に住むようになったのは一九八七年だから、それ以来三十一年、何十度と通っていることだろう。

神楽坂駅の早稲田寄り出口（新潮社口）から出る。そのまま早稲田通りを西進するのではなく、途中で南進して矢来町に入り、矢来能楽堂裏を過ぎて突き当たったら右折して西進する。南榎町の泉鏡花旧居跡に至る道の一本北の道である。突き当たったら北に右折する。エパタ教会に出る。私が子どもの頃から記憶にある名前である。中に入ったことは一度もないが。この教会あたりまでが、小浜藩矢来屋敷の敷地だったと、聞いた覚えがある。

東に右折してすぐに北に左折する。しばらく行って突き当たりを西に左折すると、じきに行き止まり、見下ろすと宗柏寺（矢来のお釈迦様）の墓地が見える。――階段を下りて墓地の東横を通り榎町のお稲荷さんに出る「秘密の小道」があるはずなのだが、見付からない。前回ここに来た時も見付からなかった。やむなく南進し、西に右折すると、滝の坂（外苑東通りと並行している坂）に出る。

ゆるやかな坂を南に上って行く途中、右側に見覚えのある煉瓦塀がある。道路に近い方が古く（たぶん戦前の物)、奥の方、途中から継ぎ足された部分がやや新しい。そしてその先がまた古い。道を挟んで左側に、煉瓦をあしらった洒落た三階建てのマンションがあるのは、おそらく、この古い(新旧混在の)煉瓦塀に触発されてのことだろう。何か由緒がありそうである。蔦に覆われた建物が塀の内側にある。地元の人に聞いてみたら、分かるかもしれない。

城北台マンションを過ぎて突き当たったら西に右折すると、幽霊坂(宝竜寺坂)坂上に出る。このすぐ右側が、ガラス工芸作家、岩田藤七旧居跡である。現在はマンション・セボン神楽坂パークビューとなっているが、何らかの説明板があってもいいのではと思う。岩田藤七は「幽霊坂主人」と自分のことを言っていたようだ(私の父はさしずめ「滝の坂主人」か。自分では言っていなかったが)。

※「ガラス工芸家のすまい　岩田藤七邸」「インテリア」(日本室内設計研究所刊)第七号　一九六一・三　横浜国大工学系研究図書館所蔵

※国松孝二『瀧の坂』界隈」『地図で見る新宿区の移り変わり索引編』一九八七

坂を下りて外苑東通りに出たら右折、右側に牛込弁天公園がある。中に入り、しばし感傷に浸る。一九五八年から一九六〇年、小一から小三の頃、よく野球をやっていた場所―私の古戦場―である。現在のようにきれいに整備されていない、当時の姿を幻視する。六十年の時間の隔たり。時計台のようなのが建っていた。奥の高くなっている部分が山道というか、ミニ・クロスカントリーコースのようになっていて、面白かった（今は危ないので立入禁止になってしまっている。残念。神田川（江戸川）を渡った江戸川公園も同じく、子どもの頃遊んでいた所で今は立入禁止になってしまっている所がある。こちらも残念。子どもの冒険の範囲が狭くなっている…）。

外苑東通りを北進する。左側に、草間弥生美術館の新しい建物があるのに気付く。真赤かと思ったら、白色だった。やはり周囲の建物との調和を考えてか。その先を左折すると、漱石山房通りの煉瓦道である。それらしい雰囲気、クラシックな雰囲気作り。私の小・中時代の通学路だった。少し歩き、漱石山房記念館の裏手、猫塚を見る。西進し、早稲田小学校前に出る。ここから北の宗参寺前に抜ける細い道があり、私はここも「秘密の小道」と呼んでいる。私の小・中時代の帰り道である。特に秘密でも何でもない、ただの狭い曲がりくねった道、と言えばそのとおりである。ただ、あの狭さが昔のままなのが嬉しい（下は舗装されてしまったけれど）。

早稲田小前から更に西進すると、早稲田通りに出る。通りを渡って北へ少し行くと、早稲田鶴巻町になる。右手に緑が見える。鶴巻南公園である。ここで野球をやったことはほんの数度だけだったと思う。中には入らず、行こうとしたら、解放社の建物が目に留まった。革共同革マル派の本拠である。新聞の無料サンプルが置いてある。北進すると、早大通り（昔は早大正門通りと言っていた）に出る。グリーンベルトの樹木が美しい。更に北進すると、右側に鶴巻小学校がある。鶴巻小出身で、牛込二中二年で同じクラスだった保立和夫君のことを思い出す。

ずっと歩いて行くと、新目白通り、そして神田川に出る。花見の人がたくさんいて、にぎやかである。右手、高速道路早稲田出口の下をくぐり、一休橋を渡って江戸川公園に入る。好天で寒くなく、これぞ花見、ただ、満開は過ぎて葉桜になってきているので、一週間前の方がよかったかなと思う。外国人の姿も見掛ける。野外で桜の木の下、みんなで楽しく飲んだり食べたりするというのは日本の一つの文化で、外国人にも興味深いということなのかな。富士山と桜と五重の塔の美しい観光ポスターがテレビで紹介されていた。

大滝橋（大洗堰跡）から駒塚橋（風情のある名前である）まで神田川沿いに、椿山荘の南側を歩く。芭蕉庵を過ぎると、右手が胸突坂・水神社・永青文庫、左手が駒塚橋となるが、直進すると、右手一帯が新江戸川公園——現在は肥後細川庭園・松聲閣となっている。ちょうど一年前に名称変更されているが、最近テレビのニュースを見て初めて知った。何かずいぶんグレードアップした印象を受ける。新……だと安っぽい（失礼！）が、肥後……だと重みがある。肥後熊本藩細川家江戸下屋敷庭園という由緒を考えれば、当然の改名だが。新江戸川公園の時は駒塚橋に近い所に入口があったが、肥後細川庭園になって西の松聲閣に近い所に正門がある。既に閉園時間を過ぎているので、今日はパンフレットを三種類——肥後細川庭園、松聲閣、目白台・関口の歴史——もらうだけにして、更に歩きながら神田川沿いの花見を楽しむ。やがて行き止まりとなったのでUターン、今度は対岸に渡って花見をしながら大滝橋まで行く。

ここで南に右折、新目白通りから外苑東通りに出る角の所にある明治大学現代マンガ図書館（火・金休み）前で立ち止まり、置いてあるパンフレット・チラシ類を眺める。新宿区の情報誌「新宿プラス」最新号（第八号、二〇一八・三）他を入手する。なおこの図書館は、将来出来る「明治大学東京国際マンガミュージアム」（仮称）の先行施設、とのことである。

※「牛込柳町界隈」第22号　二〇一五・十　P10～11「明治大学現代マンガ図書館」↓『神楽坂から早稲田まで③』柳町クラブ

外苑東通り（鶴巻町～曙橋～明治神宮外苑東側に至る道）を南下し、済松寺（徳川家光ゆかりの寺）を左側に見て、弁天町交差点に至る。この東側の角に昔バイク屋があったのを記憶している。店主が何かの折、テレビに出ていた。西側の角には昔も今も交番がある。交差点を東に左折して少し行き、信号の所で早稲田通りを渡り、滝の坂に入る。右側に昔魚屋があったが今はない。左側に昔も今も米屋（いつもお米を頼んでいた店。黒白の猫を何匹か飼っていて、私が学生の頃〔一九六九年〜一九七四年〕飼っていた黒白の猫のルーツはたぶんここだと思う。衰弱して姿を消し、この店の縁の下で死んでいたとのことである）がある……と思ったら、もうなくなっていて、ビルになっている。見慣れた店がなくなってしまうのは寂しいものである。その先を東に左折する。印刷製本関係の仕事をやっている家があった（この辺は大日本印刷榎町工場の言わば城下町）が、今はない。矢来のお釈迦さま（宗柏寺）の塀に突き当たる。南に右折すると、お稲荷さんに突き当たる。その横を通って右奥に入り、塀に上って私の実家の庭に下りることが昔は出来た、つまりここは私の遊び場だったのだが、今見ると、お稲荷さんの建物が新しくなって完全に封鎖されてしまい、横に通り抜けることは出来なくなってしまった。残念。が、よく見ると、左奥の方はかろうじて通れるようだ……

　お稲荷さんから東に左折して、南に右折する。宗柏寺の墓地が見える。人家の間の狭い道を東に左折する。昔と変わらないこの狭さが嬉しい。石段を上り、北に左折する。墓地を見下ろす東側の道（土の道が残っていたのだが、舗装されてしまった）である。この辺までが小浜藩矢来屋敷の敷地だったのだろう。直進すると、早稲田通り——メゾン鳳月の横、昔ここにあった和菓子屋・鳳月の名前がマンション名になって残っている——に出る。が、途中で右側・東側の狭い階段を上る。地元の人しか知らないであろう秘密の道――そして南に右折すると、「私有地・駐輪禁止」との表示がある。今日の往路で、行き止まりとなって墓地を見下ろした所、その少し手前の私有地を右に・北に入って西に左折すると「秘密の小道」となり、石段を下りて墓地東側の道に出るのである。やっとルートが分かった。ここに書き記すことによって定着し、安心した。ささいなことかもしれないが、私にとっては案外大きなことなのである。

そうそう、先ほど墓地東側の道を歩いて来た時、一つ発見があった。何と昔のコンクリート製のゴミ箱が残っていたのである。上をブロック等で塞がれ、ひもで縛られて、排水溝の上に載っている、廃棄物のような形で。博物館にあるような昔懐かしいゴミ箱の痛々しい姿だが、ともかく残っているのを見ることが出来て嬉しい。トマソン物件、無用の物、昭和の遺物……しかしなぜかそれに心惹かれ、安心感を覚える。その心理が面白い。

「私有地・駐輪禁止」の所から東進して北に左折すると、矢来下交差点に出る。早稲田通りを東進し、神楽坂駅で東西線の電車に乗車、大手町・東京経由で帰る。

※『東京散歩学』（洋泉社ＭＯＯＫ　二〇一六・十一）の松本泰生「階段のある路地裏をめぐる」を見ると、何と、私の「秘密の小道」の写真が載っているではないか。「宗柏寺の墓地裏南側の極小

階段6段」（Ｐ31）を上って「墓地裏の小径《こみち》」に出て、直進すると、「マンホール階段11段」（Ｐ30）を通ってメゾン鳳月の横、早稲田通りに出るが、途中で右側・東側の「宗柏寺の墓地裏の小径から上がる階段17段」（Ｐ30）を上ると、私有地――住宅の駐車場脇へ抜ける。マニアックである。思わず唸った。何か嬉しいような残念なような、複雑な気持ちである。よくぞ見付け出してくれた、いや、見付け出してくれなくてもよかったのに……。ともかく、驚いた。

西早稲田から漱石山房記念館を通って、神保町へ

二〇一七年九月二十九日。横浜から東横線～副都心線で西早稲田下車。明治通りを北進し、右折して早稲田通りを東進する。建物はずいぶん変わったが、それほど変わっていない古本屋もある。西門から早大構内に入る。ずいぶん高い建物が増えている。その中で、演劇博物館が変わらずにあるのは、見てほっとする。「エンパクシネマ」ということで、十月二十四日午後六時半、ここ演博前舞台に特設スクリーンを設置して、無声映画の野外上映会をやるとのこと。弁士と生演奏付き。ユニークな試み、行ってみたい。中学の時、校舎にスクリーンを設置して、映画「坊っちゃん」の野外上映会をやったのを思い出した。いや、中学でやったのを小学生の時に見たのだったか。

大隈講堂、大隈タワーの横を通って、再び早稲田通りの方に出る。藤原書店が近く（鶴巻町）にあるはず。通りを渡り、八百屋の横、黒猫の案内柱・案内板に従って、漱石山房通りを東進する。坂を下ると、右手に早稲田小学校があるが、その手前左側に、かつて勉強堂という文房具屋があった。私がお世話になった所である。南にちょっと行くと、野外映画を見た記憶のある牛込二中に出るが、今日は漱石山房通りを更に東に行く。

やがて左手に新しい建物が見えて来る。新宿区立漱石山房記念館である。二十四日に開館して、まだ

五日しか経っていない。館内を一通り見て回る。文京区立森鷗外記念館と比べると、ずいぶん開放的な印象だ。図録はまだ出来ていないようだった。猫塚の位置が変わっている。館前のプロムナード、いい雰囲気である。外苑東通りまでの道も、ずいぶんきれいに整備されている。これから何度も来たい、と思う。

漱石山房通りが終わり、横断歩道を渡って保健センターの横を更に東進すると、突き当たりが浄土宗大願寺、その北（榎町五十二）が山猫山房（私の実家）跡＝スカイコート神楽坂参番館である。南に滝の坂を上って行き、西側が弁天町、東側が南榎町だが、その東側＝左手に曲がり、しばらく行くと右手に「泉鏡花旧居跡」の説明板が立っている（説明板はないが、その隣が「嘉村礒多終焉の地」である）。矢来公園、矢来能楽堂、新潮社の横を通って、朝日坂に出る。

南に上って行くと、右手に芸術倶楽部跡、円福寺、長源寺がある。その先左手、材木置場の所を左に曲がると、尾崎紅葉旧居跡がある。庭がなかなか趣があっていい（藤棚がある）。少し北に戻り、東に右折すると、袖摺坂という幅が狭い、かなりマニアックな坂に出る。近くにレストラン袖摺坂がある。

坂を下りて大久保通りを渡り、都営大江戸線牛込神楽坂駅の横の坂を上って行く。上りきった右手が大田南畝（蜀山人）旧居跡（説明板はない）。左手を直進すると、左に日本出版会館、右に光照寺＝牛込城跡があり、更に直進すると、左に牛込館跡、地蔵坂となり、鮒忠の横、神楽坂、相馬屋（原稿用紙発祥の地、桝目にしてはどうかという尾崎紅葉の助言により原稿用紙が生まれたとのこと）前に出る。

※長妻直哉「偶然が生んだ原稿用紙」「日本経済新聞」二〇一七・八・三十一　40面

相馬屋で原稿用紙を購入、神楽坂、飯田橋、九段下、神保町、東京堂書店と歩いて行く。神保町から半蔵門線で渋谷へ、東横線に乗り換えて横浜まで。

西早稲田から漱石山房記念館を経て神保町まで歩いたが、この散歩コースはこれからも何回も行くことになりそうである。私のセンチメンタルジャーニイ、とも言える。

※本書P108～109　嘉村礒多「神楽坂の散歩」の初出は次のとおり。

「(一) ある古本屋のこと」「時事新報」一九三二・十二・十七　朝刊5面

「(二) 石工に化けた英霊」　〃　・十二・十九　朝刊5面

「(三) 私は都会讃美者になった」　〃　・十二・二十　朝刊5面

引用は（三）のおしまい部分である。

新宿御苑周辺

まず、都立新宿高校の汚ない校舎が思い浮かぶ。一九六七年二月二十三日、ここで高校入試を受けたのである。入試前、校庭のベンチで最後のチェックをしていた。カメラを回されているのに気付いたが、そのまま続けた。翌日クラスに行くと級友に、昨日のニュースに映っていたぞ、と言われた。10チャンネル（ＮＥＴテレビ、現・テレビ朝日）だったと思う。この映像は今も残っているのだろうか。まだ確めていない。

都立高校の学校群の最初で、願書は駒場高校に出しに行き、受験は新宿高校で、実際に入学したのは駒場高校である。

新宿高校の方に行った有名人としては、坂本龍一がいる。三年の時、バリケード内でドビュッシーを弾いていたという伝説の持ち主である。それから、自民党の塩崎厚生労働大臣も新宿高校である。坂本龍一の親友。

駒場高校の方では尾竹永子（エイコ＆コマ、ダンスアーティスト）、鮫島有美子（声楽家）がいる。

新宿高校の汚ない校舎（女子生徒はわざわざ伊勢丹のトイレまで行くという話を聞いたことがある）は後、取り壊され、渋谷区に出来た新しい校舎に移り、更にその後、元の敷地の現校舎に戻った、とのことである。
私は駒場高校に行ったのだが、たまにサボって、新宿御苑に入ったことがある（何回入ったかは覚えていない）。あと入った所というと、駒場公園（学校から近い）とか北の丸公園とかがある。学校をサボるのは楽しいが、あまり日数が多くなると不安になってくるものである。卒業して何年、何十年にもなるのに、体育の出席が足りなくて進級・卒業出来ない、という悪夢を見たことが何度か（何度も）ある。夢から覚めて、もう卒業していたんだ、と一安心。

模索舎（新宿二―四―九、新宿御苑新宿門の近く）は左翼関係の本の専門書店である。ミニコミ誌、機関紙誌、パンフレット等も多数置いてあり、やはり、一般書店にはない面白いものを発見することが出来る。

※『ニッポンの本屋』本の雑誌編集部編、本の雑誌社　二〇一八・五　P206〜211「模索舎　機関紙取扱い随一の社会派書店」

昔、神田神保町交差点付近に、ウニタ書舗という左翼関係専門書店があり、最初木造、後、赤い鉄筋の建物だったが、なくなってしまった。二、三回入ったことがある。

「腹々時計」を見たような気もするが、定かではない。

私のこの『私の東京』の出版社、文芸社は新宿御苑大木戸門近く（新宿一―十―一）にある。東京メトロ丸ノ内線新宿御苑前駅下車、東へ徒歩五分。

一九八〇年代前半、新宿ピット・イン（当時は新宿三丁目、紀伊國屋書店の裏の方にあった。現在は新宿二丁目、世界堂の近くにある）で松岡直也グループの演奏を聴いたことがある。「九月の風、通り過ぎた夏」等である。この時は一人で行った。日比谷野外音楽堂で松岡直也グループとシャカタクのジョイントコンサートに行ったことがある。この時は配偶者と一緒だった。「九月の風……」はＣＤで何回聴いたか分からない。

五年ほど前、鎌倉で松岡直也のピアノ演奏を聴いた。まだ健在だった。が、二年前（二〇一四年）に亡くなった。

ＪＲ千駄ヶ谷駅の南、徒歩約十分の所（東京体育館のちょっと先、千駄ヶ谷一―一―一）に、鳩森八幡神社があるが（入ってすぐの大銀杏＝御神木が見事）、ここに千駄ヶ谷の富士塚（千駄ヶ谷富士）があり、手軽に「富士登山」を楽しむことが出来る。寛政元年（一七八九年、フランス革命の年）の築造といわれ、関東大震災の後に修復されているが、築造当時の旧態をよく留めているとのことである。頂上には奥宮があり、小さな四角い箱に賽銭が置いてある。七合目には洞窟が作られ、身禄像が安置されている。麓（山裾）には里宮があり、大きな縦長の賽銭箱がある。道幅が狭く窮屈なので、登る際は気を付けた方がいい。

※『大江戸のお富士さん　富士信仰と巡る富士塚』東京都神社庁　二〇一七・一　P120～121「千駄ヶ谷の富士塚」

『ぶんきょうの史跡めぐり』文京区教育委員会　一九九八・一　第八版　P84「身禄行者（食行《じきぎょう》身禄）の墓」（向丘二―二十五―十　海蔵寺）富士講中興の祖、富士信仰の布教につとめた。一六七一～一七三三

※鳩森八幡神社には将棋堂（王将の大駒を安置）もあるが、これはすぐ南に将棋会館がある関係で、であろう。

※坂本龍一『音楽は自由にする』（語りおろし自伝）新潮社　二〇〇九・三　P64～「新宿高校での

ストライキ」新潮文庫　二〇二三・五　P85〜

※「近くの富士塚、見直してみよう――江戸から昭和に築造　23区内に数十基残る」「朝日新聞」一九九六・十一・二十一　夕刊5面　品川富士の写真あり。

※坂本龍一『SELDOM-ILLEGAL　時には、違法』（語りおろし）角川文庫　一九九一・十二　角川書店　一九八九・十　P91〜93、101〜106「親友S」（塩崎恭久）P113〜118「中学・高校時代」　P118〜119「父」（坂本一亀）　P119〜126「中学、高校、大学合格」

田辺園子『伝説の編集者　坂本一亀とその時代』河出文庫　二〇一八・四　作品社　二〇〇三・六　P14、53、83、92、189、207　坂本龍一

池辺晋一郎「坂本龍一　若い頃から型破り」（耳の渚）「読売新聞」　二〇二三・四・十五　夕刊5面

塩崎恭久「二人の友を喪って　安倍晋三さんと坂本龍一君のこと」「中央公論」　二〇二三・七

Ⅲ　消えた庭園

私の銀座物語――並木座、三吉橋、楽善堂

プロローグ

以下、銀座をめぐる雑文である。お茶でも飲みながら、暇つぶしに読んでいただきたい。

私と銀座とのかかわりと言っても、それほど大したものがあるわけではない。早慶戦の後、銀座で酔っ払って暴れて警察につかまったという武勇伝もなければ、銀座での知られざるラブロマンスなどもない。きわめてささやかなものである。

初めて銀座に行ったのはいつのことだったか。それは分からない。小学校の時に親に連れられて銀座のデパートに行ったような気もするが、定かではない。大体において、小さい頃休みの日に遊びに行く（デパートか映画館ぐらいなものだが）というと、新宿に行った。そう、私のかつてのホームグランドは新宿だったのである。映画を見に行くというと、新宿歌舞伎町界隈（その頃はまだ都電があったので、よく牛込柳町から都電に乗って行った）、近い所では飯田橋佳作座、神楽坂の武蔵野館、早稲田全線座、牛込文化、等々に行った。有楽町とか銀座に見に行くのはよっぽど特別の時のことだった。早稲田松竹、早確か小学校六年の時に、旧帝劇で「アラビアのロレンス」を、みゆき座でカフカの「審判」を見たと思う。

1　回想の並木座

　十年くらい前、このタイトルで書き続けようとして、原稿用紙数枚分書いて挫折したことがあった。今度もたぶん挫折するであろうが、挫折を恐れずに、敢えてペンを執ってみようと思う。

　銀座の並木座に初めて行ったのは、一九七〇年一月、萩本欽一監督の「手」を見た時である。高校三年の冬休みのことである。入場料は二百円。自由登校間近、高校生活から解放される日の近付いたこの頃は楽しかった覚えがある。以後約十年間、私はこの並木座に通い続けたのである。どのくらいの頻度で行ったか、当時の日記を見れば記録が残っているだろうが、あいにく今手元にないので分からない。たぶん、最も足繁く通った時にはそれこそ毎週のように行ったと思う。学校には行かなくても並木座には行く——私にとっては並木座が「私の大学」だったのである。

　並木座で見た映画で最もよかったのは何か……浦山桐郎監督の「私が棄てた女」（遠藤周作原作）である。これには感動した。人生の真実があると思った。確か三回見たと思う。あとよかったもので今覚えているものは、「旅の重さ」「津軽じょんがら節」「祭りの準備」「サンダカン八番娼館望郷」などである。

　何故そんなに並木座に行ったのか。暇だった、時間があったというのがまず一つ。映画というのはそれほど金のかからない娯楽であるということもある。それにしても、何故並木座なのか。いい映画をやっているということ、三木ビル地下のいかにもアングラといった感じのあの狭い空間の魅力（胎内回帰願望）と、お堀端を歩いて帝劇の横を曲がり有楽町のガードをくぐって並木通りへというプロムナードの魅力と、……思えば、並木座に通っていた頃が私の青春だったのである。

なお、大逆事件で処刑された管野須賀子の獄中手記「死出の道草」の原稿が、並木座のあるこの三木ビルにあった「人民社」の金庫に保管されているのが一九四七年七月に発見された、ということである。

（神崎清編『明治文学全集96　明治記録文学集』筑摩書房　一九六七・九「解題」Ｐ四〇五）

2　三吉橋

ある日のこと、明治のジャーナリスト・実業家、岸田吟香について調べていた私は、ひょっとして京橋図書館に何か資料があるのではないかと思い、行ってみたのだが、これといった収穫はなかった。図書館を出て、すぐ傍の中央区役所内の食堂で昼食後、何気なく陸橋を渡る。と、その橋が――三吉橋だったのである。三吉橋と分かった時、私の中には、以前この橋を見に訪れた頃のことがまざまざとよみがえって来た。私のいわば青春彷徨の頃のことが。

堀田　Ｙ字形になった橋は、三吉橋といって、銀座一丁目ぐらいのところ、京橋の裏、あそこにあるのよ。とにかく三つ橋がつながっている。そういうものを書きたいということをずっと前から考えていた。ひょっとすると、学生時代にあの橋をはじめて見たときからかもしれないね。
安岡　あの下に、ボートがあったね。
堀田　あった、あった。
安岡　いまあれは、高速道路になっているのか。三原橋のあたりでボートに乗ると、ずーっとあんなところまで漕いでいけたもんだ。
堀田　そうだ。あの横っちょに小さいホテルがあったんだ。あの橋の三つのそでのうち、片っ方が小さいホテルで、片っ方が保坂とかいう産院で、片方がガン研だ。ガン研と保坂医院は残っている。このホテルが高層駐車場に変わっちゃった。ホテルと産院とガン研があれば、それで全部足りている感じだな。生れて、泊まって、死んで……。

以上の引用は、堀田善衛と安岡章太郎の対談『橋上幻像』をめぐって」（堀田善衛『橋上幻像』新潮社一九七〇・三付録）の一部である。『橋上幻像』を読んだ私は、三吉橋を実際に見てみたくなり、行ってみたのである。その時はたぶん、有楽町の方から歩いて行ったのだと思う。行ってみると、そこには一種独特の風が流れていた。そこを発想のモチーフにした小説を読んでいたことによる思い入れがあったにせよ、不思議な風が流れていた。此岸から彼岸に架けられた橋。生れて、泊まって、死んで、人生の象徴のような橋。私はある感慨を抱いて、橋をあとにした。

その時から私は橋というものに興味を持ち、意識的に捜し求めるようになった。と言っても、別に全国橋巡りをしたわけではない。橋をテーマにした、あるいは橋の出て来る文学作品が気になりだしたのである。岡本潤の詩集『橋』（これは大学の図書館で借り出して全部筆写した。勿論コピーしてもよかったのだが、何枚かその時の気分では自分の手で書き写したかったのである。それだけ暇だったということもあるが）とか、ジンメルのエッセイ「橋と扉」とかが、その頃読んで今覚えているものである。ドストエフスキーの『罪と罰』にも、主人公ラスコーリニコフが橋上で夕焼け（？）を眺める印象的な場面があったと思う。それから、能の舞台の橋懸りというのも気になった。鏡の間から揚幕（あげまく）を隔てて舞台に至る通路である。自分が今いるのは要するに橋懸りなのではないか、という気がした。鏡の間で衣装を整え舞台に向かう途中、到達ではなく過程、固定ではなく流動、決定論ではなく偶然に身を委ねること、……自分の精神の上の橋懸り、あるいは、精神のあり方としての橋懸り、である。

3　楽善堂

銀座二丁目の角、名鉄メルサのある辺が、かつて岸田吟香の営む薬舗兼書舗楽善堂があった所である。

御承知の方も多いと思うが、私の生家は目薬の精錡水の本舗であって、岸田の楽善堂というよりも精錡水といった方が通る位の店であった。父（吟香）の道楽から店を半分に切って、一方を薬房、一方を書房とし、書房では支那の筆墨硯紙その他文房具風のものや、書籍などを売っていた。

これは、岸田吟香の四男、劉生の「新古細句銀座通（しんこざいくれんがのみちすじ）」の一部である。

（『岸田劉生随筆集』岩波文庫　一九九六・八　より）

吟香は天保四年（一八三三）、美作国（みまさかのくに、岡山県）に生まれた。津山、のち江戸で学ぶ。元治元年（一八六四）、眼病治療に横浜に赴き、ヘボンやジョゼフ・ヒコ（浜田彦蔵）と知り合う。同年、ヒコと日本最初の新聞「新聞誌」を刊行する（表紙のみしか現存せず。翌年、「海外新聞」と改題）。慶応二年（一八六六）、ヘボンとともに上海に渡航し、『和英語林集成』の編纂・刊行に協力する（この時の日記として「呉淞〔ウースン〕日記」がある）。「横浜新報もしほ草」の編集・刊行、横浜〜江戸（東京）間の回船事業、『英語手引草』『和訳英語聯珠』の刊行等の後、明治六年、「東京日日新聞」の記者となり、文筆の才を大いに発揮する。日本最初の従軍記者としての「台湾信報」、明治天皇に随伴しての「御巡行の記」、内国博覧会を見ての「博覧会の記」等々。横浜には元治元年から明治八年頃まで居住し、「横浜異聞」「はまつと」（横浜土産の意）という日記を残している（「神奈川県近代文学資料9」参照）。

ヘボンから伝授された目薬精錡水を本格的に販売するようになるのは、明治八年、銀座の楽善堂に腰を落ち着けてからである。この精錡水の新聞広告にも吟香はすぐれた才能を発揮する（新聞の全面広告を最初にやったのは吟香である）。精錡水は日本全国のみならず（全国どこに行っても精錡水の看板と小学校にはお目にかかる、とまで言われた）、中国にまで販路を広げ、吟香はたびたび上海に渡航した。現地の文人との交流も相当になされたらしい。大陸浪人の元祖、と言われることがある。

エピローグ

冬の一日、有楽町駅を降りた私は、歩いて行く。映画を見た帰りによくラーメンを食べに寄った店の横を通り過ぎる。高速道路の下を通り、大通りを渡ると、並木座に行く時いつも目にしていた実業之日本社のビルが取り壊されていた。新しいビルに生まれ変わるらしい。二番目の通りを右折すると、並木座がある。「泥の河」をやっている。これからの上映予定を書いたパンフレットがおいてあるので一部もらう。……なつかしい雰囲気である。が、今日は中には入らず、元の道に戻る。直進して行くと、銀座の大通りにぶつかる。その角が銀座メルサ、かつて岸田吟香の営む楽善堂のあった所である。この建物の上の方に東京セントラル美術館がある。その隣が英国屋、更にサンリオ・ギャラリー、伊東屋、松屋……がある。サンリオの中にちょっと入った後、私はメルサの横をなおも進んで行く。昭和通りを歩道橋で渡り、しばらく行くと、銀座・新富町・築地、三つの町にまたがる三吉橋に出る。かつて川の流れていた所を、今は車が流れて行く。ここから更に行くと、佃大橋・隅田川に出るのだが、今日は有楽町まで戻ることにする。有楽町〜並木座〜メルサ〜三吉橋、このコースを通して歩いたのは今回が初めてである。歩いてみると、わずか十五分ほどの距離である。実にあっけない。有楽町から神田の本屋街に回り、つげ義春の『貧困旅行記』『無能の人』、フリッツ・ラングの『メトロポリス』（ビデオ）その他を買い求め、帰途につく。

並木座とともに当時よく行った映画館——新宿の蠍（さそり）座についても書いておきたい気がするが、これはまた別の物語である。

（「汐路」第二十八号　神奈川県立磯子工業高校　一九九二・三→『国松春紀書誌選集Ⅱ』金沢文圃閣二〇一五・六）

※高橋義孝『わたくしの東京地図』文芸春秋新社　一九六四・十二　Ｐ65に三吉橋の写真が載っている。正面に中央区役所、橋の下を高速道路が通っている。この本の表紙は、江戸橋の高速道路の夜景。

※茶本繁正『戦争とジャーナリズム』三一書房　一九八四・四　Ｐ51～53「初の従軍記者岸田吟香」

酒井忠康編『岸田劉生随筆集』岩波文庫　一九九六・八「Ｉ　新古細句銀座通」

『岸田吟香・劉生・麗子――知られざる精神の系譜』世田谷美術館・岡山県立美術館・毎日新聞社

二〇一四・二

『神奈川県近代文学資料（第七集～第十一集）』神奈川県高校教科研究会国語部会　一九九八・十

Ｐ380～「岸田吟香」Ｐ408～「岸田劉生」

私の好きな場所――映画館、箱根山、国会図書館

1　映画館

映画館、でまず思い浮かぶのは、銀座の並木座である。高三の冬休み、一九七〇年一月、萩本欽一監督の映画「手」を見たのが最初である（テレビでコント55号の萩本欽一が、今度銀座の並木座で、自分が監督した「手」という映画をやるのでよろしくと言ったので、行ってみる気になったのだと思う）。見終わって外に出たら、欽ちゃん本人がいたので、プログラムにサインしてもらった。

それから約十年間、私は並木座に「通った」。その当時見た映画で今覚えているのは、「津軽じょんがら節」「祭の準備」「サード」「サンダカン八番娼館望郷」等々である。

並木座はまさに「私の大学」だった（映画館が学校だった！）。

並木座は、銀座の並木通りにある三木ビル地下の小さな映画館で、入場料は学生百五十円か二百円だった。家から往復の交通費、昼食代を含めて、千円札一枚で楽しむことが出来た。日曜の午前、並木座の前に並んでいたあの頃が懐かしい（一九九八年、残念ながら閉館してしまった）。

早稲田松竹。私が学生の時もあったし、今もなお健在である。ここで見たフェデリコ・フェリーニの「道」は忘れられない。一度見てよかったので、そのまま続けてもう一度見た。一九七四年のことであ

る。

飯田橋佳作座。並木座に通う前によく行っていた映画館で、上演案内が二つ折りで洒落ていたのを覚えている。一九八八年閉館し、現在はパチンコ屋になっている。

皇居のお堀に面した旧帝劇。ここには一度だけ行ったことがある。一九六三年、ここで見たデビット・リーンの「アラビアのロレンス」も、忘れられない映画である。ピーター・オトゥールがかっこよかった。

※参考文献…田沢竜二『東京名画座グラフィティ』平凡社新書

2　箱根山

箱根山と言っても、神奈川県のそれではなく、東京都新宿区・戸山公園内にある、標高四十数メートルの人工の山――元・尾張藩江戸下屋敷戸山荘庭園にあった築山――である。

東京メトロ東西線早稲田駅で下車し、早大記念会堂の横を通り、新・学生会館を過ぎると、すぐに戸山公園に入る。しばらく行くと、木々の茂った小高い丘が見えて来る。それが、箱根山である。戦前はつつじの名所で、「つつじ山」とも言われていたそうだが、現在は桜の名所で、春三月から四月、山頂に登って眺めると周囲すべて桜で、実に見事である。

戸山ハイツ（戦後すぐに進駐軍＝米軍の命令で木造の復興住宅が建てられ、このように呼ばれていた）・箱根山は私の子ども時代の遊び場で、当時は陸軍戸山学校（明治維新以降、戸山荘庭園は陸軍用地となった）のプール（尾張家が昭和十年に寄贈したもの）や、訓練用の人工の断崖（大人がロッククライミングの練習をやっているのを見たことがある）がまだあった。プールの底に雨水がたまり、ゴミが浮いていた。――言わば、私の記憶の原風景としてある。現在はもう埋められて跡形もなくなり、断崖も撤去されてしまった。

※『昭和の記憶――写真家が捉えた東京』クレヴィス　二〇一二・九　P62に、木造住宅が並び、箱根山と教会を望む、戸山ハイツの風景写真あり。

※田中雅夫編『写真東京風土記――お江戸の名残り』毎日新聞社　一九六四・十二の「72・旧陸軍演習場」P155に「訓練用の人工の断崖――人工の城壁」の写真が載っている。木造住宅と電信柱の背後の、巨大な姿。

『写真集　軍服の青春《陸軍編》』ノーベル書房編・刊　一九七九・十一には実際にそこで訓練をやっている写真が載っている。P213

『加藤嶺夫写真全集　昭和の東京1　新宿区』ｄｅｃｏ　二〇一三・三　Ｐ91参照

箱根山の麓に、擂鉢状になった窪地があるが、ここは陸軍戸山学校軍楽隊（芥川也寸志や團伊玖磨も戦争中いたことがある）野外演奏場跡である。現在はないが、かつてはステージがあった。一九六六年、唐十郎がここで「腰巻お仙忘却篇」という芝居――観客よりも出演者の方が多かったそうだ――をやった。花園神社で赤テント公演をやる前の年のことである。

近年、早稲田の新・学生会館を建設する際、尾張藩江戸下屋敷戸山荘庭園にあった「龍門の滝」の遺構が発掘された。滝壺にあった多くの石で、江戸城築城の時使った石の残りを利用したものと言われる。現在、この発掘された石は、名古屋市の整備された徳川園の「龍門の滝」に再利用されている。

※徳川園のホームページ参照

箱根山とその周辺に興味をお持ちの方は、Ｙａｈｏｏ、Ｇｏｏｇｌｅ等で、「箱根山ワールド」と入力して、検索してみてください。

3　国会図書館

国会図書館と言うと、国会付属の図書館で、国会議員しか利用出来ない、あるいは、国会議員の紹介がないと利用出来ない、と思う方がいるかもしれないが、そんなことはない、十八歳以上の人なら誰でも、国籍、性別、職業の有無にかかわりなく、自由に利用出来る、日本最大の図書館である。何らかのテーマで詳しく調べようと思った場合、一度は足を運んだ方がよい所である。

東京メトロ有楽町線永田町下車、徒歩五分、国会議事堂のすぐ向かい側（戦前はドイツ大使館があった場所）にある。午前九時半から午後七時まで、一日中思う存分「遊ぶ」ことが出来る（中に食堂と喫茶室あり）。

パソコンで検索して目指す資料が見付かったら、それを請求する。一般の図書と雑誌は受取る場所が異なる。新聞はまた別の場所で目録を見て請求し、受取る。普通、公立の図書館だと、座席が一杯で座れないことがあるが、国会図書館はそういうことはなく、ゆったりと座って好きなだけ資料を読むことが出来る。十八歳になったら、ぜひ一度行ってみてください（年齢確認のための身分証明書を忘れずに）。

また、自宅のパソコンで国会図書館のホームページを開き、雑誌の記事を検索して申込むと、必要な資料のコピーを自宅に郵送してもらうことが可能であり、大変便利である。一度ホームページをのぞいて、「遊んで」みてください。

自分が興味を持ったことを徹底的に調べ、視野を広げ、知識を深め、楽しむ――それが学ぶ楽しさである。その際、国会図書館は役に立つ。国会図書館と言うよりは、国民図書館と言った方がいいかもしれない。税金の元を取る意味でも（！）、大いに利用した方がいい。
私にとって国会図書館とは、職場からも家からも離れて自由に遊べる、〈遊び場〉である。ちょうど、神田古書店街がそうであるように。

（「神奈川県立茅ヶ崎西浜高校クラス文集」二〇〇七・三→個人誌「山猫通信・宮ヶ谷版」第六号　二〇〇九・六→『国松春紀書誌選集Ⅱ』金沢文圃閣　二〇一五・六）

※現在は、新聞もパソコンで検索して、資料請求するようになっている。

消えた映画館――佳作座、牛込館他

神楽坂をいちばん下まで降りて、左へちょっと行くと、パチンコ屋がある。ここにかつて佳作座という名画座があった。佳作座という名前を聞くとすぐに、数十年前にタイムスリップして、感涙にむせぶ方がいらっしゃるかもしれない。おお、あの懐かしき日々、わが青春よ！

入場料は百円か百五十円だったたか、二つ折りの小さな上映予定表がなかなか洒落ていた。館内はフラットな感じで、けっこう広かったと思う。

白土三平原作・大島渚監督の「忍者武芸帳」をここで見た覚えがある。原作の方は榎町文庫という貸本屋で借りて読んだ。

佳作座の更に先には名画座・ギンレイホールが健在だが、なぜか私はここには一度も入ったことがない。

※その後、ピアノ伴奏付きの無声映画をここで何度か見る機会があった。

私の映画人生は（大きく出た）、佳作座でよく見ていた時代（一九六九年まで）と銀座並木座でよく見ていた時代（一九七〇年から約十年間）とにはっきり分けられる。一九六五年（中二）から一九七四年（大学四年）までの日記が残っているので、両映画館で映画を見た記述がたぶん出て来ると思う。

※「昭和四十年代日記抄」の構想があるが、まだ取り掛かっていない。逆に、これからやる――タイムトラベルする楽しみがある。

神楽坂下から牛込橋を渡って飯田橋の所を右折し、法大方面に少し行った所に、かつて逓信博物館があった。切手ブームの頃、よく行った。その後、大手町に移り（テイパーク、ここには一度行っただけ）、現在はスカイツリーの下の建物の中にある（東京ソラマチ９Ｆ　郵政博物館、ここも一度だけ行った）。今でも実用目的の記念切手は好きで、たぶん一生使う分を持っている。

もう一つ、子ども時代よく行っていたのは、交通博物館、旧万世橋駅を利用した初代の、である。友達と行って、帰り家まで歩いて帰ったことがあったのを覚えている。小学校五、六年頃のことである。何十年か後、配偶者・子どもと一緒に行って記念写真を撮った（配偶者の友人がそこに勤めていた）。

小学校の頃、牛込柳町の牛込中央劇場でよく時代劇を見ていた記憶がある。三本立てだっただろうか、早く終わらないかなと思ったこともあったような気がする。

柳町の商店街は、再開発のため、すっかりなくなってしまった。数年前偶然通りかかり、知った。実に寂しい。

早稲田全線座で宇津井健の「スーパージャイアンツ」を見た。神楽坂武蔵野館では勝新太郎の「座頭市」を見た。牛込文化では何を見ただろうか。

※池田信『新装版　１９６０年代の東京』毎日新聞出版　二〇一九・二　Ｐ154「早稲田通り、神楽坂武蔵野館。神楽坂６丁目。戦前にあった映画館（日活館）は空襲で焼失した。戦後になって地域の有志が出資を募り、新宿の武蔵野館に経営を引き受けてもらったという。現在、跡地はスーパーマーケットになっている。」神楽坂武蔵野館の写真は珍しい。

神楽坂上の地蔵坂（相馬屋の向かい側、鮒忠の横を入って行く坂）をちょっと上った右側に、戦前、牛込館があった。勿論私は入ったことがない。数年前、大泉黒石について調べているうちに初めて知った映画館である。それまでは見たことも聞いたこともなかった。そもそも、地蔵坂という坂の名前も知らなかった。散歩で通っていたことは通っていたが。

大泉黒石の原作「血と霊」（ホフマン「スキュデリー嬢」の翻案）を溝口健二が脚色・監督した映画を最初に上映したのが牛込館なのである。関東大震災の後、一九二三年十一月のことである。大泉黒石が原作者として、初日舞台挨拶をやっている。

この映画のスチール写真はあるものの、フィルムは残念ながら現存しない。空襲により焼失してしまったのか。何たる文化の破壊。地方の土蔵の中にしまわれて、何十年も眠っているということはないのだろうか。

新宿弁天町（現在、保健センターのある辺り）生まれの鷲尾洋三（一九〇八〜一九七七）は、早稲田小学校から府立四中（市谷加賀町、現在牛込三中のある所にあった。戦後、戸山高校となる）に進んだが、校則で映画を見に行くことは禁止されていた。しかし、

……わたしは、神楽坂の藁店《わらだな》（地蔵坂）にあった牛込館という洋画専門の映画館の中で、教師のひとりとばったり角《つの》突き合せたこともあったが、向うの方から、素知らぬふうにそっぽを向いてくれたりした。

『東京の空　東京の土』「操行点・等外」

四角四面でない、おおらかな先生で、よかった。

鷲尾洋三が牛込館で「血と霊」を見たかどうかは不明である。公開時、十五歳だけれども。

野口冨士男や山下武も、藁店の牛込館でよく映画を見ていたことを回想している。

※籠谷典子編著『東京１００００歩ウォーキング文学と歴史を巡る13　新宿区神楽坂・弁天町コース』明治書院　二〇〇六・八　Ｐ51「『藁店』の牛込館」

新宿歌舞伎町のミラノ座、コマ東宝等には都電で行った。牛込柳町で乗り、若松町、河田町、抜弁天を過ぎ、都電専用軌道に入ると速度が速くなる。車庫前を経て、新田裏、三光町に着く。あのルートが懐かしい。兄と一緒に歩いて行ったこともあった。途中、自動販売機のコカコーラを飲んだりして。お金を入れてビンを取り出し、栓を抜いて飲む形のもの。

アートシアター新宿文化劇場地下の蠍《さそり》座、高田馬場東映パラス……消えた映画館、思い出の映画館。
※『神楽坂から早稲田まで①』（「牛込柳町界隈」永久保存版）柳町クラブ　二〇一七・十の奥付の次の次の頁に、牛込館の写真が載っている。

古本屋の思い出——文献堂書店、三茶書房他

早稲田の文献堂書店は、八幡坂（穴八幡の北側の坂）を上った先にあった。一種、知の真剣勝負的雰囲気があった。特に店主が厳格な方だったということではなく、書棚の品揃えが醸し出す雰囲気である。ここでは、『林達夫著作集』『オルテガ著作集』『ドストエフスキー全集』（小説）等を買った。オルテガは哲学者にしては珍しく文章がよく（翻訳で読んでもそれは分かる）、図書館で読んだり家で読んだりして、全八巻を読了した。ドストエフスキーは中央公論社の世界文学全集とか新潮世界文学とかで既に読んでいたが、一応、筑摩書房の全集も買った。

往々にして、全集を買うと安心して読まないものである。私の場合、ドストエフスキー、ゴーゴリ、プーシキン、皆そうである。

横浜翠嵐高校の蔦沢校長が図書館報に文献堂書店のことを書いているのを、偶然目にしたことがある。蔦沢さんも文学部出身なのか。たぶんそうだろう。直接聞きはしなかったけれど。

文献堂書店は今はもうない。

そもそも早稲田の古書店街は、いや、早稲田大学構内も、私にとっては庭のようなものだった。自宅（新宿区榎町）から高田馬場方面への散歩コースになっていた。高校の時、大学構内の立て看前で学生

が演説しているのを聞いて、うーん、言っていることはみんな正しいな、と思ったりした。早稲田と言えば学生運動の本場である。一九六九年九月、第二学生会館の封鎖解除の時には朝から見に行った。ヤジ馬である。

神田の三茶書房は駿河台下交差点角にあった。今もある。一九七一年、大学に入学した年、ここで偶然、新潮社版の『フィリップ全集』全三巻を見付けて、買い求めた。フランスの、生まれながらのプロレタリア作家と言われている人で、小牧近江、吉江喬松、淀野隆三等の翻訳である。月報に豊島与志雄が推薦文を書いていて、印象に残った。私の「豊島与志雄への長い旅」の発端である。

神田の一誠堂書店で、偶然、父と出会ったことがある。私が入ったら、ちょうど父が出て行くところで、機嫌のよい顔をしていたから、何か掘り出し物が手に入ったのだろうか、そのまますれ違った。あっと思った時には、もう行ってしまっていた。それだけである。

今思い出したが、昔の――まだ都電が走っていた時代の――三省堂書店の一階にレストランがあり、そこのビーフシチューがいつも気になっていた。が、結局一度も食べずに終わってしまった。家ではカレーライスを食べることはあっても、ビーフシチューを食べることはなかったと思う。今では、ビーフシチューくらいいつでも店で食べることが出来るし、家で作りたかったら作ることが出来るし、レトルトを買ってきて食べることも出来るのだが。
神保町交差点近くの大雲堂書店・東京本コーナーは昔から時々のぞいている。面白い本が見付かることがある。

ネット古書店――日本の古本屋とかアマゾンは、ずっと捜していたものが実に簡単に手に入ってしまう、あるいは、思ってもみなかったものを発見・入手することが出来る、実にすばらしいサイトだが、あとの支払いが大変である。インターネットの威力は絶大なものだが、依存症になってしまう恐れがある。実際に本屋に足を運んでの、偶然の本との出会いも、やはり、楽しいものである。

古書会館、泡坂妻夫展、「からくり東海道」

二〇一七年八月五日、御茶ノ水で中央線の電車を降りて、東京古書会館に行く。地階の古書展を見て回る。安岡章太郎の『僕の昭和史ⅠⅡⅢ』（講談社）五百円、『一平全集』第七巻（先進社　一九二九・十一）百円、計六百円払って購入。岡本一平は言うまでもなく岡本太郎の父親、岡本かの子の夫である。この全集第七巻は「文芸漫画漫文集・美術漫画漫文集・季節漫画漫文集・広告漫画漫文集・雑篇集」となっているが、口絵を見ると、まず「漱石先生之像」（火鉢の傍に座し、背景に書棚と庭の木）、次に「文士出世双六」（振出・誕生から、投書家時代、私淑大家へ手紙出す、玄関番、文科学生、原稿持込、同棲貧乏一回休み、同人雑誌発行、雑文多忙、神経衰弱、別ればなし、発奮創作、不評、大衆作家、放浪、認められる、還俗流行作家、上り・全集重版検印忙殺）があり、面白い。

古書会館二階で「泡坂妻夫展」をやっているので瞥見する。昨年、小樽文学館でやったものだという。ペンネーム・泡坂妻夫アワサカツマオは、本名・厚川昌夫アツカワマサオを並べ替えたものだと初めて知る。紋章上絵師にして奇術師《マジシャン》にしてミステリー作家、ずいぶんユニークな人がいるものだ。展示パンフレットを神保町シアター斜め向かい側の羊頭書房で販売しているということなので、そちらに行き、入手する。

ずいぶん以前から読もうと思っていた、泡坂妻夫の『からくり東海道』（光文社　一九九六・九、光文社時代小説文庫　一九九九・六）――尾張藩江戸下屋敷戸山荘庭園が舞台となっている――を読んでみる。

戸山、穴八幡、高田富士、諏訪町、筑土八幡、…等々、自分のなじみのある所が出て来る小説を読むのは楽しい。それにしても作者は、実際に戸山荘に行って見て来たことがあるかのように、よくこれだけ詳細に描写することが出来るものだ。その映像が目に浮かぶようだ（戸山荘のＣＧはまだないと思うので、ぜひ作ってほしい）。

この作品の映画化はされていないが、どなたか、してくれないものか。

蛇足だが、私・国松春紀クニマツハルキを並べ替えて、ペンネームを作ってみた。肉月春馬ニクツキハルマ。

※徳川宗春の生涯を描く清水義範の『尾張春風伝』上下二巻（幻冬社　一九九七・十一、幻冬社文庫　二〇〇〇・八）にも尾張藩江戸下屋敷戸山荘が出て来る。下巻Ｐ284～、297～文庫本ではＰ328～、343～

遊園地三題

迷路

あれは兄と一緒に後楽園遊園地に行った時のことだった。昭和三十年代、小学校の時のことだったと思う。どんな乗り物に乗って遊んだのかは全く思い出せない。おそらく何種類かは乗ったのだろう。季節は秋頃だっただろうか。それほど暑い時ではなかったと思う。

迷路に入った。兄と一緒に入ったのだが、気が付くと、私一人だ。トランプのボードの迷路があり、押すと動いて進めるボードもあれば押しても動かないボードもある。手当たり次第に押して進むしかない。夕方頃だったか。あたりに人の気配は全くない。こうやっていつまでたっても外に出られないのではないか。誰にも気付かれることなくここでこうして過ごすことになるのか。

遊園地で何か食べたはずだが、全く記憶がない。ただ夕方のあのトランプ・ボードの心細さ・寂しさが心に残っている。

と、ここまで書いて思い出した。可動式のボードと固定式のボードとの見分け方を教えてくれた人がいたのである。ボードの下の所に金属部分があるのが可動式、ないのが固定式（逆だったかもしれない）、というふうに。勿論、私より年長者である。おかげで、楽に進んで行くことが出来た。救う神がいたのである。

木造校舎

あれは引地正俊先生の西洋古典文学の授業の時のことだった。当時はまだ文学部に木造校舎があり、その二階の教室でのことだ。先生の授業は半分が文学一般に関する雑談（大変示唆に富む面白いものだった）で、半分が専門のギリシャ・ラテン文学の話だった。

ある時、先生がヨーロッパを旅行した時のスライドを見せてくれることになった。まず映写幕を降ろさなければならない。横に付いている棒を回して降ろす形になっている。回すと、キュルキュルキュルキュルという小さな音がする。……

〈寂しげな音ですね、雨の日の遊園地のような〉

との先生の言葉。学生は皆黙って聞いている。……

四十年前のその教室の情景が今も目に浮かぶ。木造校舎はなくなり、授業の内容はすっかり忘れてしまったが、その情景は私の中に残っている。

デパートの屋上

私の配偶者がまだ生きていた時のことである。その頃、横浜駅近辺で家族で食事した後、よく高島屋屋上の遊園地に行った。子ども三人、電気自動車（百円玉を入れると動くやつ）に乗って遊んだ。私は専らカメラで撮る役。何回行っただろう。五、六回、いや、それ以上もっとだったかもしれない。

今はその遊園地はなくなってしまった。あれほど子どもが好きだった配偶者も他界していない。子どもも三人は成人して、それぞれの道を進んでいる。

当たり前だが、あの時はもう二度と戻って来ない。思い出として存在するのみだ。撮った写真はたくさん残っているけれども。

時間よ止まれ、いつまでも子どものままで、と言ってもそれはむりな話だ。自分の子どもが親の手元を離れて行く嬉しさと寂しさ。デパート屋上の遊園地で子どもと楽しい時間を過ごすことが出来たことをよしとするべきだろう。

親とは自己否定的存在である。子どもが親を必要としなくなること（子どもにとって無用の存在となること）を目指して子どもを育てているのだから。育ててやったのだからその見返りとして老後の面倒を見てくれよ、などというのは邪道《ナンセンス》であろう。子育ては見返りを求めない無償の行為である。私はそう思う。

子どもは三歳までの（五歳までの、だったか）かわいさによって十分親孝行をしている、という言葉があることをわりあい最近知った。うまいことを言うものだなと思う。私の実感からすると、幼稚園入園までの、となるが。

皇居の思い出

正月二日の皇居一般参賀に父が行っていたことを思い出した。何年か続けて、ある時は自宅から歩いて行ったこともあった。榎町、矢来町、神楽坂、飯田橋、九段下、竹橋から旧江戸城＝皇居の内堀沿いに大手門、坂下門へ、というコースであろう。父は明治三十九年（一九〇六）生まれで、天皇への敬愛の念を持っていた。また、小柄ながらかなりの健脚であった。後年、高齢がその健脚を奪ってしまったが、これはやむを得ないことだろう。

一九六四年の東京オリンピックの前、東京のあちこちで工事をやっていた時、今の北の丸公園で、旧近衛師団の兵舎を取り壊しているところを通りかかり、写真を撮ったことがある。この時は近衛師団司令部（現在、近代美術館工芸館になっている）の存在は知らなかったと思う。やがて、日本武道館が建設され、柔道の会場になった。

※東京オリンピックの時（私の中一の時）の新聞記事のスクラップブック全二十冊が家に残っていたので、新宿歴史博物館に寄贈しておいた。二〇一八年三月～六月、一部（六冊）展示されていた。

私自身は皇居の一般参賀には行ったことがない。専ら、戸山ハイツ・戸山公園内の箱根山に「初詣」(国見の儀式?)に行っていた。およそ家族で神社・仏閣に詣でるという習慣はなかった。新年で家族が揃い、お屠蘇でお祝いをするという習慣も。

皇居東御苑は好きで、何度も行った。東京駅前から丸ビル等ビル街を抜け、和田倉門・噴水公園からパレスホテルの横を通って大手門へ。ここで入場カードを受取って苑内に入る。旧江戸城の歴史散歩である。同心番所や百人番所がある。中之門、大番所……石垣で黒ずんでいる所はたぶん空襲で焼けた跡であろう。中雀門跡を通って、南西方向に行くと富士見櫓、北西方向に行くと松の廊下跡、富士見多聞(午後三時十五分までに行くと中の見学が可能)に出る。直進し、芝生の広い空間に出る。本丸跡と大奥跡である。しばらく行くと、天守台(天守閣跡)に出る。巨大な石垣。幕府の権力を感じる。上に登って行き、下界を眺める。パレスサイドビル(毎日新聞社)が見える。

神奈川県立横浜翠嵐高校定時制に勤めていた時、遠足で東御苑に来たことがある。まず東京駅集合、悪天候のせいか、生徒の数よりも職員の数の方が多い。歩いているうちに、だんだんと天気が回復してくる。大手門から入り、東御苑へ。休憩所で昼食後、天守台に登る。北桔橋《はねばし》から出て、国立近代美術館に行き、美術展を見学。少し歩いて、工芸館の方も見学。近くの土手に、戦中の高射機関砲の台座(コンクリート製?）が七基残っているのだが（安島多佳由『訪ねて見よう！　日本の戦争遺産』角川SSCの新書　P168）、今日は雨の後で足元が危ないので行かないことにする。北の丸公園を通って、田安門から外へ。ここで一応解散で、帰る人は東京メトロ東西線九段下駅に向かう。オプションの遊就館（戦争博物館《ミュージアム》）見学に参加する人はそちらに向かう。一階に零戦が展示してあり、これは無料で見ることが出来る。他の展示は有料だが、現在の中学・高校の歴史教科書の内容と比べるとかなり後退したものとなっているので、その点、生徒に注意しておく（この頃、加賀乙彦の『錨のない船』の主人公、来栖良の展示がまだあったと思う。今はない）。一通り見学後、解散した。P215参照。

※『写真と地図で読む！　知られざる軍都東京』洋泉社　二〇〇六・四「近衛師団司令部庁舎ほか」P16、P38～39

『フォトガイド　東京の戦争と平和を歩く』東京都歴史教育者協議会編、平和文化　一九九五・六　P126「皇居周辺には高射砲がいっぱい—千鳥ヶ淵の高射砲台座」

『東京異景散歩　昭和20～30年代の東京の闇を歩く！』辰巳出版・タツミムック　二〇一五・四　P78～79「近衛師団司令部庁舎・近衛機関砲　第一大隊　高射機関砲台」

『重ね地図で読み解く大名屋敷の謎』竹内正浩著、宝島社新書　二〇一七・十一「1　江戸城跡」

二〇一八年五月十六日。半蔵門線永田町駅下車、有楽町線のホームを通って外に出る。国会図書館の横を通って北進、国立劇場に向かう。十時半に着く。開場は十一時なので三十分待つ。ずいぶんごった返しているので、早めに開けてくれてもよさそうなのに。十一時に開き、開演まで三十分。出来れば腹拵えを……一階の売店が混んでいるので、三階の売店に行き、おにぎり弁当と温かいお茶を買い、長椅子に座って十分で食べる。十一時半開演、途中三十分の休憩を挟み、十四時半過ぎまで、前進座の「人間万事金世中」――イギリスのリットンの戯曲「マネー」（一八四〇年ロンドンで初演）の梗概を福地桜痴から聞かされた河竹黙阿弥（二世新七）が、横浜を舞台とする散切物《ざんぎりもの》の芝居へと、翻案・脚色し、明治十二年＝一八七九年、東京新富座で初演した作品――を観る。一部眠くなった所もあったが、金をめぐるドタバタ喜劇として楽しめた。前から三列目、花道のすぐ左横の席だった。

天気がいいので歩くことにする。内堀通りを渡り、皇居の堀沿いに歩いて行く。半蔵門を過ぎ、千鳥ヶ淵公園の中を通って行く。イギリス大使館前の道は何度も通ったことがあるが、この公園の中は通った記憶がない。初めてか。千鳥ヶ淵、そこに架かる高速道路、パースペクティヴが開ける。右折し、代官町通りを東へ。土手の上の道を進むと、懐かしい、戦中の高射機関砲の台座がある。全部で七基。十数年ぶりの再会である。国立近代美術館工芸館、前庭のオブジェ、そして北白川宮能久親王像を眺める。

竹橋の国立公文書館、近代美術館、パレスサイドビル（毎日新聞社）の横を通り、神保町へ。文華堂書店、矢口書店、三省堂書店等に寄り、神保町から渋谷経由で帰る。

※轡田隆史《くつわだたかふみ》・福井理文『観光コースでない東京――「江戸」と「明治」と「戦争」と』高文研　二〇〇四・九　新版　一九九九・七　初版　P10～「江戸城天守閣」P158～「靖国神社・遊就館」

※藤森篤『現存零戦ナビ』枻（えい）出版社　二〇一四・二　P20～21「国内展示機――靖国神社遊就館（52型）」（ラバウルからの里帰り零戦）

※郡司正勝『歩く』シアターχ（カイ）一九九八・十

郡司正勝作・演出『歩く』（DVD）ランドスケープ　二〇〇二…収録　一九九七・十一・二十五、二十六　シアターχ（カイ）

消えた庭園――松平定信「浴恩園」「六園《りくえん》」「海荘《はまやしき》」をめぐって

寛政の改革で有名な白河藩主、松平定信（一七五八～一八二九）が造った五つの庭園――江戸では築地の浴恩園、大塚の六園《りくえん》、深川の海荘《はまやしき》、白河では小峰城内の三郭四園《さんかくしえん》、城の南の南湖――のうち、唯一現存している南湖公園を一度見に行きたいと以前から思っていた。今回、「消えた庭園」ということで、松平定信の庭園をこの『私の東京』に取りあげることにしたので、見に行くことにした。

※五つの庭園を築造順にあげると、浴恩園（一七九三～四年頃）、三郭四園（一七九四～八年頃）、南湖（一八〇一年）、六園（一八〇四年）、海荘（一八一六年）、となる。『白河歴史の手引き「れきしら」上級編』白河市　二〇一五・三による。

※田中昭三『日本庭園を愉しむ』実業之日本社　二〇〇二・一　P216～218「老中松平定信、庭三昧で残したものは？」

二〇一六年十一月五日十時すぎ、東京駅で東北新幹線・やまびこ207号に乗る。牛タン弁当を食べる。一時間二十分ちょっとで新白河駅に着く。戊辰戦争白河口の戦いのパネルが目に付く。駅前に出ると、ホテルサンルート白河が目に留まったので、宿泊の予約をする。

持参の「ライトマップル福島県道路地図」（昭文社）の「6二本松・伊達・白河」を見て、新白河大通りを戊辰の役古戦場目ざして行く。ブックオフの横を通り、右折してちょっと進んでぐるっと回ると稲荷山古戦場に着く。戦死者の慰霊碑や墓がある。山を登って行くと、白河口の戦いの全戦死者――旧幕府側・奥羽越列藩同盟軍と新政府軍との――の名前を銅板に書いた碑が建っている。しばしそこにたたずんで、砲弾飛び交う百四十八年前を想像する。近くには、白河口総督だった西郷頼母の歌碑もある。

※『白河歴史の手引き「れきしら」入門編・上級編』白河市　二〇一三・三、二〇一五・三参照。

稲荷神社を通って下へ降りる。旧奥州街道を北上し、白河駅、その北の小峰城跡に向かう。白河駅の少し先の地下道が「歴史プロムナード」のようになっていて、白河の名所の紹介があり、北側に出るとJR東北本線の土手が城の白壁のようになっていて、城跡に向かう雰囲気を醸し出している。城跡には三重櫓《やぐら》（矢倉・矢蔵、武器・食料貯蔵庫。防御陣地）が復元されていて、三階まで登れるようになっている。本丸の北東部にあるものだが、ミニ天守閣のようにも見える。三の丸には松平定信の築造した三郭四園があったが、現在は残念ながら何の痕跡もない。

※『定信と庭園――南湖と大名庭園』白河市歴史民俗資料館編・刊　二〇〇一年九月参照。Ｐ25の航空写真を見ると、推定地が分かる。

白河集古苑で「松平家と松浦《まつら》家」の展示を見る。白河駅から電車に乗り、隣の新白河駅で下車、ホテルサンルート白河に宿泊。

十一月六日。新白河駅から白河駅に行く。寒い風の吹く中、歩くのはいやなので、タクシーで白河市歴史民俗資料館に行く。九時の開館前に着いてしまったが、見ていいですよと言ってくれたので、見学する。松平定信関係、戊辰戦争関係をじっくりと見る。南湖公園までは三十分あれば歩いて行けるとのことなので、歩いて行く。南湖は「なんご」なのか「なんこ」なのか迷うが、道路標識によるとＮａｎｋｏである（茅ヶ崎市の南湖はＮａｎｇｏである）。一八〇一年に築造された、日本最古の公園と言われている庭園に着く。湖畔を一周する。那須連峰を借景とした雄大な風景。京都の修学院離宮を思い出す。南湖十七景の詩歌碑が建てられている。自動車進入禁止あるいは規制にすればゆっくりと歩けるのにと思うが、そうも行かないのだろう。「楽翁会館」で休憩、天ぷらそばを食べる。記念に絵葉書を買う。その後、先ほどうっかり通り過ぎてしまっていた茶室「共楽亭」を見に行く。道路から少し上った所にあり、あいにく雨戸が閉まっていたが、なるほどここからの眺めはいい。しばしその時間を楽しむ。

山水の高き低きも隔てなく
共に楽しき円居《まどい》すらしも
松平越中守定信
（白河藩主松平定信）

南湖公園入口の所に日本庭園・翠楽園（有料）があるので中に入る。人工の滝の流れがメインの庭である。

元来た道を戻る。歴史民俗資料館近くのファミリーマート前から旧奥州街道を白河駅に向かう。途中、桜町と大手町の二個所で、道がカギ型（直角）に曲がっている。攻め入った敵の軍勢の勢いを削《そ》ぐためである。大手町手前右側で、「萩原朔太郎の妻・美津子の生家」が目に留まる。大谷忠吉本店（白陽酒造）である。三代目の当主・大谷忠一郎が詩人でもあったため、萩原朔太郎がたびたび訪問、その縁で忠一郎の妹・美津子と一九三八年に結婚した、とのことである。店の両脇に漆喰の蔵が並立し、白河を代表する景観の一つ。

白河駅に着く。市立図書館で郷土関係の本・資料を見るつもりだったが、あいにくイベントのため土・日閉館ということで、だめだった。が、城の道場門の遺構が駅前に保存されていて、見ることが出来た。時間があるので、再び小峰城跡に行く。その後、白河駅から新白河駅に行く。十九時すぎ発のやまびこ218号で帰路に就く。夕食は松茸弁当。一時間半で東京着。東海道線に乗り換えて、横浜へ。

十一月七日。横浜から東横線で渋谷に行き、半蔵門線に乗り換え、永田町下車。有楽町線のホームを通って地上に出る。いつもは直進して国会図書館に行くのだが、今日は左折して国立劇場に向かう。十二月の「仮名手本忠臣蔵第三部」のチケット――たまには前の方で観ようということで、前から四列目の花道近くの席――を入手する。永田町駅に戻り、有楽町線で新富町まで行く。地上に出ると、すぐに三吉橋が目に入る。由来を書いた碑があるので読む。一九二九年竣工で、かつては下を築地川が流れていたが、一九六二年に埋め立てられ、現在は高速道路が走っている。三島由紀夫の小説「橋づくし」（一九五六年）に出て来る橋である。

※紅林章央『東京の橋１００選＋１００』都政新報社　二〇一八・十　Ｐ59「三吉橋――三島由紀夫の名作の舞台」

すぐ近くの中央区役所一階で街歩きマップを入手する。北西の銀座と反対の隅田川方面に向かって行き、新大橋通りを渡って少し歩いて右折すると、聖路加国際大学に出る。芥川龍之介生誕の地、浅野内匠頭邸跡があるはずだが、最初ぐるっと一周した時には見付からず、二度目ゆっくり回ってやっと説明板が見付かった。浅野邸の方は石柱も立っていた。なお、東隣の聖路加国際病院は私の配偶者・康子が癌で死去した所である。二〇〇七年七月六日、五十二歳だった。

※更に東の聖路加ガーデンの向こうには、隅田川のテラス（遊歩道）があり、水上バス発着場がある。伊藤孝雄（一九三七〜　）は二十六歳で肺結核になり聖路加病院に入院した頃、裏門から抜け出し水上バスに乗って浅草へ行き、「駒形どぜう」でお昼を食べたとか。とても幸せな時間、幸せな景色だったとのこと。

『新正午浅草荷風小伝』民芸の仲間409号より

聖路加国際大学の南東、築地本願寺、築地場外市場を眺めながら、築地市場正門前に着く。左の塀に「浴恩園跡」のプレートと「第五福竜丸」のプレートがある。

浴恩園は、白河藩江戸下屋敷に松平定信によって造られた、春風池・秋風池・築山等のある庭園で、明治維新以降は海軍関係の用地となり、海軍発祥の地ともされる。関東大震災によって被害を受け、その後、日本橋・京橋にあった魚市場が移転して来て、現在に至る（大名庭園→軍用地→都営の施設という変遷が、戸山ハイツ・箱根山を思い起こさせる）。

第五福竜丸のプレートは次のとおり――

一九五四年三月一日、米国が南太平洋のビキニ環礁で行った水爆実験で被爆した第五福竜丸から水揚げされた魚の一部（約2トン）が同月16日築地市場に入荷しました。国と東京都の検査が行われ、放射能汚染が判明した魚（サメ、マグロ）などは消費者の手に渡る前に市場内のこの一角に埋められ廃棄されました。

全国では850隻余りの漁船から460トン近くの汚染した魚が見つかり、日本中がパニックとなって魚の消費が大きく落ちこみました。築地市場でも「せり」が成立しなくなるなど、市場関係者、漁業関係者も大きな打撃を受けました。

このような核の被害がふたたび起きないことを願って、全国から10円募金で参加した大勢の子供たちと共に、この歴史的事実を記録するため、ここにプレートを作りました。

マグロ塚を作る会

このプレートについては、東京の街歩きの本で、言及のあるものはなかった。私のこれまで見た限りでは。

大江戸線築地市場駅から汐留に行く。地下を通って、新橋駅から東海道線に乗り、横浜へ。

十一月八日。横浜から東海道線で新橋に行き、山手線に乗り換えて有楽町下車。有楽町線で新富町に行き、新大橋通りを少し歩いて、筑地小劇場跡（中央区築地二―十一）を確認する。活字発祥の地（東京築地活版製造所があった。日本の印刷文化の源泉）の記念碑を見た後、松竹大谷図書館前に出る。京橋郵便局を通り、采女橋東から築地場外市場通りを直進、突き当たった所が波除稲荷神社である。左折して、晴海通りに出る。右手、軍艦操練所・築地ホテル館跡の説明板を見ながら進んで行くと、勝鬨の渡し記念碑、橋の資料館（勝鬨橋についてのビデオ等を見ることが出来、楽しめる）、海軍経理学校之碑がある。勝鬨の渡しは一九〇五年から一九四〇年まであった。勝鬨橋は一九四〇年に開通、一九七〇年に開かずの橋となる。その勝鬨橋をゆっくりと渡り、また戻る。中央卸売市場の方を眺め、はるか昔（二百二十二年前）、松平定信の築造した浴恩園を幻視する。再び波除神社前から場外市場通りを進み、左折して新大橋通りに出て、しばらく行くと中央卸売市場正門前、浴恩園・第五福竜丸のプレートがある。

大江戸線築地市場駅から汐留、新橋から東海道線で帰る。

※紅林章央『東京の橋１００選＋１００』Ｐ60「采女橋」Ｐ12～13「勝鬨橋」参照
今橋理子『江戸絵画と文学――〈描写〉と〈ことば〉の江戸文化史』東大出版会　一九九九・十Ｐ119～「誘いの眺望――松平定信・浴恩園」「定信の五つの造園」他
福地享子＋築地魚市場銀鱗会『築地市場クロニクル１６０３―２０１６』朝日新聞出版　二〇一六・三のＰ153～「築地400年の時空散歩」が面白い。

松平定信の築造した六園（りくえん、むつのその）は、現在の文京区大塚四丁目――丸ノ内線新大塚駅下車すぐの大塚公園、善心寺、本伝寺に囲まれた地域、東邦音大・短大のあるあたり――にあったものと推定される。

※『定信と庭園――南湖と大名庭園』「Ⅲ江戸の定信庭園―浴恩園・六園・海荘」

海荘《はまやしき》（松月斎庭園）は江戸深川入船町、現在の江東区牡丹三丁目、古石場二・三丁目付近にあったものである。東西線門前仲町駅で降りて、永代通りを東へしばらく行き、ニッポンレンタカーの所を右折、少し進んで東富橋を渡った右手に海荘の説明板が立っている。実は、この先の古石場二丁目にある古石場文化センターで以前から行なわれている文献探索研究会（深井人詩氏主宰）に参加している関係で、ここをたびたび通っていて、気になっていたのである。

この海荘には遅咲きの桜を植えて、春の桜の季節には、築地浴恩園、大塚六園、深川海荘の順に観桜したという。また、浴恩園から海荘には船で行ったとのこと。陶淵明の「桃花源記」を意識してか……。何とも風流な話である。

※『定信と庭園』Ｐ60

『史跡をたずねて』（増補・第四版）江東区　二〇〇七・三　Ｐ190〜191

なお、楽翁松平定信の墓は、海荘の北、深川の霊巌寺にある。現在の江東区白河一―三―三十二、清澄庭園や深川江戸資料館の近くである。

※白河という町名は、白河藩主松平定信にちなんで付けられたものと思われる。

※『史跡をたずねて』（第四版）江東区　二〇〇七・三　Ｐ90〜91「松平定信の墓」

磯崎康彦『松平定信の生涯と芸術』ゆまに書房　二〇一〇・十「第十一章　庭園芸術」
一戸渉「豆本作家、松平定信」「図書」840号　二〇一八年十二月
※小沢圭次郎（一八四二〜一九三二、庭園史家）が「園苑源流考」（日本庭園史論）を雑誌「國華」（一八八九年創刊）に連載していて（一八九〇年から十六年間）、浴恩園（99号〜102号、Ｍ30・12〜Ｍ31・３）六園（102号〜105号、Ｍ31・３〜Ｍ31・６）海荘（106号　Ｍ31・７）三郭四園（106号〜107号、Ｍ31・７〜８）南湖（107号〜109号、Ｍ31・８〜10）に言及している。
小野健吉『岩波　日本庭園辞典』岩波書店　二〇〇四・三
『國華索引　改訂増補版』國華社編・刊　一九九二・一
※『史跡をたずねて』（第四版）Ｐ190〜191「松平定信海荘跡」海荘の大体の位置の分かる地図がある。

採茶庵《さいとあん》、海荘《はまやしき》跡から洲崎《すさき》遊廓跡へ

　二〇一七年五月十二日。横浜から東京へ、大手町経由東西線で門前仲町へ。清澄通りを北へ歩き、清澄庭園の手前、仙台堀川に架かる海辺橋の袂《たもと》に、採茶庵《さいとあん》（芭蕉の弟子、杉山杉風《さんぷう》の庵室）跡の標柱と説明板、手に杖と笠を持ち縁台に腰掛けている芭蕉像がある。

芭蕉は奥の細道の旅に出る前、住居としていた芭蕉庵を手放し〔草の戸も住替る代ぞひなの家〕、しばらくは採茶庵で過ごした。門人たちと別れを惜しんだのち、舟で隅田川をさかのぼり、千住大橋のたもとから奥州へと旅立って行った。

元禄二年（一六八九）

説明板より

　実際の採茶庵の位置は、説明板が建っている所から百四十メートルほど南西（深川一―八）である。海辺橋から北西の清澄橋（清澄公園の南端）までが「芭蕉俳句の散歩道」となっている。清澄橋は隅田川に架かる清洲橋と同じイメージ（同じ青っぽい塗装）の橋となっている。

ここから北に向かい、清洲橋通りを越えて萬年橋を渡ると、左側に芭蕉庵史跡庭園がある。隅田川に面し、清洲橋を眺めることが出来る。万年橋通りを更に北に歩くと、芭蕉記念館がある。時間に余裕があれば、その先ずっと北方に行き、両国の回向院や、吉良邸跡に出ることが出来る。逆に南方に清洲橋から永代橋の袂まで行くと、赤穂浪士休息の碑（江東区佐賀一―六）がある。実際に吉良邸跡からここまで歩いて来て休み、永代橋を渡って泉岳寺に向かうというのも一興かもしれない。

※『ぶらり江戸めぐり―古地図と最新地図で歩く―』毎日新聞社・毎日ムック　二〇一〇・五

採茶庵跡から南の門前仲町に戻り、深川東京モダン館（旧・東京市深川食堂、門前仲町一―十九―十五）を見る。この近くには伊能忠敬宅跡（門前仲町一―十八）もある。清澄通りと永代通りとの交差点を南に行き、黒船橋を渡って左に行くと、黒船稲荷神社（牡丹一―十二―九）があるが、ここが四世鶴屋南北（大南北、一七五五～一八二九、松平定信と没年が同じ）宅跡で終焉の地である。墓は東京スカイツリーのすぐ南の春慶寺（墨田区業平二―十四）にある。

黒船橋の際に父親が貸ボートの店を出していたので、吉本隆明（一九二四～、月島生まれ、新佃島育ち）は小学校の頃、時々遊びに行って、ボートであたりの水路を漕ぎ回ったそうである。相生橋をくぐってから右手の川筋に入り、父のボート造りの小さな造船所のすぐ真下に行くこともあれば、ボートで反対方向に（東に）漕いで、洲崎遊廓の裏側に行くこともあった。銀座二丁目裏の三吉橋の傍にも父の貸ボートの店があったので、築地魚市場の側に出て行く水路をよくボートで漕いで行ったそうだ。

※吉本隆明『背景の記憶』宝島社　一九九四・一　P78～79「水辺の記憶―洲崎（遊廓）の方と大川（隅田川）の方」

吉本隆明に子どもの頃、このようなボート体験があったとは、私は全く知らなかった。時代は全く異なるが、松平定信は浴恩園（白河藩江戸下屋敷庭園、築地市場の所にかつてあった）から海荘《はまやしき》まで船で花見に行ったということだが、ひょっとして、後の世の吉本少年のボート遊びのコースを通ったのであろうか。

門前仲町の交差点に戻り、永代通りを東に進む。ニッポンレンタカーの所を右折する。東富橋を渡って右側・西側に、松平定信の海荘――深川入船町、現在の牡丹三丁目、古石場二・三丁目にかつてあった――の説明板がある。少し行って左折する。平久橋《へいきゅうばし》の袂に波除碑《なみよけのひ》（津波警告の碑）がある。

寛正二年（一七九一）九月、深川洲崎（元禄の頃の埋め立て地）一帯を高潮が襲い、家屋が流され、多数の死者・行方不明を出した。幕府は平久橋から洲崎弁天社（神社）のあたり一帯、東西二百八十五間（五百十八メートル）、南北三十余間（五十五メートル）、総坪数約五千四百六十七余坪（約一万八千平方メートル余）を買い上げて空地とした。現在の木場一・六丁目の北の部分である。そして、空地の両端の北地点――平久橋付近と洲崎神社に波除碑を建てた。寛政六年（一七九四）頃。

が、大正十二年（一九二三）の関東大震災と昭和二十年（一九四五）の戦災によって破損した。平久橋の方は旧碑の前に新しい碑が建っていて、傍に戦災殉難者供養塔もある。洲崎神社の方にも旧碑と新しい碑があり、説明板もある。

東隣の東陽一丁目に入り、遊歩道（かつては川だった）を歩いて、洲崎橋跡地の碑（旧橋名板が嵌め込んである）を確認。南下し、だだっ広い大通り（火事の際の防火・延焼対策だろう）を進んで行く。西側が洲崎弁天町一丁目、東側が二丁目だった。南開橋の手前を左折、東に行き、南東の東陽一丁目第二公園（一―三十九）に行く。洲崎遊廓歌碑（開業五十周年記念追善供養歌碑、一九三一年建立）がある。説明板はない。

明治中期から大正、昭和にかけての洲崎は、遊廓で名をはせた。この遊廓は明治二十年に完成した十六万五千平方メートルの埋め立て地に、本郷根津にあった遊廓をそっくり移転させたもので、そ

の町名をすぐ近くにある弁天社にちなんで洲崎弁天町と称した。……洲崎弁天町の名前は東陽一丁目と変わった。

羽鳥昇兵『東京歌舞伎散歩』読売新聞社　一九七一・五　P148～149「往来まれな洲崎の土手」

根津遊廓は幕末に出来た遊廓だが、一高・東大のすぐ近くに遊廓があるのはよくないということで、明治二十一年、洲崎に移転させられたのである。根津遊廓の跡地は現在、日本医科大学病院となっている。

東陽一丁目から東隣の二丁目に入り、東京メトロ東西線東陽町駅から大手町・東京駅経由で帰った。

※『増補史跡をたずねて　第四版』江東区編・刊　二〇〇七・三
岡崎柾男『洲崎遊廓物語』青蛙房・青蛙選書　一九六八・七
『古老が語る江東区のよもやま話』（江東ふるさと文庫⑥）江東区　一九八七・十二　P199～214
「洲崎の話あれこれ」
『江東事典（史跡編）』江東区　一九九二・四
『江東区のあゆみ―江戸から平成へ』江東区　一九八三・三

『ゆこうあるこう　こうとう文化財まっぷ』江東区　二〇一五・一　第2版
『江東区の文化財5　木場』江東区教育委員会　二〇〇九・三
『江東区の文化財4　門前仲町界隈』江東区教育委員会　二〇〇九・三
八木澤高明『江戸・東京色街入門』実業之日本社　二〇一八・九　じっぴコンパクト新書　P42～49「深川・洲崎―埋立地に現れた吉原に比肩する遊廓」
八木澤高明『色街遺産を歩く―消えた遊廓・赤線・青線・基地の町』実業之日本社　二〇一七・十　P64～67「洲崎遊廓〔東京都江東区東陽〕都内で吉原に次ぐ規模を誇った巨大遊廓」
木村聡『赤線跡を歩く』ちくま文庫　二〇〇二・三　P20～27「洲崎」

五月十四日。大手町から東西線で門前仲町に行き、大江戸線に乗り換えて清澄白河へ。まず、すぐ近くの霊巌寺に行き、松平定信の墓を見る。松平定信は徳川吉宗の孫で、奥州白河藩主、号は楽翁、言うまでもなく老中として寛政の改革を行った人で、文政十二年（一八二九）に霊巌寺に埋葬されている（同じ年、四世鶴屋南北も黒船稲荷社地の自宅で没している）。現在の白河という町名は定信から来ているのだろう。

次に、深川江戸資料館を見学。天正十八年（一五九〇）の徳川家康江戸入府、慶長元年（一五九六）の深川八郎右衛門による深川開発から幕末までの関連年表を見て、暇にまかせてすべて手持ちのノートに筆写する。

すぐ近くの雄松院には俳人・渡会園女《わたらいそのめ》の墓がある。大阪に住み、夫妻で医業を営む。俳句を芭蕉に学ぶ。元禄七年（一六九四）、芭蕉は園女宅で発病し、死去。その後、江戸に移住し、富岡八幡前で眼科医をする。富岡八幡に三十六本の桜を植えて、歌仙桜と称す。

秋の月　春の曙　見し月は
夢かうつつか南無阿弥陀佛
園女辞世の歌

現在、深川公園（富岡一―十六）内に、「園女歌仙桜の碑」（題字・渋沢栄一、一九三一・四）が建っている。

清澄白河から門前仲町に戻り、東西線に乗り換えて東陽町へ。永代通りを東へしばらく歩き、日本デジタル研究所と運転免許試験場との間の道を南進、第九機動隊の通りを挟んで向かい側に、「洲崎球場跡」の説明板がある。

洲崎球場（洲崎大東京球場）は昭和十一年～十三年（一九三六～三八）、日本プロ野球草創期の野球場で、六番目に結成されたプロ野球チーム「大東京軍」の本拠地である。最初に結成されたのは大日本東京野球クラブ（現在の読売巨人軍）。秋のシーズン終了後、巨人とタイガース（現・阪神）による初のプロ野球日本一決定戦（三連戦）が行われ、沢村栄治投手を擁する巨人が初代王座を獲得した。伝統の巨人阪神戦の最初である。後楽園球場が出来たために、閉鎖された。

※森田創『洲崎《すさき》球場のポール際《ぎわ》　プロ野球の「聖地」に輝いた一瞬の光』講談社　二〇一四・十
小関順二『「野球」の誕生』草思社文庫　二〇一七・八　P184～199「満潮になるとカニが這いずり回った洲崎球場」

永代通りに戻って北進、南砂二―三付近に長州藩大砲鋳造所跡がある。かつて毛利家はこの付近（砂村新田）に、約三万五千坪に及ぶ広大な抱《かかえ》屋敷（その土地の所有者から借りて建てた屋敷）を所持し、幕末には邸内で大砲を鋳造していた。

また、南砂緑道公園（都電跡）を通って、南砂中学の先、南砂二―二十三―九に、波除地蔵尊堂と砂村波除地蔵由来碑（大正七年建立）がある。大正六年（一九一七）九月三十日から十月一日にかけて、東京を台風が襲い、津波が発生し、深川・南葛飾郡で多くの死者を出した。その供養のために、地蔵堂が建立されたのである。

南砂三丁目、南砂町駅から東西線に乗り、大手町・東京駅経由で帰った。

※中村智幸「洲崎球場跡――『伝統の一戦（巨人・阪神）』誕生の地」（モダン館ボランティアガイドだより㉖）「深川東京モダン館だより」二〇一八・三　第64号

「洲崎球場跡」（江東区新砂一―一、二付近）の説明板の全文が紹介されている。新砂の南、夢の島公園東の少年野球場事務所に、洲崎球場の模型が展示されているとのこと。

※野球関連で、スペースがあるので、王貞治（Ｐ254～）の参考文献をあげておく。

『野球にときめいて――王貞治、半生を語る』中央公論新社　二〇一一・三

Ⅳ

日活向島撮影所――溝口健二「血と霊」

鐘ヶ淵から木母寺を通って東向島へ

横浜駅から京急に乗り、都営浅草線を通って押上へ。東武スカイツリーラインに乗り換え、急行で曳舟へ。各駅停車に乗り換え、東向島（旧・玉の井）の次、鐘ヶ淵で下車する。隅田小学校を右横に見て北上すると、隅田川七福神の一つ、多聞寺（本尊は伝・弘法大師作の毘沙門天像）に出る。山門は茅葺きで、関東大震災、戦災を生き延びたものという。趣がある。本堂前に六地蔵坐像、右手に映画人の墓碑（題字・新藤兼人）がある。〈映画を愛し平和と民主主義を支え人間の尊厳を守った人々ここに眠る1992・4〉

山門の右手に、東京大空襲で被災した浅草国際劇場（当時風船爆弾の工場になっていた）の鉄骨の一部が展示されている（大部分は江戸東京博物館に展示されているとのこと）。戦火で焼け燻《いぶ》された木も戦火の証言者として展示されている。

更に北上すると、カネボウ公園に出る。「鐘淵紡績株式会社発祥の地」の石碑がある。一八八九年（明治二十二年）、江戸時代に繁盛した複数の呉服店が出資し、西洋式の紡績会社として鐘ヶ淵で創業、近代的工場の先駆け。震災記念観世音菩薩像や大東亜戦争戦災殉難者供養の碑もある。

ぐるっと西へ回って南下し、旧・鐘淵中学を横に見ながら進んで行くと、東白鬚公園に出る。西の隅田川、高速道路と、東の都営住宅との間の公園で、南の白鬚橋傍の方まで続いている。水神大橋に続く梅若橋（陸橋）の上に出てから右手に南下して行くと、木母寺に出る。梅若堂（梅若塚拝殿）のある所である。京都から人買いに連れ去られて来て、隅田川のほとりで十二年の生涯を閉じた梅若丸と、わが子を探し歩いてちょうど没後一年の日にその終焉の地にたどり着く母の花御前、この二人を供養した所。梅という字を分解すると木母になる。

「たづね来て問はば答へよ都鳥すみだ河原の露と消えぬと」の辞世で名高い梅若塚は、中世からは能「隅田川」の文学的旧跡また江戸時代には梅若山王権現の霊地として尊信されました。

明治の世となり木母寺が廃寺の後は梅若神社と称されましたが、同寺の再興の翌年（同二十二年）仏式に復帰しました。

現在地に遷座したのは昭和五十一年（一九七六）で、旧地は門前の団地住宅第九号棟の東面・梅若公園に存置、石碑が立っています。

梅若堂の説明板「梅若塚の沿革」より

梅若公園は水神《すいじん》保育園の傍、墨堤通りに面していて、奥の方に「都旧跡梅若塚」の石碑、道路近くに榎本武揚像（一九一三年）が建っている。

木母寺境内にはいろいろな石碑があるが、特に目立つのが、「天下之糸平」の巨大な碑（書・伊藤博文）である。田中平八、生糸貿易で産を成した糸屋平八の顕彰碑である。横浜の紅葉坂近くに屋敷があった人のようだ。「三遊塚」（題字・山岡鉄舟）――三遊亭円朝並びに門人が初代円生追福（追善）のために明治二十二年に建立した碑もある。

木母寺の近くに、葛飾北斎の「風流隅田川八景」の一つ、「梅若の秋月」の説明パネルが立っている。〈平安時代の話を江戸時代に置きかえ、生前に会えなかった母子が、絵の中では仲睦まじく舟遊びをしている姿で描かれている。文化中期（一八〇四〜一八）頃の作品〉。北斎にこういう作品があることは初めて知った。

私が高校の教員をやっていた時、謡曲「隅田川」の朗読劇をやったことがある。少年少女日本古典文学全集（現代語訳）をコピーし、プリントを作って配布、各自手折りしてホチキスで綴じて台本を作成、配役を決めて朗読する。演劇部の生徒が何人かいるクラスがあり、さすがにうまかった。楽しい思い出である。

※何気なく新聞を見たら、東日本大震災（二〇一一・三・十一）で押し寄せた津波により十三歳の

我が子を失った母親が、息子が毎週買っていた「週刊少年ジャンプ」をそれ以後も買い続け（何が好きだったか分からないけど、話の続きが気になるだろうから）、再建した自宅二階の本棚いっぱい、四百冊近くになった様子が写真とともに紹介されていた。私は涙があふれてきた。そして、「梅若丸」の話を思い出した。

「読売新聞」二〇一九・三・四　夕刊7面〈ズームアップ震災8年〉

南下し、隅田川神社（水神社）に行く。隅田川総鎮守である。入口から入って右側に、明治の実業家・ジャーナリスト、岸田吟香（岸田劉生の父親）の顕彰碑がある。二十年以上前、岸田父子について調べていた時、一度見に来たことがある。この碑が出来た当時の写真――鎮守の森ならぬ鎮守の高速道路のある現代の無風流な景色とは異なる――を見て、行ってみる気になったのである。岸田吟香は横浜でのヘボンとの出会いがあり、神奈川ゆかりの人物である。ヘボンの『和英語林集成』の協力者。

更に南下すると、桜堤中学とグランドに出る。ここが、近代映画スタジオ発祥の地――日活向島撮影所のあった所である。一九一三年から一九二三年まであったが、関東大震災の後、閉鎖された。従業員は京都市外の撮影所へ引越した。

山本嘉次郎（一九〇二～一九七四）は一九二三年二月に日活向島撮影所に助監督として入社している

が、当時を回想して次のように述べている。

向島撮影所は隅田川の白鬚橋の少し上の川端〔東側〕にあった。大きなグラス・ステージ〔ガラス張り撮影場〕が二棟あって、太陽を反射して、水晶宮のように美しかった。

建物はそのようでも、しかし中身は、およそ旧態依然たるもので、古めかしい舞台から来た制度を堅く守りとおしている。

ハアハアと白い息を吐きながら、朝霜の白鬚橋〔私設の木橋〕で橋銭の二銭をとられて橋を渡り、土手を一町ほどゆくと、撮影所である。自然木の門柱があり、大樹がかぶさっていて、撮影所というより、箱根あたりの温泉宿の入口のようである。

ここはもと、明治時代の粋人といわれた杉山茂丸の別荘の跡を買取ったものである。それゆえ、中の建物も茶室めいていた。その中の田舎家風の建物が、俳優の楽屋であった。

『カツドウヤ自他伝』昭文社出版部　一九七二・九　P78～79

電車を山谷の先の泪橋《なみだばし》で降りる。左へ行けば吉原、右へゆけば白鬚橋である。私は電車を降りると、左へ行ったり、右へ行ったりした。つまり吉原へ行ったり、撮影所へ行ったりするワケである。

これが助監督の、朝の第一番目の仕事であった。

というのは、私のはじめて付いた監督が吉原へ通いつめ、ほとんどわが家のごとくにしていたので、これを起こしにゆくためである。


『カツドウヤ水路』筑摩書房　一九六五・六　P20

この当時の助監督は、ほとんど雑用係だったのかもしれない。

向島撮影所で撮られた作品の一つに、溝口健二監督・脚色の「血と霊」（大泉黒石原作、ホフマン「スキュデリー嬢」の翻案）がある。震災前に作られ、震災後の一九二三年十一月九日、神楽坂上地蔵坂の牛込館で封切られた映画である。スチール写真は残っているものの、フィルムは残念ながら現存していないようだ。大泉黒石ファンとしては、ひょっとしてどこかの倉庫か土蔵で眠っているフィルムが奇跡的に発掘されることを願っているのだが。

日露ハーフの特異な作家、「俺の自叙伝」「老子」で知られる大泉黒石は、全集全九巻を愛読し、文献目録（著作目録・参考文献目録）を作成したことのある、私の好きな作家である。俳優・大泉滉《あきら》の父親、と言った方が分かりやすいかもしれない。戦後は横須賀に住み、米軍の通訳をしていたという。

元に戻って、更に南に進むと白鬚橋の傍に出る。左折して墨堤通りを渡り、白鬚公園を左横に見ながら大正通り商店街を東進して行く。東武スカイツリーラインのガードをくぐると、玉の井いろは通りに入る。東向島五—二十九と三十一の間の道を右折して南下して行くと、右側（東向島五—二十四—三）に玉の井町会会館がある。この辺りが旧・玉の井、永井荷風「濹東綺譚」の舞台である。わずかだが、玉の井という地名が残っているのが嬉しい。

ずっと進んで行くと、大通り（水戸街道）に出る。右手南西方向に進むと、東向島駅（旧・玉の井駅）に着く。

川本三郎『荷風と東京「断腸亭日乗」私註』（都市出版　一九九六・八）に入っている『濹東綺譚』文学散歩の玉の井概略図」（作成・小針美男）を見ると、先ほど玉の井いろは通りを右折して通って来た道は「玉の井稲荷の縁日が出た通り」であることが分かる。玉の井稲荷はいろは通りのすぐ北の東清寺にある。

※木村聡『赤線跡を歩く—消えゆく夢の街を訪ねて』ちくま文庫　二〇〇二・一　P72～79「玉の井」

※稲垣史生『考証・江戸を歩く』時事通信社　一九八八・十一　P54～「梅若伝説」P86～「玉の井」

鳩の街、浄閑寺、回向院、白鬚橋、円通寺

二〇一七年二月二十八日。横浜から東海道線〜上野東京ラインで上野へ、常磐線に乗り換え、三河島駅下車。近くの稲垣書店（映画関係）・三河島稲荷に寄った後、荒川区役所、荒川図書館に行く。図書館は「ゆいの森あらかわ」へ移転準備中。区役所前の大通りを南東方向に歩き、三ノ輪橋、日光街道を渡って浄閑寺（投込寺）に行く。閉まっている。そこから東へ、南千住二丁目、三丁目を歩き、白鬚橋の手前を左折、石浜神社に。ここにはミニ富士山＝富士塚や、伊勢物語の都鳥歌碑がある。

白鬚橋を渡り右折、墨堤通りを南下する。あたりは既に暗くなっている。荒川区の地図は持ってきていたが、墨田区の地図は持ってきていなかったので、スカイツリーを目印にしてひたすら歩く。ずっと大通りばかりなのも何だと思い、左の脇道に入る。夕暮れ時、趣のある、ノスタルジックな通りが続く。昭和三十年代に帰ったような雰囲気。――鳩の街である。全く偶然にここを通ることになる。この時間を持つために今日一日があったのかもしれない。歩く楽しみ。ひたすら歩く。やがて大通り（水戸街道）に出る。スカイツリーを目指して歩く。……そして到着。押上駅から帰途に就く。都営浅草線〜京急で横浜へ。

※「ゆいの森　あらかわ」（荒川区立中央図書館）は三月二十八日開館。二階が吉村昭記念文学館になっている。都電荒川線荒川二丁目下車。

三月八日。常磐線南千住駅下車、西口駅前の芭蕉像と『おくの細道』矢立初めの地」の説明板を眺めながら線路沿いに西に向かう。やがて浄土宗浄閑寺（投込寺）に着く。

安政二年（一八五五）の大地震の際、たくさんの新吉原の遊女が投げ込み同然に葬られたことから、「投込寺」と呼ばれるようになった。花又花酔の川柳に「生まれては苦界《くがい》、死しては浄閑寺」と詠まれ、新吉原総霊塔が建立された。

遊女の暗く悲しい生涯に思いをはせて、永井荷風はしばしば当寺を訪れている。「今の世のわかき人々」にはじまる荷風の詩碑は、このような縁でここに建てられたものである。

門前横の説明板より

新吉原、とあるのは、元の吉原が日本橋人形町にあり、明暦の大火（明暦三年、一六五七）による焼失後、浅草の地に移って来たからである。

新吉原総霊塔（一九六三年十一月建立）、永井荷風文学碑（荷風死去四周年の命日、一九六三年四月三十日建立）を見た後、ひまわり地蔵尊（一九八二年十二月建立）が目に留まる。山谷老友会が建てたもので、ひまわりの花は太陽の下で一生働きぬいてきた日雇労働者のシンボル、とのことである。

次に、南千住駅方面に戻り、まず線路北側・左側の回向院に行く。寛文七年（一六六七、明暦の大火の十年後）、本所回向院の住職が行路病死者（行き倒れ）や刑死者の供養のために開いた寺。安政の大獄（一八五八～五九）の時に小伝馬町牢屋敷（日比谷線小伝馬町駅近く、十思公園の辺りにあった）で処刑された吉田松陰・橋本左内ら多くの志士たちが葬られている。また、明和八年（一七七一）、蘭学者杉田玄白・中川淳庵・前野良沢等がここで刑死者の解剖を見学し、後に『解体新書』を翻訳したことから、近代医学発祥の地として「観臓記念碑」が建立されている。

線路の南側に延命寺・小塚原刑場跡がある。品川の鈴ヶ森刑場と並ぶ江戸の刑場で、千住宿と浅草山谷町との間の町並みが途切れた場所にあった。寛保元年（一七四一）、刑死者を弔うために石の地蔵尊（首切地蔵）が建立された。延命寺は回向院から独立して開山された寺である。

※「荒川区南千住まちあるきマップ」荒川区　産業経済部　観光振興課
竹内正浩『江戸・東京の「謎」を歩く』祥伝社黄金文庫　二〇一一・十二「第九話　江戸・東京の

刑場を探る」
山本博文『決定版江戸散歩』角川書店　二〇一六・十
松本哉《はじめ》『大江戸散歩絵図』新人物往来社　一九九六・十二　P81～82「『解体新書』を歩く」
松本哉『永井荷風の東京空間』河出書房新社　一九九二・十二　P102～「浄閑寺なる荷風詩碑」
みなもと太郎『風雲児たち～蘭学革命篇《れぼりゅうし》～』リイド社　二〇一七・十二
田中優子『江戸を歩く』集英社新書ヴィジュアル版　二〇〇五・十一「第一景　鎮魂の旅へ」
岡本亮輔『江戸東京の聖地を歩く』ちくま新書　二〇一七・三　P152～「小塚原回向院」

※吉田松陰終焉の地、小伝馬町牢屋敷跡である十思公園はまた、錦糸公園・猿江公園等とともに、東京大空襲の犠牲者を仮埋葬した所でもある。
（栗原俊雄『20世紀遺跡帝国の記憶を歩く』角川学芸出版　二〇一二・十一）

延命寺から大通り（旧・日光街道）を南進、泪橋（千住小塚原刑場に赴く囚人が涙を流して渡った）交差点を左折して隅田川に架かる白鬚橋に向かう。東京ガスの建物を左横に見ながら橋の手前に来る。対鴎荘（三条実美別邸）跡及び橋場の渡し（白鬚の渡し、鴎の渡し、墨田区寺島とを結ぶ）跡の説明板がある。ここを左折し、北へちょっと行くと石浜神社である。伊勢物語　都鳥歌碑（名にし負はばいざ言問はむ都鳥わが思ふ人はありやなしやと）を確認する。拝殿に向かって左側、奥から三番目の四角い石碑である。向かって右側には稲荷神社と富士塚がある。

※松本哉『すみだ川　気まま絵図』三省堂　一九八五・五　P166～178「北のはずれ白鬚橋」

※対鴎荘は、隅田川の鴎の渡しに面した別荘、の意。京王線聖蹟桜ヶ丘駅の東、連光寺一丁目に移築され、一九八〇年代中頃まで存在。現在、跡地は対鴎台公園（対鴎荘のあった高台の公園）となっている。ライオンズマンションの裏。近くに対鴎荘前というバス停がある。旧多摩聖蹟記念館（都立桜ヶ丘公園内）に対鴎荘の復元模型がある。

『対鴎荘と多摩聖蹟記念館』多摩市教育委員会　教育振興課　二〇一五・三　第二版

ちなみに、森鷗外の「鷗外」とは、鴎の渡しの外、つまり鷗外森林太郎の父の医院（実家）のあった千住のことである。鷗外の千住時代の漢詩の先生である佐藤元萇の子、斉藤勝寿が用いていた「鷗外漁史」（千住にいて歴史をあさる・探る人）を譲られて用いたのが「鷗外」ということである。

※白鬚橋の南西、台東区側に「橋場の渡し」の「橋場」という町名が残っている。

※竹内正浩『地図と愉しむ東京歴史散歩　お屋敷のすべて篇』中公新書　二〇一五・十　P60～63「対鷗荘」

※『江戸切絵図で歩く　広重の大江戸名所百景散歩』（古地図ライブラリー3）人文社　二〇〇八・二　7版2刷　P74「隅田河橋場《すみだがわはしば》の渡《わたし》かわら竃《かま》　春37景」

白鬚橋を渡り、右折して墨堤通りを南下する。向島高速道路入口の手前を南東方向に進み、鳩の街通りを歩いて行く。左側、寺島保育園（東向島一―二十三―十）の右横に「吉川英治旧居跡」の説明パネルが架かっている。吉川英治は明治二十五年（一八九二、芥川龍之介と同年）横浜生まれで、十八歳の時に上京、本所菊川町（現・立川四丁目、両国高校の南西）のラセン釘工場に住み込む。「貧しさもあまりの果ては笑ひ合ひ」　大正六年（一九一七）二十五歳の時、寺島村一八二〇のこの辺りの赤沢やすの家で同棲した、とのことである。

木の実ナナ（本名・池田鞠子、一九四六～）の『下町のショーガール――ナナの愛と喝采の日々――』（主婦と生活社　一九八六・十二）の「1章　下町、ふるさと、鳩の街」を読むと、木の実ナナも墨田区寺島町（現・東向島）一―二十三の家で生まれ育ったということである。勿論時代も違うし、建物も違うだろうけれども。父親・池田恒和は陸軍戸山学校出身（芥川也寸志、團伊玖磨と同期）のトランペッター、母親・てる子は踊り子だったとのこと。

鳩の街通りを南下して大通り（水戸街道）に出たら左折して、しばらく行ったら右折すると、東武線曳舟駅に出る。次のスカイツリー駅まで乗る。押上駅から都営浅草線～京急で帰る。

※加門七海『墨東地霊散歩』青土社　二〇一五・八　P137～148「鳩の街」
木村聡『赤線跡を歩く』ちくま文庫　二〇〇二・三　P64～71「鳩の街」


三月九日。JR南千住駅西口から北方、東京電灯千住発電所跡（現・荒川区立南千住二中）に行く。日本初の電力会社、東京電灯（現・東京電力）が明治三十九年（一九〇六）に開業した火力発電所の跡。水力発電の開発・台頭に押され、大正六年（一九一七）廃止。ちなみに、隅田川対岸の現・足立区千住桜木に大正十五年（一九二六）に建設された千住火力発電所は「お化け煙突」という通称で知られた。昭和三十八年（一九六三）閉鎖。

西に向かい、大通り（旧・日光街道）を越えて素盞雄《すさのお》神社に行く。松尾芭蕉の「おくの細道」矢立初めの句碑（行く春や鳥啼き魚の目は泪）がある。文政三年（一八二〇）建立。富士塚（南千住富士）や浅間神社もある。隣の荒川ふるさと文化館（郷土博物館）には、元は回向院境内入口にあった「橋本左内の

墓　旧套堂《さやどう》」が復元・保存されている（中に橋本左内の坐像あり）。

更に西に行くと、スーパーストア・ライフや都立荒川工高等があるが、この辺にはかつて千住製絨所《せいじゅうしょ》（日本初の官営毛織物工場で、後、陸軍の工場となり、軍服や警察官の制服生地を製造していた）があり、煉瓦塀の一部が今もライフの東側と荒川工高の西側に残っている。――歴史の貴重な証言者、日本の羊毛工業発祥の地の証言者である。

その南、区営南千住野球場、総合スポーツセンター等のある辺りにはかつて東京スタジアム（現・千葉ロッテマリーンズの本拠地）があった。スポーツセンター一階には、東京スタジアムの思い出の品々が展示されている。

南東方向に行くと、大通り（日光街道）に面して円通寺がある。残念ながら閉まっている。少し歩いて三ノ輪橋から都電荒川線に乗り、東池袋へ。東京メトロ有楽町線に乗り換えて池袋に行き、副都心線～東横線で横浜に帰る。

三月十日。JR南千住駅下車、ちょうど真西（徒歩約十分）で、日光街道沿いにある円通寺に行く。慶応四年（一八六八）五月十五日の上野戦争で戦死して放置されていた多数の彰義隊士の遺体を、円通寺の仏磨《ぶつま》和尚と寛永寺の御用商人三河屋幸三郎とが上野で火葬し、円通寺に葬ったということで、彰義隊士の墓、幕臣の榎本武揚や大鳥圭介の墓、沢太郎左衛門顕彰碑等があり、また、寛永寺の黒門（上野八門のうちの表門にあたる）が移設され（明治四十年、一九〇七年）、そこに残る弾痕が往時の激戦を今に伝えている。昭和六十年（一九八五）に修復工事が行われている。

荒川ふるさと文化館、区立南千住図書館に寄った後、ＪＲ南千住駅から上野経由で横浜に帰った。

※岡本亮輔『江戸東京の聖地を歩く』ちくま新書　二〇一七・三　Ｐ157～「彰義隊の墓と円通寺」

※石川悌二『東京の橋――生きている江戸の歴史』新人物往来社　一九七七・六　Ｐ42～43「白鬚橋」

東京今昔研究会編『東京今昔橋めぐり』ミリオン出版　二〇一三・一　Ｐ12～15「白鬚橋『伊勢物語』にも登場した渡しの地」

紅林章央『東京の橋１００選＋１００』都政新報社　二〇一八・十　Ｐ30「白鬚橋　秀麗瀟洒な名作」

※『隅田川文化の誕生　梅若伝説と幻の町・墨田宿』（すみだ郷土文化資料館開館十周年記念特別展図録）二〇〇八・十一

錦糸公園から王貞治ゆかりの地へ

ＪＲ錦糸町駅下車、すぐに北東の錦糸公園――元は陸軍糧秣廠倉庫があった所だが、関東大震災後、復興公園として一九二八年に開園――に行く。墨田区総合体育館、テニスコート、野球場等があるが、戦時中、東京大空襲の後、隅田公園、上野公園、猿江公園、谷中墓地、六義園、十思公園等とともに、遺体を仮埋葬した場所である。特にその説明板はないけれども、あってもよいのではないかと思う。負の歴史も伝えなければ。

※石川幹子「江戸東京の都市計画と公園」「東京人」No297　26（6）二〇一一・六
栗原俊雄『20世紀遺跡　帝国の記憶を歩く』角川学芸出版　二〇〇八・十一　Ｐ15～27「帝国臣民たちの墓標―東京仮埋葬地」
生田誠『墨田区・江東区今昔散歩』彩流社　二〇一二・七

総合体育館二階に、「名誉区民顕彰コーナー　王貞治のふるさと墨田」がある。展示に従って、王貞治ゆかりの地をたどってみる。Ｐ282、434参照。

生まれたのは一九四〇年五月二十日、向島区吾嬬《あづま》町、現在の墨田区八広三―三十八―七、である。旧中川、江戸川区に近い所。戦後、業平二―十四―九に移る。現在、東京スカイツリーのすぐ南、春慶寺（鶴屋南北の墓がある）の駐車場のある所。実家は中華料理店五十番である。

小学校は南に少し行った業平小（業平二―四―八）、東隣の業平公園でよく遊んだ。現在、公園には、王貞治記念銘板――王貞治の野球はここから始まった――がある。

※業平小の正面玄関・左手前には王貞治記念碑――手形と言葉（信じて進もう）とサイン、開校百周年　二〇一七・十一・二十三――があり、玄関から入って右側に王貞治の展示がある。来賓用下駄箱の１番は王貞治専用である。北にスカイツリーを望む道（タワービュー通り）に面している。

中学は西の隅田川に近い方、本所中学（東駒形三―一―十）で、野球部以外に、陸上部・卓球部でも活躍した。正門付近に、王貞治が「気力」と書いた石碑――開校四十周年記念碑　一九八七・三――がある。ちなみに、この辺（東駒形一・三丁目）は江戸時代、随筆『甲子夜話《かっしやわ》』（平凡社東洋文庫、全二十巻）で知られる松浦《まつら》静山（一七八〇～一八四一）の平戸藩江戸下屋敷のあった所である。

※更にちなみに、肥前平戸藩松浦家江戸上屋敷は、現在の都立忍岡高校・柳北公園のある一帯（台東区浅草橋五丁目）にあった。その庭園、蓬莱園は小堀遠州造園の名園として知られたが、関東大震災により荒廃、消滅した。わずかに、大銀杏と池の一部が残っている。校門から入ってすぐの所に銀杏が枝を広げているが、その迫力に圧倒される。見事である。『新版史跡をたずねて　下谷・浅草』台東区　一九八四・三　P308〜309『たいとう名所図会　史跡説明板ガイドブック』台東区教育委員会　一九九九・十　P231〜232

本所中学の北に松尾芭蕉ゆかりの桃青禅寺（別名・芭蕉わらじ脱ぎの寺、芭蕉が数年寄宿したと言われる）があり、その東に横川小学校――東京大空襲の時のここでの体験を元に井上有一が書いた「書」、「噫・横川国民学校」で知られる――がある。

※海上雅臣『井上有一』（ミネルヴァ日本評伝選）P48〜61「東京大空襲」

現在、東京スカイツリーのある北十間川近辺には、かつてセメント工場（イワキセメント工場、日本初の生コン工場）があり、その跡地が王少年を含め子どもたちの遊び場だったとのことである。現・押上一丁目。

本所中学時代、高校生主体の少年野球チームに所属し、錦糸公園野球場（現在、総合体育館のある所にかつてあった）で活躍した。また、今戸グラウンド（言問橋の上流、桜橋を渡った所、現・台東区今戸一―一―三十、台東区リバーサイドスポーツセンター野球場）で荒川博（当時毎日オリオンズ選手、後の一本足打法の生みの親）と出会っている。一九五四年十一月三十日のことである。

早実時代、一年の夏から四季連続で甲子園大会に出場。一九五七年四月、二年春の大会、エース四番で優勝、「五十番」前が花輪で埋まり、町内で提灯行列が行われた。

巨人での現役は一九五九年から一九八〇年までの二十二年間、荒川コーチ助言の一本足打法は一九六二年からだった。

※小関順二『「野球」の誕生』草思社文庫　二〇一七・八　P230～244「隅田公園今戸グラウンドから始まったサクセスストーリー」

ずいぶん以前、京成押上線・八広駅で下車して、荒川を見に行ったことがある。いい眺めであると、川本三郎の文章に出て来たので。
この八広駅を降りてすぐの所（八広六―三十一―八）、旧四ッ木橋の袂付近にあたる土手下に、関東大震災の時に殺された韓国・朝鮮人の追悼碑がある。「悼」と大きく刻まれた碑である。

関東大震災時　韓国・朝鮮大殉難者追悼之碑
一九二三年関東大震災の時、日本の軍隊・警察・流言蜚語を信じた民衆によって、多くの韓国・朝鮮人が殺害された。
東京の下町一帯でも、植民地下の故郷を離れ日本に来ていた人々が、名も知られぬまま尊い命を奪われた。
この歴史を心に刻み、犠牲者を追悼し、人権の回復と両民族の和解を願ってこの碑を建立する。
二〇〇九年九月
関東大震災時に虐殺された朝鮮人の遺骨を発掘し追悼する会／グループほうせんか

旧四ッ木橋周辺でも多くの朝鮮人が殺され、荒川河川敷に埋められた。その後警察が掘り返して遺体をどこかに持ち去ったという。

「追悼する会」は、毎年九月上旬の午後、「韓国・朝鮮人犠牲者追悼式」を旧四ッ木橋に近い木根川橋付近の荒川河川敷で行なっている。

※加藤直樹『九月、東京の路上で　１９２３年関東大震災ジェノサイドの残響』ころから　二〇一四・三

P30～32「薪《たきぎ》の山のように」

P52～54『何もしていない』と泣いていた」

P76～79「兵隊の機関銃で殺された　１９２３年９月　旧四ッ木橋付近」

P175～181「悼む人々『四ッ木橋』のたもとに建った碑」

「九月、東京の路上で」（原作・加藤直樹、作・演出　坂手洋二）二〇一八年七月二十一日～八月五日　下北沢ザ・スズナリ〈燐光群〉創立35周年記念公演Vol.３…私は七月二十五日と三十一日、二回見た。よくぞ舞台化してくれた。すごい迫力である。

「ほうせんか」（パンフレット）関東大震災時に虐殺された朝鮮人の遺骨を発掘し追悼する会。墨田区八広六―三十一―八　追悼碑の隣に「ほうせんかの家」があり、資料館になっている。木曜午後一時～五時開館。

西崎雅夫『関東大震災　朝鮮大虐殺の記録―東京地区別1100の証言』現代書館　二〇一六・九・一
P1~5「はじめに――証言集を作るまで」
P240~259「旧四ッ木橋周辺」

王貞治の親族で、関東大震災の時に殺された人がいる、という話を聞いたことがあるが、定かではない。

と、ここまで書いて、都立中央図書館に行き、王貞治の自伝『もっと遠くへ』(日本経済新聞社　二〇一五・六)と、王家のルーツを探る鈴木洋史《ひろし》の『百年目の帰郷』(小学館　一九九九・六)を読んでみたところ……王貞治(一九四〇~)の父、王仕福(一九〇一~一九八五)は上海の南の浙江省出身で、一九二二年来日、翌年が関東大震災で、千葉県佐倉の連隊に連行された後、中国に強制送還されてしまう。が、一九二六年に再来日(密航か)、一九二八年に登美と結婚、一九二九年「五十番」を始める。一九四五年、東京大空襲で家が焼失したが、家族は無事だった。一九四六年、墨田区業平二丁目、春慶寺の所有地に移る。……関東大震災の時、父と同じ浙江省出身の中国人が殺されたというようなことが、もしかしてあったかもしれないが、詳しいことは分からない。P235参照。

付記。業平公園の東、四ツ目通りを南下して、春日通りと交差する手前、墨田区横川四丁目に本所警察署があるが、その北側（横川四―十一）が関東大震災後に出来た「東京帝国大学　柳島セツルメント」の跡である。ここの史跡説明板は少し離れた柳島児童遊園（横川五―十―十三）――高層マンション、プリメール柳島の南の関西リベットサービス東京営業所の更に南――の入口傍の植込の中に立っている。セツルメントという言葉は聞いたことがあるが、その中身はほとんど全く知らないので、説明板の文章を敢えてすべて引用させていただく。

〈関東大震災直後の救援活動で高い評価を受けた「東大学生救護団」の〔ボランティア活動の〕経験をもとに、「東京帝国大学セツルメント」が設立されたのは、その年の冬のことでした。翌大正十三年（一九二四）には「ハウス」と呼ばれる活動拠点が本所柳島（本所区柳島元町四四番地）の地に建設されます（一九三一年、横川橋四―七―二に地番変更）。

柳島セツルメントとも略称された東京帝大セツルメントには、事業別に成人教育、児童、医療、人事法律相談、調査、市民図書の六部がおかれました。指導者の末弘厳《いず》太郎、穂積重遠《しげとお》両教授をはじめ、東京帝大の錚々《そうそう》たる教授陣が下町に赴き、無報酬で講義や法律相談、診療にあたるという世評は社会の注目を集め、大正十四年（一九二五）には当時の若槻内務大臣が視察に訪れたほどでした。昭和二年（一九二七）には消費組合がつくられ、世界恐慌後の不況で困窮する人々に低価格で物資を供給する事業も始められました。

当時は小学校を卒業するとすぐ働きに出るのが通例でした。そうした人々を対象に生活面の援助をしながら、自立した市民としての知識を得させようという考え方は、それまでの救貧対策を主眼とした慈善事業とは一線を画するものでした。

柳島セツルの時代はしかし軍国主義へとひた走る時代でもありました。思想統制の嵐の中で検挙者が相次ぎ、事業は順次縮小を余儀なくされます。国家総動員法が成立した昭和十三年（一九三八）、ついに東京帝大セツルメントは解散を宣言し、その歴史を閉じます。

「（柳島セツルの各々の活動は）大正末期から昭和初年にかけて東京市民の生活にとって欠落していたものであり、しかも必要なるものでもあった。それはたんに知識階級の実験的活動ではなかったのである。その意味において、東大セツルメントの歴史は、……（中略）……若人の苦闘の歴史でもあった」（『東京百年史』）。

彼らが掲げた理念は、戦後日本の社会教育、社会保障などに結実します。また、彼らの理想は、社会福祉事業、生協、医療生協運動、ボランティアやＮＰＯなどに、現在まで生き生きと受け継がれています。平成二十二年（二〇一〇）三月　墨田区教育委員会〉

※池田浩士『ボランティアとファシズム　自発性と社会貢献の近現代史』人文書院　二〇一九・五
Ｐ56～Ｐ391～「柳島セツルメント」
大森俊雄編『東京帝国大学セツルメント十二年史』同所　一九三七・二
復刻版・日本〈子どもの歴史〉叢書29　久山社　一九九八・四　解説・宍戸健夫

平岡篤頼「消えた煙突」をめぐって――煙突の幻影と東京大空襲――

この小説は、主人公・平野良夫（作者・平岡篤頼本人と思われる人物）がかつての同級生たちとともに、戦時中動員された工場を貸切バスで巡る話に、三月十日東京大空襲の時の記憶が挟み込まれる形になっている。同窓会の企画で、両国駅前に集合した五十男たちが、中三の時に動員された杉崎天幕（住吉二丁目）、協和発条（大島）、東亜鋼索（亀戸、ここのみ建物現存、今年一杯で取壊し）、そして母校（錦糸町、府立三中、現・都立両国高校、今年限りで改築）を訪問する話に、平野の随筆「その夜の記憶」（東京大空襲の思い出を綴ったもの）が所々挿入される形になっている。

※この随筆「その夜の記憶」は実際に雑誌に発表されたものなのか、それとも、小説上のフィクションなのか？　いかにもそれらしく見せたフィクションなのだろう、おそらく。

最初三十人か四十人、同じようにプールに漬かっていたような気がする。三月の水は、まだ凍るように冷たかった。首から上だけが、焼けるように熱いのだった。息まで苦しくなって来た。それで、時々手を放して潜り、暗い水の中を一掻き二掻きして、また側溝につかまった。

その夜平野は、ちょうど警備隊の一員として学校に泊まっていて空襲に遭い、プールに漬かっていたおかげで命が助かったのである。

そもそも今回のこの同窓会の催しに参加したのは、このプールをもう一度見てみたいという気持ちと、東亜鋼索の工場の煙突の形を確かめたいためである。

なぜ煙突なのか（煙突に執着するのか）。平野がその煙突に登って大騒ぎになったことがあるから。言わば、戦争中の冒険の場所を確かめたかったから。

日程の最後の母校訪問で、平野はプールを見に行く。

……横へ廻って、プールの縁に出るが、そこも呆気ないくらいがらんとして、黒っぽい緑の水が濃さをました空をぼんやり映しかすかに水面を揺らせているばかりである。（三月の水はまだ凍るように冷たかった。）時間の配分を失敗したな、と良夫は後悔する。（首から上だけが、焼けるように熱いのだった。）もう少しここに立っていると、思い出すかもしれないのにな。（息まで苦しくなって来た。）仕方がない。もう一度、別の日に来なくちゃなるまい。（それで、時どき手を放して潜り、暗い水の中を一掻き二掻きして、また側溝につかまった。）

（ ）内は、本文に所々挿入された平野の随筆の最初の部分の一部である。現在の話の進行と東京大空襲の時の話の進行とが融合した形になっている。現在と過去とが重なっている。最初の方に出て来た台詞をおしまいの方で繰り返すという、ドラマによくある手法かもしれない。

もう一つ確かめたかった煙突の方は、結局確かめられずに、不確実なまま終わってしまう。そもそも実在したものなのか、それさえも疑わしくなってしまう。自分が夢の中で勝手に作り出したものなのか……

東京大空襲で火に囲まれ、プールの水に漬かって辛うじて助かったのは、あまりにも生々しい体験である。それに対して、冒険の場所、煙突は不確実な存在である。記憶違い、過去の潤色・創作、幻影……。

現在と過去とが重なって見える、高層ビルが林立する光景と焼け跡の光景とが二重写しになって見える、五十歳の男と十六歳の中学生とが重なって見える。どちらが本当に実在しているのか、分からなくなってくる。

現実の曖昧性、不確実性ということか。

今日のこの工場と学校巡りも時間がたてば、やがて曖昧な、不確かなものとなってしまうのか。

が、逆に、すべてが記憶どおりで確かなものとなってしまったら、それもまたつまらないのではないか。

焼け跡の広がる光景というのは、七十数年前のものであり、また、将来戦争や大災害が起こった時にそうなるかもしれないものでもある。〈焼け跡の幻視〉というのは、過去に向けてのものであり、また、未来に向けてのものでもある。勿論、将来そうなってほしいとは誰一人思っていないけれども。

高層ビルが、現代文明の墓標に見えてしまうことがあるのではないか。

主人公・平野良夫は、本所・錦糸町の中学から、焼け跡を歩いて――おそらく、横川小学校（国民学校）の横を通って、――言問橋を渡り、石浜町――ドヤ街で有名なあの山谷のすぐ隣――のわが家に帰る。途中、「道端に焼けトタンをかぶせた死体がいくつも転がっていて、トタンの下から、真黒に炭化した手や脚が覗いていた。意外にぞろぞろ人が通っていた。焼け跡の水道管から如露のように噴出している水を飲んだ。」「言問橋の上で、わずかな通路を残して、焼けただれた自転車もろとも、腸まで真黒な炭になって積み重なっていた死体の山」を見た。自宅のあたりも一面焼け野原だった。

現在、台東区清川一丁目に石浜小学校があるが、ここが作者・平岡篤頼の出身校で、この近くに住んでいたのであろうか。錦糸町の府立三中までは約四キロで徒歩約一時間かかるので、市電で通っていたのであろうか。

と、ここまで書いて、『描かれた東京大空襲体験画図録』（すみだ郷土文化資料館――言問橋のすぐ近くにある――編・刊 二〇一六・三）を見てみる。「昭和20年3月10日・言問橋炎上」（25頁）、狩野光男（当時14歳）の絵（超低空で飛ぶB29と言問橋、この絵は本書のカバー上半分にもなっている）と証言――「大空襲の夜、私は言問橋下の石段で、炎混じりの熱風のなか燃え上がる橋を見上げていた。橋の上は大群衆で身動きできなくなり、やがて火勢は橋の上の荷物を襲い、大火災を生じた。それはびっしりと詰まった人々を焼き尽くした。また人々は欄干にはりつき、熱さに耐えかねて川の中に飛び込み、多くの人が溺死、凍死、ショック死していった。」

「炎に覆われる言問橋」（27頁、小倉茂山・当時21歳）、「言問橋浅草側の火焔地獄」（26頁、狩野光男）、「明け方の言問橋～戦争の悪夢」（49頁、小倉茂山・当時21歳）、「空襲直後の言問橋下～亡くなっていた母子」（50頁、中川清・当時15歳）、「言問橋・石段の惨状」（51頁、狩野光男）、「言問橋下、ドーム前」（52頁、狩野光男）、「ねんねこ半纏《はんてん》・父と児《こ》」（53頁、狩野光男）、「浅草・松屋前」（55頁、狩野光男・14歳、この絵もカバー下半分になっている）、「言問橋の遺体収容」（104頁、狩野光男）、「言問橋際、隅田川沿いに並べられた遺体」（105頁、宮坂清・当時19歳）、「上野駅・地下道」（135頁、狩野光男）、「上野〔公園〕両大師・遺体置き場」（109頁、狩野光男）……と見て行く。いずれも当時の惨状を伝える貴重な証言である。

もう一冊、『あの日を忘れない　描かれた東京大空襲』（すみだ郷土文化資料館監修、柏書房　二〇〇五・二）も見る。海老名香葉子――すぐ上の兄以外の家族六人、祖母・両親・兄二人・弟（孝之輔《こうのすけ》、こうちゃん）を失う――が帯にコメントを寄せている本である。「言問橋炎上――家族全員を亡くした橋の記憶」（44～45頁、狩野光男）、「燃える浅草と言問橋付近の隅田川を流れる遺体」（81頁、風間敏江・当時18歳）、「子どもをかばう泥人形のような遺体と焼けた鉄兜《かぶと》の山」（82頁、藤間てる子・当時13歳）、「江東橋―夜明けの惨状」（86頁、羽部権四郎・当時13歳、江東橋は府立三中のすぐ近く）、…

絵を眺めて証言を読んでいると、当時にタイムスリップして行くような気がする。

狩野光男さんがずいぶんたくさん作品を寄せていることを知る。

現在、ちょうど東京大空襲を生き延びた樹木が歴史を証言しているように、言問橋の親柱（焼けて黒ずんでいる）もまた歴史を証言している。

※加門七海『墨東地霊散歩』青土社　二〇一五・八　P61～「火の記憶」
早乙女勝元『東京大空襲―昭和20年3月10日の記録』岩波新書　一九七一・一　P100～「言問橋の惨劇」

※「米軍は、関東大震災による木造家屋密集地の甚大な火災被害に早くから注目して参考にしたという。（その意味において二つの日付には暗いつながりがある。）」「朝日新聞」二〇一九・三・十朝刊三面　福島申二「「炎の記憶　下町に刻まれた日」（日曜に想う）」より

秋の一日、横浜駅から横須賀線～総武線快速の電車に乗る。九月下旬だが、やけに暑いので、エアコンが気持ちよい。東京駅を過ぎ、錦糸町駅で降りる。この前（九月上旬）、東京大空襲・戦災資料センターに行った時は、ここで半蔵門線に乗り換えて次の住吉で下車、小名木に架かるクローバー橋を渡って行ったが、今日はここから西へ、両国駅方面に徒歩で向かう。それらしい生徒とすれ違う。ちょうど下校時間。やがて通用門を横に見ながら大通りから左折すると、都立両国高校正門に出る。部活の生徒が大勢、元気に活動している。女子が多い。

正門から中の左手を見ると、すぐに芥川龍之介文学碑が分かった。「大川の水」の一節が刻まれているものである。前身の府立三中出身（芥川は一九〇五年、創立四年目に入学し、一九一〇年に卒業）の、誰もが知っている有名作家（全国の高校一年生が皆、「羅生門」を教科書でやっている！）の記念碑（先輩にこういうすばらしい人がいた）。これはこれでいい。が、三十五歳で自ら命を絶った人物の碑というのがちょっと気になった。別に「敗北の文学」などと言うつもりはないが。

両国高校の外周をぐるっと回る。部活の生徒が何人もランニングをして追い抜いて行く。プールの位置は昔と変わっている。七十一年前の東京大空襲の時の「焦熱地獄」を想像することはなかなか難しい。大通りに出て、両国駅に向かう。しばらく行くと案内板があり、両国小学校傍（敷地の北西角）に芥川龍之介文学碑があることを知る。ついでに見ておこう。……「杜子春」の一節が刻まれている碑である。小学生にもなじみのある作品、ということだろう。こういう先輩がいたというのは、やはり誇りだろう。隣に、なぜか日露戦争の時の軍艦の錨が二つ置かれていた。

※両国小学校は、芥川が通っていた当時は回向院の隣にあり、江東小学校という校名だったとのこと。

なお、両国小学校のすぐ近く、西側に吉良邸跡（本所松阪町公園、両国三―十三―九）、南西側に吉良邸正門跡（両国三―六―七、後藤解体工業株式会社のビルの前）があり、少し離れた南西側に米屋五兵衛こと前原伊助宅跡（両国三―二）がある。吉良邸裏門跡（両国三―十一―一、グローバル・ザ・スイート両国の植込の中）とは目と鼻の先である。

※『すみだ歴史読本　忠臣蔵外伝「その日の吉良邸」』改訂版Ⅱ　墨田区観光協会　二〇一五・十一
「すみだまち歩き博覧会コース13　忠臣蔵のクライマックス！　吉良邸周辺を訪ねる」墨田区
二〇一五・十一

また、両国小学校の東側には、両国公園＝男谷《おたに》精一郎屋敷跡があり、南東端に勝海舟生誕の地の石碑と勝海舟幕末絵巻（大きな壁面に写真と説明文があり、楽しめる）がある。勝海舟の墓は洗足池畔にあるとのこと。

大通り（京葉道路）から北の両国駅に向かう飲食店ストリートの入口に、「芥川龍之介生育の地（芥川家所在地）」の説明板が立っている。回向院の近く、ここ両国三丁目三―二十二―十一）辺りで幼少期を過ごしていたとのこと。府立三中とこんなに近い所に住んでいたのか。隅田川もすぐ近くだし。

※『芥川龍之介　こころのふるさとは本所両国』墨田区教育委員会編・刊　二〇一三・三

両国駅から総武線に乗り、御茶ノ水へ。明治大学を横に見ながら駿河台下に行き、まず三省堂書店二階文庫売り場で、宮武外骨関係他を買う。次に、東京堂書店一階で『私の貧乏物語』を買う。御茶ノ水駅に戻り、神田・東京経由で横浜に帰る。

『両国高校百年誌』（二〇〇二・三刊）を見ると、旧校舎と新校舎の空撮写真が載っていて（口絵の見開き頁「上空から」）、プールの位置がよく分かる。勤労動員風景や軍事教練の写真も載っている（口絵「スクールライフ今むかし」）。「三中戦災誌」（P375〜431）は学校近辺の見開きの地図もあり、非常に詳細で、読み応えがある。貴重なドキュメントである。巻末の人名索引で平岡篤頼を引くと、「消えた煙突」に描かれた東京大空襲の時の行動を跡づけることが出来る。

なお、漠然と、戦前は府立三中、戦後は都立両国高校と思っていたが、実際には、一九〇二年六月に開校した東京府立第三中学校は、一九四三年七月、都立第三中学校と改称、一九四八年四月、東京都立第三新制高等学校と改称、一九五〇年一月、東京都立両国高等学校と改称、とのことである。

平岡篤頼さんの話は一度聞いたことがある。一九七四年だったと思うが、大学の専攻選択オリエンテーションで、文芸専攻の説明をしてくれた時である。

私は一九七一年に入学したものの、一・二年教養課程の必要単位を取るのに四年間、つまり一九七四年までかかってしまい、一九七五・七六年に日本文学の専門科目を取った。一九七一年、授業料値上げ反対のスト、一九七二年、川口君事件があり、その渦の中に巻き込まれた、ということか。もっとも、受験勉強の反動で、自由に読書をしていた時期があり、それなりに楽しく、充実していたとは思うが、それにしても、単位を取らないことにはしょうがない、中退する勇気はないし……。

あの混沌の時代、七一年に入学して四年間で卒業した人もいれば、これでは何のために受験勉強して入学したのか分からないと、中退あるいは自殺してしまった人もいる。

「学校（大学）なんて出ればいい所」と言ってくれた中谷君（入学した時、第二外国語・ドイツ語選択の同じクラス）には、ともに大学院に合格した時（一九七七年、彼は英文学専攻、私は日本文学専攻）に会って以来、会っていないが、彼のあの一言が私を救ってくれた。

逆に、私のことを中傷する人、陰口をたたく人もいた。そういった人には、心の狭い人、とここでは言っておこう（まさか、地獄に落ちろ、などとは言えない。いや、言ってしまったか）。

ついでに言っておけば、大学院の時にお世話になった川副國基先生のことを書いたことがあるのだが（個人誌「山猫通信・新宿版」に編集後記として掲載）、それが捜しても出て来ない。日本近代文学館に寄贈しておけばよかった。平岡篤頼さんの話に戻る。

平岡さんはタートルネックに背広姿だった。何か洒落た感じがした。文芸専攻には実にユニークな人たちが集まっていて面白いので、ぜひ来てください、という話だった。フランス文学の研究者、ヌーヴォーロマンの翻訳者、小説を書いて卒論に出来る文芸専攻の主宰者、であって、勿論、旧制中学三年の時に東京大空襲を経験し、学校のプールに漬かっていて九死に一生を得たことなどは全く知らなかった。フランス文学研究者とフランス留学が結び付くことはあっても、東京大空襲が結び付くことなどまずあり得ない……

専攻選択オリエンテーションでは、ロシア文学専攻の藤沼貴さんも話をしてくれた。せっかく文学部に入ったのだから、露文専攻に行かなければうそ、とのお話。そのとおり。が、結局私は、楽して卒業しようと思って、日文専攻に行った。文芸専攻卒よりも日文専攻卒の方が分かりやすい（説明しなくてよい）、また、ドストエフスキーが好きだが兄が露文専攻なので兄弟二人同じことをやることはない（兄の友人で兄弟二人露文専攻という人がいたようだが）、露文専攻ではつぶしが利かない（就職先が限られている）、日文専攻ならつぶしが利く、という理由で。

個人会員証の期限が切れたので、八幡山の大宅壮一文庫に更新をしに行った。パソコンに「平岡篤頼」と入力して検索したところ、三十数点出て来たので、そのうち十数点を抜き出して申込票に記入し、請求した。少し待ち、高く積まれた雑誌を受け取り、コピー部分を確認して申込んだ。しばらく待った後コピーを受け取り、帰途に就いた。

重松清「最後の一夜——追悼・平岡篤頼先生」（「エンタクシー」二〇〇五・六）、小川洋子「先生と出会えた幸運」（「すばる」二〇〇五・七）、中島梓「わが師の恩　後悔先に立たず」（「小説新潮」二〇〇六・四）、中森明夫「新宿のアラン・ロブ・グリエ」（「早稲田文学」二〇〇八・四）等を読んだ後、平岡篤頼の「知る喜び　読む楽しみ　書く快楽——文学研究の現場から」（最終講義、「早稲田文学」二〇〇〇・五）『「早稲田文学」という立場』（講演、「早稲田文学」二〇〇三・七）を読んだ。

平岡さんは一九二九年大阪生まれで、七歳の時に東京浅草に引越し、十五歳の時に東京大空襲を経験。七十歳まで大学に勤めて、二〇〇〇年一月十九日に最終講義を行なった。

大学の先生の最終講義はこれまで実際に聴いたことはなかったし、文章で読んだこともなかった。父の最終講義の私家版CDは所持しているが、まだ聴いていない（!）。したがって、これが初めてである。河出書房「文芸」編集長、坂本一亀（通称ワンカメさん、坂本龍一の父親）が大変な酔っぱらいで、酒場で会うと必ず「バカもん、お前は評論などやめて小説を書け、バカもん！」と言われた等、生々しい話が出て来て面白い。

最後の頁に次の文がある。

快楽にはいろいろあって、うっかりすると《知る喜び》が《調べる喜び》、《読む楽しみ》が読んだぞ

と《誇示する楽しみ》、《書く快楽》が《裁断する快楽》に頽《たい》落〔堕落〕する危険もないではありません。

知る喜び→調べる喜びは、私にはよく思い当たる所があるというか、書誌作成の喜びはまさにこれであろう。

知る喜び、読む楽しみ、書く快楽、そして考える楽しみ。考えながら書く。あるいは、書くことによってよりよく考える、自分の考えを整理する、自分はこんなことを考えていたのかと発見する……

一高受験前日に岩波文庫の「赤と黒」を読み耽ったために寝不足となり、失敗してしまったので、翌年早稲田の第一高等学院に入学した由、さすが平岡さんは文学青年だったのだなあと思った。

二〇一六年十月十一日、久しぶりに国会図書館に行く。ここのところ、横浜から東横線で渋谷まで行き、半蔵門線に乗り換えて永田町へ、というコースである。乗り換えが一回で済む。昔は東海道線で新橋まで行き、山手線に乗り換えて有楽町へ、更に有楽町線に乗り換えて永田町へ、というコースだった。乗り換えが二回。

パソコンに向かい、デジタルコレクションにアクセスする。雑誌を画面に出し、平岡篤頼「消えた煙突」の参考文献のコピーを申し込む。ふと顔を上げ、斜め向かいの人と目が合う。文献探索研究会で一緒に活動している有木太一さんだ。黙礼する。

コピーを打ち出してもらって、受け取る所へ行こうと、席を立って歩きかけたら、座っている人に声をかけられた。山根俊彦さんだ。私が最初に勤めた川崎北部の向の岡工業高校で同僚で、最後に勤めた横浜清陵総合高校でも同僚だった、社会科の先生である。二年前に退職し、現在は講師で週一日だけ教え、横浜国大大学院で博士論文に取り組んでいるとのこと。私の方は五年前退職後、金沢文圃閣から書誌選集（文献探索人シリーズ）を三冊出して、今は随筆集の原稿を執筆中――。

国会図書館で、これまで知り合いの人に出会ったことはまずほとんどなかった。加賀乙彦を二回見かけたくらいである。今回は二人に続けて出会い、ちょっと驚いた。

文献探索研究会は深井人詩さん主宰で、歴史は長い。私は二〇一二年から参加させてもらっている。まさか自分の書誌選集を出してもらえることになるとは、全く思っていなかった。自分がテーマを決めて探索した結果を、全国の人が図書館で利用出来る形で残していただき、実に有難いことだと思っている。

今思い出したが、山根さんは向の岡の次の大師高校でも同僚だった。すなわち、三校で一緒に勤めたことになる。珍しい。

向の岡で、山根さんのクラスの国語を私が担当したことがあるし、逆に、私のクラスの政経を山根さんが担当してくれたこともある。一九八〇年代前半のことである。あの頃が懐かしい。生徒達とボウリングをやり、その後焼き肉を食べたなあ……

そもそも国会図書館の存在は、小林勝の小説を読んで初めて知った。高校の時である。作中の主人公が昔の新聞を調べに国会図書館に行く場面があり、そこを読んで、こういう所があるのか、と知ったのである。

小林勝は早稲田の露文出身で、芥川賞候補に三度なったことのある作家、当時「学生通信」（三省堂の高校生向きタブロイド版新聞）の〈みんなの広場（投稿欄）〉の選者をやっていて、私の文章（「銀色の鉄塔」）を活字にしてくれた（一九六八年）人である。一九七一年の初めまで選者をやっていた――かなり力を入れて選評を書いていた。真剣に高校生と向き合っていた――と思う。その縛りがなくなった時、勿論それだけが原因ではないだろうが、一週間とか十日とか、何日も外で飲み歩くようになり、急性肝硬変から腸閉塞になって死んでしまった。三月二十五日のことである。私は七一年四月に大学に入学し、少し経ってからそのことを知り、驚いた。

初めて国会図書館に行ったのは大学の四年の時だったか、あまり印象はよくなかった。当時は図書と雑誌の出納が同じ場所で、一々マイクで呼び出す形、相当混雑していた。カードボックスのカードを調べて、請求票に記入して、である。

大学院の時、大学図書館、日本近代文学館とともに、よく通った。江戸川橋から有楽町線に乗って永田町下車、実家から三十分で行けたと思う。一九九九年、豊島与志雄文献目録補遺を作った時、それから二〇一一年の退職後も、よく通った。私にとっては気軽に行ける、仕事と趣味と遊びが混然一体となった場所である。

二〇一九年三月十日。「東京大空襲を語り継ぐつどい」(東京大空襲・戦災資料センター開館十七周年、於・江東区文化センター)に行く。東西線東陽町駅下車、北へ徒歩五分、江東区役所の隣である。オープニングコンサート(ピアノと歌)、大空襲体験者のお話、センターで学ぶ子どもたちのビデオレター、センターの活動報告の後、中島京子の講演、「記憶を受け取る〜想像力の鍛え方」を聴く。「小さいおうち」(松たか子、黒木華出演で映画になっている)で直木賞を受賞、作中、五月二十五日の山の手大空襲により小さいおうちは焼失してしまう。デビュー作の「FUTON」は、田山花袋の「蒲団」のパロディで、内弟子の若い女性に恋心を抱く中年作家をその妻の視点から見て描いたもの。十年以上前に一度読んでいるが、東京大空襲は出て来たかな? 覚えがない。が、実は、東京大空襲で火のついた畳や蒲団が空を飛んで行く場面が出て来るとのこと。もう一度読んでみなければ（この小説はまだ映画にはなっていない）。最後に館長の早乙女勝元さんのお話、二つの汚点――東京大空襲を計画・指揮したルメイに戦後日本が叙勲したこと、軍人・軍属への恩給はあるのに空襲被害者への補償はないこと――について、があった。早乙女さんは八十七歳で、六月で館長役を降りるとのことである。

※「語り継ぐ東京大空襲」（早乙女勝元）「朝日新聞」二〇一九・五・十　朝刊15面

中山武敏『人間に光あれ―差別なき社会をめざして』花伝社　二〇一九・三　P65～「早乙女勝元さんとの出会い」P98～「東京大空襲訴訟」

三月二十五日。石田衣良の『不死鳥少年　アンディ・トキタの東京大空襲』を読む。主人公・時田武（トキタタケシ、時を翔ける少年？）は、父親がアメリカ人、母親が日本人、つまり日米ハーフで、この設定自体が既にドラマチックであって、父の国のＢ29が焼夷弾の雨を降り注ぎ、母と子どもと親しい人たちが逃げ回ることになる（父はアメリカ在住）。加賀乙彦の『錨のない船』では、父親が日本人・来栖三郎、母親がアメリカ人で、子どもがハーフの来栖良、Ｂ29を迎撃する戦闘機のパイロットである。石田衣良は都立両国高校出身、つまり平岡篤頼の後輩で、小説の主人公は本所区江東橋の近くに住んでいる、江東橋中学（府立三中、都立三中をイメージしたものだろう）の生徒、としている。焼夷弾の雨の中を逃げ回り、最後に錦糸公園にたどり着く。実際に空襲を体験した人に取材して（直接あるいは手記を通じて）吸収し、書いたのだろうか、小説家の想像力に感心した。これだけよく書けるものだなあ。映画化は不可能かもしれないがしてほしいと思う。

※十時武士「記憶は自分の証明か」（エンターテインメント小説月評）「読売新聞」二〇一九・三・十二　朝刊33面

※半藤一利は一九三〇年、向島区吾嬬町、現在の墨田区八広生まれで、近くに住む王貞治少年と相撲をとったことがあるという。三輪里稲荷神社の近辺か。

『焼けあとのちかい』文・半藤一利　絵・塚本やすし　大月書店　二〇一九・七を読んではじめて知った。半藤一利『隅田川の向う側―私の昭和史』ちくま文庫　二〇一三・五の最初の所①背番号にも出て来る。

東京大空襲の時、半藤一利は父親と別々に逃げ、二人とも助かっている。

※『せんそう　昭和20年3月10日東京大空襲のこと』文・塚本千恵子　絵・塚本やすし　東京書籍　二〇一四・三　は母親の空襲体験を子どもが描いたものである。

※『東京今昔橋めぐり』東京今昔研究会編著　ミリオン出版　二〇一三・一　P16～17「言問橋東京大空襲の凄惨な傷跡がいまだに残る……」

千住、芭蕉、鷗外、安藤昌益

二〇一七年四月十二日。横浜から京急・都営浅草線直通で押上へ。東京スカイツリー駅から東武線で曳舟へ行き、各駅に乗り換えて東向島（旧・玉の井）、鐘ヶ淵、堀切、牛田、北千住、小菅、五反野を通って、梅島下車。北東方向に少し歩き、足立区役所（中央本町一―十七―一）で街歩きパンフレット・郷土資料等を入手する。

梅島の北、環七通りの向こうの島根一丁目に住んでいたのが北野大《まさる》・北野武（ビートたけし）兄弟である。父親は浅草から移り住んで来たペンキ職人、菊次郎。以前、ＮＨＫのテレビドラマでやっていたし、舞台化もされている。この舞台―陣内孝則主演―は私は以前見たことがある。

※『ブックレット足立風土記５　梅島地区　ミニ講座　足立の文芸誌』足立区立郷土博物館編、足立区教育委員会　二〇〇二・十　Ｐ68「北野兄弟の梅島（足立に住んだ作家たち）」
ビートたけし『たけしくんハイ！』太田出版　一九八四・五　新潮文庫　一九九五・五
北野大『なぜかタケシの兄です』主婦と生活社　一九八八・十二
ビートたけし『菊次郎とさき』新潮社　一九九九・十二　新潮文庫　二〇〇一・十二

梅島駅に戻り、東武線で北千住へ。西口を出て少し行って、北へ右折すると宿場町通り商店街、南へ左折すると千住本町商店街になるが、この通りは旧日光街道で、北進すると荒川に、南進すると隅田川に架かる千住大橋に出る。今日は直進・西進する。日光街道（国道四号）を越える手前右側、ドイツ風のクラシックな建物が目に留まる。大橋眼科（千住三―三十一）である。千住の名物建築とのこと。

日光街道の先、大正通りに出たら南に左折する。左側の千住中居町公園に、千住大正記念道碑がある。一九一六年（大正五年）、森鷗外撰文。大正記念道とは、大正通り、大正新道のことである。

※「森鷗外撰文大正記念道碑　千住中居町公園に移設」「足立史談」第555号　H26・5『足立史談復刻版６　No501～600』

※高田渙「鷗外の大正記念道碑について（一）～（二）」「足立史談」第237号～238号　S62・11～12『足立史談復刻版〔３〕No201～300』

高田渙「鷗外の千住の家―百年前ドイツで公表されていた―」「足立史談」第197号　S59・7『足立史談復刻版〔２〕No101～200』

鷗外森林太郎（一八六二～一九二二）は一八八一年（明治十四年）から一八八四年（明治十七年）のドイツ留学までの四年間、千住の森静男＝父の家（橘井堂《きっせいどう》医院）で過ごした。金蔵寺《こんぞうじ》の近く、現・都税事務所の敷地内（千住一―三十―八）である。

一八八八年（明治二十一年）の帰国後も千住に住み、一八八九年（明治二十二年）結婚して根岸に移った。

※二〇一八年四月現在、橘井堂医院跡は、三十階建ての建物（共同住宅・店舗・保育所等）の建設工事中である。二〇二一年完成予定。工事フェンスに「史跡　橘井堂医院・千住の鷗外碑」の説明がある。

勝山「森鷗外の開業願書」「足立史談」第79号　S49・9『足立史談復刻版〔1〕No 1～100』足立史談会・足立区郷土資料刊行会

鷗外という号は、鷗外の千住時代の漢詩の先生である佐藤元萇の子、斎藤勝寿が用いていた「鷗外漁史《ぎょし》」（隅田川の白鬚橋付近の鴎の渡しの外＝千住にいて歴史をあさる人、探し求める人）を譲られて用いたものである。なお、鴎の渡しは橋場の渡しともいう。

※『ブックレット足立風土記1　千住地区　ミニ講座　足立の交通誌』二〇〇二・十　P52～「近代学芸と千住」P53「号『鷗外』の意味＝千住」『足立風土記5』P67「森鷗外と小金井喜美子（足立に住んだ作家たち）」

大正通りの西、墨堤通りを北進すると、左側に東電の建物があるが、この辺（千住桜木一丁目、隅田川に面した所）にかつて、お化け煙突（眺める位置によって一本にも二本にも三本にも四本にも見える）＝東京電力千住火力発電所があった。足立区立郷土博物館二階に二百分の一の模型が展示されている。今日はここまでにして、北千住から帰途に就く。

四月十三日。ＪＲで横浜から上野に行き、常磐線快速に乗り換え、北千住へ。各駅停車で亀有下車。北へ少し歩いてから左折、信号の所を右折して、葛西親水水路に入る。緑と水に親しみながら歩ける、快適な道である。東側にかつて日立亀有工場があったようだ。陸橋をくぐって、北進して行く。左側に中川小、右側に中川東小を見ながら進んで行くと、やがて左側に足立区立郷土博物館（大谷田五―二十一―一）がある。中に入り、『ブックレット足立風土記』全八冊他、各種郷土資料を入手する。

二階展示室の、学童疎開、足立区域の空襲、陸軍の高射砲陣地・照空灯（サーチライト）陣地とB29の爆撃・墜落、町の防空…に注目する。入谷町（現在の舎人公園の西）、嘉兵衛町（現在の加平、千代田線北綾瀬駅の西）、隅田川や荒川付近、にB29が墜落している（高射砲及び防空戦闘機の体当たりにより）が、特に「B29無名戦士の墓」――墜落死したB29搭乗員を慰霊するためのもの――が戦後、神明南一と北加平町の間の六叉路交差点付近（千代田線の地下鉄車庫の北端付近）に建立されていたということが興味深い。浮世絵に描かれ、展示されている。現在そこは道路となり、撤去されている（墓の碑の部分のみ、郷土博物館に展示されている）。

二階展示室には他に、千住火力発電所（一九二六～一九六三）のお化け煙突（一九六四撤去）の二百分の一の模型も展示されている。見る角度によって四本から一本まで本数が変わることを、簡単に実体験することが出来る。

※『足立区立郷土博物館常設展示図録』足立区教育委員会　二〇〇九・十　P56～59「お化け煙突と工業化」

『新装版　１９６０年代の写真』写真・池田信、毎日新聞出版　二〇一九・二　P189「お化け煙突」

四月十四日。北千住駅下車、西進し、千住宿本陣跡・見番横町の説明板（千住三―三十三）を見た後、旧・日光街道に入り、北進して右側に案内所「千住街の駅」（元・魚屋の店舗）、横山家住宅（江戸時代の商家＝紙問屋の面影を伝える。千住四―二十八―一）、名倉《なぐら》医院（長屋門が残っている。千住五―二十二―一）を見て、荒川の南に達したら、西に進んで、日光街道の所をぐるっと回り、学びピア21（足立区立中央図書館）に寄る。ここの三階に郷土資料があり、安藤昌益（一七〇三～一七六二）関係のものを見る。安藤昌益の稿本『自然真営道』を千住宿の橋本家（千住仲町にあった）が保存し、後、古書店を通じて狩野亨吉《かのうこうきち》の手に渡り、「発見」されるのである。

日光街道を渡って西に少し行くと、千住大川町・氷川神社があり、富士塚（大川富士）がある。

帰りは、元来た旧・日光街道を南進し、北千住駅から帰る。

※『大江戸のお富士さん富士信仰と巡る富士塚』東京都神社庁　教学委員会　富士信仰研究部会監修　二〇一七・一

〔安藤昌益参考文献〕

※棚網保司「安藤昌益と北千住の仙人〔橋本律蔵〕（1）～（4）」「足立史談」第58～61号　S47・

12～48・3
『足立史談復刻版〔1〕No1～100』足立史談会・足立区郷土資料刊行会編・刊
細井ゆうじ「『安藤昌益と北千住』覚え書（1）～（3）」「足立史談」第143号～145号　S55・1～3『足立史談復刻版〔2〕No101～200』
石渡博明「千住宿と安藤昌益（1）～（7）」「足立史談」第294号～300号　H4・8～H5・2『足立史談復刻版〔3〕No201～300』
「千住宿と安藤昌（8）～（12）」「足立史談」第301号、303号～306号　H5・3、5～8『足立史談復刻版3〔4〕No301～400』
石渡博明『昌益研究かけある記』社会評論社　二〇〇三・十「千住宿と安藤昌益」すべて収録
石渡博明『安藤昌益―人と思想と千住宿・増補版』（昌益文庫①）安藤昌益と千住宿の関係を調べる会編・刊　2006．11
石渡博明『安藤昌益の世界――独創的思想はいかに生れたか』草思社　2007．7
石渡博明他編『現代《いま》に生きる安藤昌益』御茶の水書房　2012．7　P25～相川謹之助「千住宿と自然真営道発見の地縁」
高野澄《きよし》『安藤昌益と「ギャートルズ」』舞宇社　一九九六・十

祖田浩一編『日本奇人・稀人事典』東京堂出版　一九九一・七　Ｐ134～「狩野亨吉（一八六五～一九四二）」Ｐ136『自然真営道』の発見

日野秀逸『経済社会と医師たちの交差――ペティ、ケネー、マルクス、エングルス、安藤昌益、後藤新平たち』本の泉社　二〇一七・十

四月十五日。北千住駅下車、西口に出て、まず、マルイ十階に行き、江戸時代の千住宿（一部）の模型を眺める。元は足立区立郷土博物館にあったもののことである。飲み屋街（最盛期には百人もの流しがいたとか。渥美二郎もここでやっていたのか）を通って、金蔵寺《こんぞうじ》に行く。天保八年（一八三七）に起きた大飢饉の餓死者の供養塔（無縁塔）、千住宿で病死した遊女の霊を慰めるための供養塔、がある。百数十年前に思いを馳せる。

踏切を渡り、桜並木の道を東進、柳原一丁目と二丁目の間を通って、荒川土手に出る。右手の堀切橋から左手の日の出緑地にかけてが、あの懐かしい「三年Ｂ組金八先生」のロケ地である。

柳原千草園の横を通って、京成関屋駅に行く。電車に乗り、常磐線・日比谷線の線路の上を高架で横切り、千住大橋駅へ。石洞美術館、橋戸稲荷神社を通って、千住大橋傍・大橋公園の「奥の細道・矢立初めの碑（行く春や鳥啼き魚の目は泪）」を見る。

千住大橋を見る。隅田川に最初に架けられた橋で、現在の橋は一九二七年（昭和二年）竣工。八紘一宇《はっこういちう》の碑（陸軍大将林銑十郎書、一九四〇年＝皇紀二千六百年建立）が目に留まる。過去の侵略戦争のスローガンであり、歴史の証言者である。撤去せずにあるのは、負の遺産、反面教師として、であろう。南に行くと荒川区南千住になるが、北の足立区側に戻る。右側・東側に足立市場・奥の細道プチテラスがあり、芭蕉像が建っている。京成線の高架下を通り、更に北に行くと、左側に千住宿歴史プチテラスがある。この道は旧日光街道で、かもん宿商店街、千住本町商店街、宿場町通り商店街、と続く。旧街道を歩く楽しさ。

歩くことそれ自体が好きな人間である、私は。お金のかからない、手軽な楽しみ。昔からそうであったし、これからもそうであり続けるだろう。歩くことが私の友か。お酒が友、珈琲が友、本が友、テレビが友、新聞が友、犬や猫が友、勿論、実際の生身の人間の友、……いろいろある。自分の影と月を友として一杯やった詩人もいたが（李白「月下独酌」）。

ＪＲ北千住駅から帰途に就く。

※石川悌二『東京の橋――生きている江戸の歴史』新人物往来社　一九七七・六　Ｐ39～「千住大橋」

東京今昔研究会編『東京今昔橋めぐり』ミリオン出版　二〇一三・一　P8～「千住大橋　隅田川に最初に架けられた大橋」
紅林章央『日本の橋１００選＋１００』都政新報社　二〇一八・十　P32～「千住大橋　家康が隅田川に最初に架けた」

曳舟川親水公園、東京拘置所から、五反野親水緑道へ

二〇一七年五月十九日。横浜から京急～都営浅草線～京成で青砥へ。葛飾区役所（生涯学習／情報センター）、郷土と天文の博物館（白鳥三―二十五―一）に行き、ウォーキングマップや各種郷土資料を入手する。曳舟川（舟に縄をかけて人や牛馬が引いていたことに由来。元は葛西用水）親水公園を歩く。

お花茶屋で京成に乗り、上野乗り換え、ＪＲで横浜に帰る。

※『江戸切絵図で歩く　広重の大江戸名所百景散歩』（古地図ライブラリー３）人文社　二〇〇八・二　７版２刷　Ｐ138「四ッ木《よつぎ》通《どおり》用水《ようすい》引《ひき》ふね　春33景」

お花茶屋駅の北東方向、親水公園を挟んで四ツ木斎場（白鳥二―九―一）があるが、ここが永山則夫が火葬にされた所のようだ。一九九七年八月一日午前、永山（四十八歳）は東京拘置所内でおそらく必死に抵抗したものの暴行を受けて意識のない状態で死刑を執行され（少年犯罪への見せしめとして）、翌日ここで茶毘に付されたようだ（国家権力の誇示）。拘置所から約三キロの距離にある。

『可豆思賀（かつしか、万葉仮名）２　葛飾探検団調査報告書』（葛飾区郷土と天文の博物館　二〇〇九・

一第2版）によれば、戦時中、常磐線金町駅北口の旧紡績工場（大東亜紡績）に立川飛行機の工場が疎開して来て、Ｂ29迎撃用の高高度戦闘機キ94を開発・製造して、松戸飛行場での一号機の試験飛行直前に敗戦になり、空を飛ぶことは一度もなかったとのこと。この時のキ94の主任設計者の長谷川龍雄は戦後トヨタに入社し、カローラ等の新車を開発した人である。『可豆思賀２』の表紙は、キ94 2号機の前で長谷川他七人が写っている記念写真である。

※前間孝則『マン・マシンの昭和伝説―航空機から自動車へ』上・下　講談社　一九九三・七　講談社文庫　一九九六・二

また、博物館近くには高射砲陣地跡があり、柴又帝釈天近くの山本亭（大正から昭和にかけての和洋折衷の建物、ここの日本庭園は二〇一六年米専門誌による日本庭園ランキングで第三位）には防空壕跡が残っている（年三回実際に中に入っての見学会あり）。

更に、一九四二年四月十八日、Ｂ25による東京初空襲の際、葛飾区北部（水元小合上町《みずもとこあいかみまち》、現・水元四丁目）の水元国民学校が機銃掃射を受け、石出巳之助《いしでみのすけ》君が犠牲となった。現在、水元小学校の教育資料館にＢ25の機関砲弾が展示され、西方（西水元六丁目）の水元神社近くの法林寺に石出君の墓がある。

※早乙女勝元『東京が燃えた日―戦争と中学生』岩波ジュニア新書　一九七九・六　Ｐ14

五月二十日。横浜から京急で押上へ行き、ちょっと歩いて東武スカイツリー駅で東武の急行に乗車、曳舟で各駅に乗り換えて小菅へ。プラットホームから、東京拘置所の新しい建物が見える。理工系の大学の校舎、あるいは、富士通の社屋？　といった感じがする。訪れるのは全く初めてである。以前、古い建物の時、荒川（旧荒川放水路）を挟んで対岸の足立区の方――早乙女勝元の故郷、柳原あたり――から眺めて、西洋のお城のようだと思ったことがあったような気がするが。数十年前のことである。

改札口を出て右手、東京拘置所正門に向かう。赤煉瓦塀が一部残っている。正門横の植込に、小菅御殿の遺物（石灯籠・庭石・手水鉢）が置かれている。

この地は、江戸時代、関東郡代（関東にある幕府の領地を支配する職）伊奈半十郎の下屋敷があった所で、屋敷内に御殿が造営されてからは将軍鷹狩りの際の休憩所になっている。寛政四年（一七九二）、伊奈氏は家政不取締で失脚し、御殿は廃屋となる。天保三年（一八三二）、洪水・飢饉等災害・非常時用備蓄庫（小菅籾倉《もみぐら》）三十二棟が作られる。維新の後、明治二年（一八六九）、小菅県県庁となる。明治四年（一八七一）、県庁廃止後は煉瓦工場となる。明治十一年（一八七八）の小菅監獄設置後も、煉瓦製造は続けられた。大正十二年（一九二三）の関東大震災による被害で製造をやめるまで。

※『小菅籾倉関係文書』（葛飾区古文書史料集第六）葛飾区郷土と天文の博物館　一九九二・三　P145～148　竹内昌三「小菅籾倉余話」（黒船来航と小菅籾蔵・新撰組追討軍と小菅籾倉他）
『ブックレット足立風土記６　綾瀬地区』足立区立郷土博物館編　二〇〇八・三　第３刷　P46～47「小菅御殿とお屋敷さま（稲荷神社）」
『続・足立の語り伝え　六十六話』足立区教育委員会　一八九一・十一　P69～70「小菅どん」P114～116「富士塚詣で」
『足立　百の語り伝え』足立区教育委員会　一九九一・十　新装版　一九八六・八　初版　P129～134「足立の煉瓦」「煉瓦製造所」

正門から塀に沿って東方、面会所出入口の方に向かう。途中、「煉瓦通り中央」のバス停がある。右側に小菅稲荷神社がある。かつて小菅御殿内にあったものという。そこと松原児童遊園との間を南に右折すると、旧松原通り（御成道、水戸佐倉街道から小菅御殿へ将軍が通った道、美しい松並木があったが、戦争末期、松根油の採取のためすべて伐採された）に入る。

少し行って東に左折すると、西小菅小学校（江戸時代、寛永通宝など通貨を鋳造していた銭座のあった所）があり、ぐるっと回って東側の学校正門に出ると、赤煉瓦塀になっている。拘置所の一部に残っている赤煉瓦塀との、景観の調和を考えてのことだろう、おそらく。コンクリート塀と比べると暖かみがあり、クラシック感、レトロ感、趣がある。まさか学校は監獄だというメッセージではないだろう。小学校から東方の綾瀬川に出て、拘置所の東～北の塀沿いにぐるっと半周して小菅駅に行く。東京メトロ日比谷線の電車で上野に行き、ＪＲ上野東京ラインで横浜へ。

※「葛飾観光ガイドマップ」葛飾区　産業観光部　観光課　二〇一七・三

五月二十二日。横浜から押上、曳舟経由で小菅へ。改札口を出て左側、東京拘置所の北側を歩く。職員住宅、グランドを右に見て、橋（しんふるかわはし）を渡って北方の五反野親水緑道を進んで行く。人工の滝、せせらぎ、植込、赤煉瓦の道、つつじ。殺伐とした拘置所の近くに、ほっとする癒やしの空間である。赤煉瓦橋、丸木橋風の橋……がある。

正面、千代田線の高架橋の下の左側に、記念碑がある。平べったい長方形の石が二段になっていて、その上に赤茶色のプレートが乗っている。横書きの文字と顔写真――下山国鉄総裁追憶碑（足立区西綾瀬一―三）である。説明板によれば、昭和二十四年（一九四九）七月、下山事件（北千住綾瀬間の常磐線の線路で総裁の轢死体が発見される）が起きる。二年後、三回忌の時に、事件発生現場（東武線のガード下から東方の綾瀬駅へかけての約五十メートルの間）付近に記念碑建立。昭和四十五年（一九七〇）九月、千代田線建設工事に伴い線路を挟んで南側に移設。現在の石碑に取り替えられる。平成三年（一九九一）五月、常磐線荒川橋梁改良工事に伴い現在の位置（ＪＲ常磐線と五反野親水緑道とが交差する所）に移設。とのことである。

※『ブックレット足立風土記６　綾瀬地区』Ｐ48～49「下山事件と下山国鉄総裁追憶碑」に〈下山事件現場関係地図〉及び追憶碑の写真が載っている。

※矢田喜美雄『謀殺下山事件』祥伝社文庫　二〇〇九・六
柴田哲孝『下山事件　最後の証言　完全版』祥伝社文庫　二〇〇七・七
柴田哲孝『下山事件　暗殺者たちの夏』祥伝社文庫　二〇一七・六
半藤一利他『占領下日本（下）』ちくま文庫　二〇一二・八「第14章『日本の黒い霧』の推理は正しいか」元版（単行本）・筑摩書房　二〇〇九・七

更に北、五反野コミュニティ公園を通って左折、東武スカイツリーラインの下をくぐったら右折してしばらく歩く。西之宮稲荷神社で富士塚を見る。ここから東武線の下、江北橋通りを東進、長性寺、綾瀬川を過ぎて左手に、新選組ゆかりの金子家（足立区綾瀬四―十五）がある。

鳥羽伏見の戦い、甲府の戦いに敗れた新選組（当時は甲陽鎮撫隊）が慶応四年（一八六八）三月十三日から四月一日までここに滞在、人数は初め四十八人から次第に増加して二百三十余人となり、金子家近くの観音寺等に分宿していたという。

新政府軍の追手（彦根藩・須坂藩）三千人が小菅籾倉（綾瀬川を挟んですぐ南）に陣を敷き、伊藤谷橋の袂に大砲を設置した、といった動きを察知した新選組は下総流山に転陣した。

※『ブックレット足立風土記６　綾瀬地区』Ｐ38～39「新選組と五兵衛新田」『足立　百の語り伝え』足立区教育委員会　一九九一・十　新装版　Ｐ200～203「新選組の屯所となった金子宅」

四月、流山で捕えられた近藤勇は、板橋宿平尾町脇本陣豊田家に幽閉された後、平尾一里塚付近で処刑された。墓はすぐ南（北区滝野川七―八―一、ＪＲ埼京線板橋駅下車すぐ）にある。

※流山には近藤勇陣屋跡がある。新選組が分宿した寺の一つ、長流寺では毎年四月近藤勇の法要「勇忌」が行われている。

『チェック！　流山のむかし』（流山の昔をたずねて・改訂第六版）流山市立博物館編著、流山市教育委員会発行　二〇一六・三　Ｐ115～「近藤勇と幕末の流山」

山形紘『新選組流山始末―幕末の下総と近藤勇一件』崙書房　ふるさと文庫

現在、綾瀬の金子家には、近藤勇達が宿泊していることを代官に届け出た書、賄方の記録、代官から近藤勇と医師松本良順宛の書簡等、新選組関係資料二十一点が所蔵されている。テレビ朝日の「じゅん散歩」（高田純次の一歩一会）に出て来た。

足立区立郷土博物館の「特別展『幕末が生んだ遺産』記念絵はがき」に、「新選組屯所本陣金子邸母屋明治三十年代」と「近藤勇」のセピア色の写真が入っている。

道路を挟んですぐ南の綾瀬稲荷神社・富士塚（綾瀬富士）、真言宗観音寺を見て、綾瀬駅から千代田線で西日暮里へ、ＪＲに乗り換えて上野経由で横浜に帰る。

※吉野宏「五兵衛新田金子家・新選組資料〔一〕」「足立史談」第99号　S51・5『足立史談復刻版〔1〕No1～100』足立史談会・足立区郷土史料刊行会
「同〔二〕～〔八〕」「足立史談」第101～102、104～108号　S51・7、8、10～S52・2『足立史談復刻版〔2〕No101～200』
「新選組・彰義隊・官軍と足立」「足立史談」第439号　H16・9『足立史談復刻版5　No401～500』
増田光明「新選組五兵衛新田『覚え』綺譚①～⑫」「足立史談」第447号～457号、459号　H17・5～18・3、5『足立史談復刻版5　No401～500』
増田光明『新選組五兵衛新田始末』崙《ろん》書房・ふるさと文庫　二〇〇六・七
中村彰彦『新選組紀行』文春新書　二〇〇三・十
菊地明『新選組謎解き散歩』新人物文庫　二〇一四・十　P132～135「松本良順はなぜ新選組と仲良くなった？」
〈良順は近藤と新選組を愛していた。その証となるのが、明治九年〔一八七六〕五月に東京都北区滝野川の寿徳寺境外墓地に建立された、近藤勇と土方歳三の名前を正面に、両側面に死亡した隊士の名前を刻んだ新選組供養塔だ。この石碑の建立には永倉新八も尽力したが、何よりも「松本順」〔松本良順を改名、明治六年に初代陸軍軍医総監となる〕という後ろ盾がなければ不可能だ

ったのである〉（Ｐ135）

※池内紀「小菅」「東京人」No307　二〇一二・三増刊27（４）〈特集　葛飾区を楽しむ本〉

V　鶴見のシンドラー

亀甲山古墳《かめのこやま》から多摩川浅間神社、桜坂へ

大田区の地図を見ていて、いつも東横線の電車に乗って通過してしまう多摩川駅（同じ東急の目黒線・多摩川線の駅でもある）の近くに「亀甲山古墳」があるのが目に留まった。都内に古墳？　どうも気になる。暇に任せて見に行くことにした。

多摩川台公園となっていて、多摩川沿いの高台に、亀甲山古墳、多摩川台古墳群八基、宝莱山古墳《ほうらいさん》、計十基もの古墳が北西に向かって連なっている。プロ野球の巨人のグランドを対岸に見下ろす位置にある。亀甲山古墳の横を入って行った所にある古墳展示室には、古墳の実物大レプリカがあり、石室内に埋葬された人物や副葬品が再現されている。

宝莱山古墳が多摩川流域最古、四世紀前半の築造、亀甲山古墳は流域最大、四世紀後半の築造、多摩川台古墳群は六世紀前半〜七世紀中頃の築造とのことである。

東急線沿線で古代ロマンに出会うとは思ってもみなかった。面白いものである。

横浜駅でＪＲ京浜東北線の電車に乗る。鶴見あたりで眠ってしまったが、蒲田で起きて下車、東急多摩川線（旧・目蒲線）に乗り換える。終点の多摩川駅で下車、東口を出て、田園調布せせらぎ公園（旧・多摩川園）に向かう。中に入ったが、上りがかなりきつそうなので引返し、南の多摩川浅間神社に向か

う。元は古墳だった所である。登って行くと、多摩川のすばらしい眺望が開ける。爽快感がある。電車の音はするけれども。冬の晴れた日には西に富士山が見えるのだろうか。登山道の途中には勝海舟書の石碑がある。

※竹内正浩『カラー版　重ね地図で愉しむ江戸東京「高低差」の秘密』宝島社新書　二〇一九・三
P178〜179「多摩川浅間神社・亀甲山古墳」

多摩川駅で多摩川線に乗り南下、次の沼部で下車、桜坂の道案内を確認して左（北西）にちょっと行ってから右折、桜坂通りを前（北東）に進みかけたが、左手の六郷用水が目に留まる。水車が回っているのどかな風景である。亀や鯉も泳いでいる。この用水の傍の道を北西（上流）に向かって歩いて行く。趣のある道である。丸子橋の近くまで続いている。六郷用水流路図がある。全長約三十キロの用水とのこと。西の丸子橋傍の大通りを渡って更に北進すると、先ほどの多摩川浅間神社に出るが、引返し、六郷用水を南下、水車（揚水用水車、足踏み水車・踏車《ふみぐるま》）の所に戻る。水車が回って水が引き揚げられている。神田川の大洗堰――井の頭池から流れて来た水をそこでいったん堰止めて水位を上げて神田上水路の方に流していた――を思い出した。

真言宗東光寺（寺内正毅書の戦捷記念碑がある）の横を北東方向、桜坂に向かう。しばらく行くと、薄暗くなっていて、両側に桜の木のある、ゆるやかな上りの坂に出る。旧中原街道の切通し（旧名・沼部大坂）であるという。桜坂上まで行き、引返す。福山雅治の「桜坂」（二〇〇〇年）の記念碑は見当たらなかった。

余談だが、以前、京急南太田からＹ校（横浜市立商業高校）と反対側に歩いて行く高校（神奈川県立横浜清陵総合高校、校舎の上の方から富士山もベイブリッジも眺めることが出来る）に勤めていた時、学年通信のタイトルを、桜並木のカーブする道を上って正門に着くところから、「桜坂」としたことがあった。二〇〇九年頃だったか。この時は福山雅治の「桜坂」という曲があることを全然知らなかった。

沼部で電車に乗り、多摩川へ。東横線に乗り換え、横浜に帰る。

多摩川浅間神社、六郷用水、桜坂、ささやかな旅だったが、よかった。

と、ここまで書いて、「物語の舞台となった23区」（「Ｏｎｅ23《ワンツースリー》」特別区自治情報・交流センター　二〇一七・四）を見たところ、「ゴジラを迎撃!!～多摩川浅間神社展望台～大田区」とあり、〈昨年大ヒットした映画「シン・ゴジラ」で、ゴジラを迎撃する作戦の舞台となった場所です〉とある。今度映画を見てみよう。

なお、「特別区自治情報・交流センター」は東京区政会館（東京メトロ東西線飯田橋駅Ａ５出口すぐ）

3・4階にあり、東京23区について調べる際便利である。1階には23区の各種パンフレットが置いてある。

大森海岸から平和島、そして鈴ヶ森へ

横浜から京急で蒲田乗り換え、大森海岸下車。すぐ東の第一京浜の向こう側（品川区南大井二丁目）にマンション群があるが、そのうちライオンズマンションのあたりにかつて小町園（戦前、大井花街の中で最も大きな料亭）があった。敗戦後、ＲＡＡ（Recreation and Amusement Association、特殊慰安施設協会、米兵相手の国策売春施設公社）の指定第一号となった店（慰安所）である。性の防波堤――ＧＨＱ（連合国軍総司令部）の御機嫌を取り結び、何としても天皇制を維持しようという策である。『劇画　消された昭和史』（黒住光構成・入倉ひろし作画、ミリオン出版　二〇〇五・九）に「国策売春施設『ＲＡＡ』顛末記」が収録されていて、読むと生々しくて衝撃を受ける。現在、跡地に建っているマンションの前には、勿論というか、ＲＡＡとか小町園に関する説明板はない。負の歴史だから表にしたくないということだろう。が、あまりのことに逃げ出して近くの鉄道に飛び込み自殺した女性さえいたという歴史を忘れてはなるまい。たとえ学校の歴史の教科書には載らないとしても――。

マンション群の南端の所を東進すると、轟音が聞こえてくる。突き当たった駐車場の金網越しに、平和島競艇場のボートレースの様子と観客スタンドが見える。

元に戻り、北進し、マンション群を過ぎた所に「しながわ区民公園」の入口があるので、そこから入

って東進する。公園内の橋を渡り、広場を南に進む。駐車場の所をぐるっと回って右に折れ、勝平橋を渡る。競艇場がよく見える。橋を渡りきり、京急開発・ＮＴＴロジスコのビルをぐるっと回ると平和島劇場に出る。中に入ると、ボートレースのモニターがあり、人々が群がり、独特の雰囲気である。そこを突っ切って外に出ると、劇場出入口前の植込の所に平和観音像が建っている。像の由来記を読むと……ここ（平和島競艇場のスタンドのあたり）にかつて大森捕虜収容所（連合国軍の）があり、敗戦後は大森プリズン（東条英機等戦犯を収容、巣鴨プリズンに行く前）があったことが分かる。

ゲートが開いていたので、競艇場のスタンドに入って上の方に行き、しばし水面を眺める。捕虜収容所、対岸に見えるマンション群のあたりに小町園、大森プリズン、対岸にＲＡＡ小町園――夜、おそらく小町園の灯火が見えたであろう距離である。しながわ区民公園・しながわ水族館の敷地は戦後の埋め立てで、当時はなかった。ちなみに、平和島（戦争にかかわる忌まわしい場所だったので、敢えて逆にこの名を付けたのであろう）とその北の勝島（戦争に勝つということで、戦中に名付けられた――ちょうど勝関橋のように。現在大井競馬場他のある所）は京浜運河を造った時に出た土砂で埋め立てて出来たものということである。

何か不思議な気持ちになる。戦中と戦後の変遷……『私は貝になりたい』の原作者も大森捕虜収容所に勤めていたことがあるという。理由もなく捕虜を虐待する軍人がいた一方、一般の人達は、作業のために移動中の捕虜に食物を与えたりするなど、優しく接した人がいて、敗戦後(捕虜から見れば戦勝後)捕虜が帰還する際その人に別れの挨拶と御礼を言っていったという話が伝わっている。

元に戻り、平和島劇場の中を突っきり、ビル沿いに回って勝平橋を渡る。更に前進して行き、首都高速羽田線の鈴ヶ森出口の所を左折すると、第一京浜に出る。そのすぐ右手に、鈴ヶ森刑場跡及び大経寺(処刑者の供養のために建てられた寺)がある。旧東海道品川宿本陣跡(北品川二丁目七番)から約三キロの距離である。現在の京急立会川駅の東、二つ目の橋――泪橋のあたりで縁者と別れ、罪人は鈴ヶ森の刑場に引かれて行ったという。

鈴ヶ森刑場が東海道の西側・大井村浜川に設けられたのは、慶安四年(一六五一)のことで、最初の処刑者は「由井正雪の乱(慶安の乱)」の加担者、丸橋忠弥だったという。一度殺された体を更に磔《はりつけ》にされたとか。天一坊、平井権八、八百屋お七、白木屋お駒等もここで処刑されている。

元々江戸の処刑場は北の浅草と南の芝の二ヶ所だったが、幕府成立後半世紀で人口が増えたので、より人目につかない所へということで、北の浅草から千住・小塚原へ、南の芝から鈴ヶ森へ移された、ということである。

妙蓮寺(品川区南品川一―一―一)に、丸橋忠弥の首塚がある。鈴ヶ森で処刑された翌朝、妙蓮寺住職の枕元に忠弥の首が転がっていたので、墓地に埋葬したと伝えられている。

※『しながわの史跡めぐり（増補改訂版）』品川区教育委員会編・刊　二〇〇五・十二

丸橋忠弥の墓は、神田川に架かる面影橋から北へちょっと行った、目白不動尊のある金乗院《こんじょういん》（豊島区高田二―十二―三十九、ここには日本における公開図書館の始祖、青柳文蔵の墓もある）にある。また、丸橋忠弥の槍の道場のあった水道橋近辺には、「忠弥坂」という地名が残っている。

鈴ヶ森刑場は明治四年（一八七一）に廃止された。最後の処刑者は、官軍の振舞い（地元民に米・金を強要等）に物申し反逆者とみなされた元幕臣・渡辺健蔵で、ここに墓が残されている唯一の人物である。戒名は「勇猛院日健居士」。

※安田武・福島鑄郎《じゅうろう》編『証言　昭和二十年八月十五日――敗戦下の日本人』新人物往来社　一九七三・八　P256～263　糸井しげ子「特殊慰安婦R・A・A」

思想の科学研究会編『日本占領事典』徳間書店　一九七八・八

広岡敬一『戦後性風俗大系―わが女神たち―』朝日出版社　二〇〇〇・四　P7～19「『小町園』のメアリー」

猪野健治編『東京闇市興亡史』双葉社・ふたばらいふ新書　一九九九・十（元版・草風社　一九七八・八）Ｐ223～253　真壁旲「生贄にされた七万人の娘たち」
『鳴海英吉全詩集』本多企画　二〇〇二・八「Ⅶ詩集『女達の来歴――ＲＡＡの女達』」
『占領下日本（上）』半藤一利・竹内修司・保阪正康・松本健一、ちくま文庫　二〇一二・八「第９章　国敗れてハダカありき」元版・筑摩書房　二〇〇九・七
小林大治郎・村瀬明『みんなは知らない国家売春命令』雄山閣アーカイブス歴史篇　二〇一六・六
長嶋公栄『「国家売春命令」の足跡』彩流社　二〇一五・八
八木澤高明『江戸・東京色街入門』実業之日本社・じっぴコンパクト新書、二〇一八・九　Ｐ182～187「大森――『性の防波堤』を名目とした国策売春施設」
貴志謙介『戦後ゼロ年　東京ブラックホール』ＮＨＫ出版　二〇一八・六「第五章　国家が女を〝いけにえ〟にした」
※澤田猛「平和島からの報告～大森捕虜収容所遺聞～」（未来につなぐ証言～戦後七〇年を迎えて～第19回）「民医連医療」日本民主医療機関連合会　No515　二〇一五・七
小関智弘『東京大森海岸ぼくの戦争』筑摩書房　二〇〇五・七

早乙女勝元『ハロランの東京大空襲――B29捕虜の消せない記憶』新日本出版社　二〇一二・五
笹本妙子『連合軍捕虜の墓碑銘』草の根出版会　二〇〇四・八「第三章　暴君が支配した収容所――大森収容所」
佐藤洋一『米軍が見た東京１９４５秋――終わりの風景、はじまりの風景』洋泉社　二〇一五・十二　P212～214「大森捕虜収容所」
八藤雄一『あゝ、大森捕虜収容所――戦中、東京俘虜収容所の真相』英伸出版
『不屈の男　アンブロークン』ローラ・ヒレンブランド著、ラッセル秀子訳　ＫＡＤＯＫＡＷＡ　二〇一六・二
「ゆるす心のたくましさ――映画『不屈の男　アンブロークン』上映始まる」（アンジー、アンジェリーナ・ジョリー監督に聞く）「朝日新聞」二〇一六・二・九
橋本忍『私は貝になりたい』現代社　一九五九・三
加藤哲太郎『私は貝になりたい――あるＢＣ級戦犯の叫び』春秋社　一九九四・十
※「映像の世紀　激動の昭和を生きた宰相たち」（ＮＨＫＢＳプレミアム、二〇一九・三・九　19時半～21時放映）を見ていたら、大森プリズン前の東条英機、岸信介等の映像が出て来た。これは珍しい。

※『東京都史蹟　鈴ヶ森刑場跡』（パンフレット）鈴森山大経寺（品川区南大井二―五―六）
竹内正浩『江戸・東京の「謎」を歩く』祥伝社黄金文庫　二〇一一・十二「第九話　江戸・東京の刑場を探る」小塚原刑場と鈴ヶ森刑場、どちらも近くに泪橋がある。
※孫﨑享「天皇陛下以外が過去の戦争に反省の言葉を発しなかった理由」（日本外交と政治の正体306）「日刊ゲンダイ」二〇一九・八・二十三　5面
※加来耕三「男のために火あぶりになった八百屋お七」（歴史検証この人物の光と影）「日刊ゲンダイ」二〇一九・十・二　16面
『ぶんきょうの歴史物語――史話と伝説を訪ねて』文京区教育委員会　一九八八・三　P31～「恋に身を焼いた八百屋お七」
轡田隆史・福井理文『観光コースでない東京――「江戸」と「明治」と「戦争」と』高文研　二〇〇四・九　新版　一九九九・七　初版P56～「刑場の跡にたたずむ」（鈴ヶ森・小塚原・小伝馬町）P61～「八百屋お七」
※「白井権八（平井権八の役名）」「おとなりさん」（大田区の地域誌、ハーツ&マインズ発行）445号二〇二〇・八　P8～17　大田区役所広報課で無料配布
※増田都子『昭和天皇は戦争を選んだ！』社会批評社　二〇一五・六

羽田・弁天橋、山崎博昭君追悼

二〇一七年十月五日。久しぶりに京急に乗り、横浜から蒲田へ。空港線に乗り換え、大鳥居駅で下車、南に少し行くと、交通公園、その西に萩中公園――野球場、プールがあり、かなり広い――がある。道路を挟んで西側に福泉寺がある。墓域に入ってすぐ左手に、山崎博昭君の墓石と墓誌（反戦の碑）がある。

一九六七年一〇月八日　アメリカのベトナム戦争に加担するために日本の首相が南ベトナムを訪問
これを阻止するために日本の若者たちは羽田空港に通じる橋と高速道路を渡ろうとし　デモ禁止の
警察と激しく衝突　重傷者が続出し　弁天橋の上で　京都大学一回生　山崎博昭が斃れる　享年一
八歳　再び戦争の危機が高まる五〇年後の今日　ベトナム反戦十余年の歴史をふり返り　山崎博昭
の名とともに　かつても　いまも　これからも戦争に反対する　というわたしたちの意志を　ここ
に伝える
二〇一七年一〇月八日
10・8山崎博昭プロジェクト

代表・兄山崎建夫　建之
（『かつて10・8羽田闘争があった―山崎博昭追悼50周年記念〔寄稿篇〕』10・8　山崎博昭プロジェクト編・合同フォレスト刊　二〇一七・十　P４）

山崎君は一九四八年十一月生まれ、私は一九五一年五月生まれで当時高校一年、山崎君の死は翌日の朝刊を見て初めて知り、衝撃を受けた。その時のことがありありと目に浮かぶ。「政治の季節」の始まりだった。

福泉寺を出て南に進み、高山稲荷神社に沿って左折、東に向かって歩いて行く。左側は都立つばさ総合高校である。正蔵院まで来て、左折（北進）すると、羽田神社・富士塚に出るが、直進（東進）し、産業道路の下をくぐって龍王院を過ぎたら右折（南進）し、多摩川に近い道を弁天橋に向かって東進して行く。かなり古い、低い赤煉瓦塀（実はこれがかつての堤防か）がある。戦前からのものだろうか。多摩川が見えてくる。赤煉瓦の堤防が一部残っているはずだが、ここからは見えない。

海老取川に架かる弁天橋はずいぶん前に一度見に来たことがあり、今回が二度目である。五十年前の出来事の記念碑はここにはない。今は歩道と車道がちゃんと区別されているが、かつては区別はなかった。

山崎博昭君は、学生が奪って走らせた警察の車両に轢き殺された、とされたが、実はこれは警察のデッチ上げで、事実は警察官の警棒による頭部への殴打によって殺されたのである。

※小長井良治「警察が山崎博昭君を警棒で殴り殺した真実は、動かせない」
鈴木道彦『10・8山崎博昭プロジェクト』のために――権力とメディア」
『かつて10・8羽田闘争があった』
「山崎博昭さんの死因の真実を探る」「おとなりさん」（大田区地域誌、ハーツ&マインズ発行）
445号　二〇二〇・八　P32～37　大田区役所広報課で無料配布

警察車両による轢死、運転していたのは学生か、それとも警察の方か、などと漠然とこれまで私は考えていたが、まちがいだった。

弁天橋の下の波消しの石の上に、猫が一匹いて、珍しそうにこちらを見ている。

赤い鳥居が建っている。かつて羽田空港ターミナルビル前にポツンと取り残されていた、旧穴守稲荷神社の鳥居のようだ。現在はこの地の開祖、鈴木新田及び穴森稲荷神社の生みの親、鈴木弥五右衛門を祀ったものであるという。

金網に囲まれた原っぱ、羽田空港内大田区指定避難場所があるので、入って行く。こういう場所があるとは全く知らなかった。多摩川に面していて、猫が二匹、石の堤防の上にいる。飛行機の音は聞こえるが、広々とした空間。こういう所にいる猫もいるのだなあ。

弁天橋から北へ、天空橋、稲荷橋、穴守橋と来て、西方の穴守稲荷神社に向かう。

穴守とは、開発した新田の堤防の穴を守る、土地開発の守護神、そして、女性のシンボルを守る、女性の守護神、更には、大穴を守る、ギャンブルの神、という意味もあるとのこと。

※「穴守稲荷繁昌記」『大田の史話　その2』大田区　一九八八・三

羽田図書館（ちょうど休み）、大鳥居駅に行き、蒲田経由で横浜に帰った。

十月七日。京急に乗り、蒲田下車、北東方向の大田区立聖蹟蒲田梅屋敷公園に行く。聖蹟とあるのは、明治天皇がその風致を好んでしばしば訪れたからだという（「明治天皇行幸所蒲田梅屋敷」の石柱あり）。現在は京急のガードと第一京浜国道に挟まれた位置にあり、なかなかのんびりとは出来ないが、かつては東海道を往来する人たちがゆっくりと休憩するお茶屋があった。

大佛次郎の随筆（「膝栗毛」『大佛次郎随筆全集2』朝日新聞社　一九七四・一　P455〜458）を読んで、梅屋敷の存在を知り、京急に梅屋敷という駅があるのも知っていたが、実際にその跡地を訪ねるのは今回が初めてである。三十年たってやっと実現した。句碑等がずいぶん多い。それだけ由緒ある場所なのだろう。

元々は「和中散」という道中常備薬を販売する所だったが、十九世紀前半になって庭園に梅の名木を集めて休み茶屋を開いた。亀戸の梅林とともに梅の名所「梅屋敷」となり、広重の浮世絵にも描かれた。以上、大田区教育委員会の説明板による。

梅屋敷駅で京急に乗り、次の大森町駅下車、東へしばらく行くと、大森ふるさとの浜辺公園に出る。広々とした空間。「大田の白い浜辺と大田の青い空　何気なく歩いていたら、15分後には浜辺の砂を踏んでいた」と、「旅するように暮らす大田」（大田観光協会のパンフレット）の最初の方にあったので、行ってみようと思ったのである。小さな子どもが水の中に入って行き、それを母親が見守っている。日常の喧騒から離れた空間と時間にしばし身を置く。

その後、海苔のふるさと館に寄り、『大田の史話　その2』を購入、美原高校の横を通り、平和島駅から京急で帰った。

十月八日午前十時二十分、京急天空橋駅改札口に集合。皆で歩いて弁天橋に行き、傍の草地に山崎博昭君の遺影を置き、献花する。集まった人全員で黙祷する。二〇一四年から毎年ここでこの追悼の催しをやっているとのことである。

私は、鈴木新田跡、大田区指定避難場所の原っぱに再び行く。今日は猫の姿はなかった。残念。弁天橋を渡り、多摩川を眺めながら西進する。大師橋をくぐり、高山稲荷の所を右折、北進して萩中公園の向かい側の福泉寺に向かう。ここで十二時から、山崎君五十周年忌の法要が行われる。本堂での読経と焼香、その後、外のモニュメント・御墓での読経と水かけが行われる。

十六時二十分から四谷・主婦会館プラザエフで「羽田闘争五十周年」の催しが行われる。10・8山崎博昭プロジェクトの三事業――モニュメント・鎮魂碑（反戦の碑）の建立、記念誌の発行（寄稿篇は刊行済み、記録篇は来年刊行予定）、日本のベトナム反戦闘争資料のホーチミン市・戦争証跡博物館への展示――の報告、佐々木幹郎の詩「死者の鞭」の朗読、福島泰樹の短歌絶叫コンサート等が行われる。

弁天橋傍での献花と黙祷、福泉寺での法要、主婦会館での催しで、山本義隆（科学史家、元東大全共闘議長、大手前高校で山崎君の九年先輩）の姿を初めて見て、話を聞いた。年をとってもかっこいいなと思った。心は青年――。

※平川克美「追憶とともに錆色《さびいろ》の町を歩く」（羽田浦漁師町から工場町へ――変遷を続ける南東京の玄関口）『東京散歩学』洋泉社　ＭＯＯＫ　二〇一六・十一
竹内正浩『地図と愉しむ東京歴史散歩　都心の謎篇』中公新書　二〇一二・六「7　都会の飛行場の記憶」
北村敏「地図でみる羽田の歴史」小関智弘「小説『羽田浦地図』うらばなし」「月刊地図中心」457号　二〇一〇・十
山本唯仁「東京空襲・風景のなかの記憶史（最終回）――羽田浦、海辺の光景を訪ねて」「月刊東京」東京自治問題研究所　249号　二〇〇四・七、八
小嵐九八郎『蜂起には至らず――新左翼死人列伝』講談社　二〇〇三・四「第四章　沸点への序章　山崎博昭さんの死」

十一月九日。横浜から東海道線で東京に行き、地下を歩いて大手町で東京メトロ東西線に乗り、茅場町下車、日刊ゲンダイ本社に行く。一昨日の日刊ゲンダイをうっかり買い忘れたので、直接購入するため。安倍政権批判をずっと愛読している。東京駅に戻り、品川に行く。高輪口（西口）から出て、南の八ツ山橋、品川教会、御殿山を通って、以前から見たいと思っていた原美術館（渡辺仁設計、元は実業家・

原邦造の邸宅）へ。ずいぶんすっきりとした建物で、ちょっと何か物足りないような気もする。写真家・田中桂一とダンサー・田中泯とのコラボ展を見る。

京急で品川から蒲田に行き、空港線に乗り換え、大鳥居駅下車、産業道路を南下する。大師橋の手前を左折すると、そこが赤煉瓦堤防の道である。高速道路（横羽線）の大師橋の手前まで、よく旧状を留めていて美しい。何かほっとする風景である。つり船・屋形船の「かめだや」が近くにある。更に弁天橋手前の五十間鼻まで赤煉瓦塀が続いているが、家々の玄関前や車の出入口前では途切れていて、道路のガードレールの代わりのようになっている。左側（北側）に玉川弁財天と水神社があるのを確認する。その後、弁天橋から羽田図書館に寄り、大鳥居駅・蒲田経由で横浜着、帰宅。

羽田の赤煉瓦堤防は大田区観光協会のパンフレット（「旅するように暮らす大田」第四版 二〇一七・三）の表紙になっていて、すごくインパクトがあったので、ぜひ現地に行って確認しようと思い、今回行ったのである。羽田で忘れられない場所となり、また来たい所である。

なぜ赤煉瓦のある風景が好きなのか。時代に取り残されたものへの共感、古くて懐かしいものへの郷愁《ノスタルジア》、灰色のコンクリートの冷たさとは違うあたたかみ、レトロ感、安心感……。東京第一陸軍造兵廠（北区）、千住製絨所《せいじゅうしょ》（荒川区、官営羊毛工場）等々の赤煉瓦が思い浮かぶ。

※横山宗一郎・写真、宮田登・文『空港のとなり町羽田』（ビジュアルブック水辺の生活誌）岩波書店　一九九五・一

十一月二十一日。歴史民俗博物館に行く。行きは横浜から京急～都営浅草線～京成線（青砥乗り換え）で佐倉下車、帰りは佐倉から京成～JR上野東京ライン（上野乗り換え）で横浜へ。昼は佐倉の藍屋でカキフライを食べた。

前回来たのは何年前だったか、ここは佐倉城址でかつて佐倉連隊（歩兵第五十七連隊）があり、レイテ島に行って全滅した、戦後残った兵営が映画「真空地帯」の撮影に使われた、ということを知った。

今回は企画展示『1968年』――無数の問いの噴出の時代」を見に来た。

この企画のきっかけは三年前、山本義隆が東大闘争関連資料約五千点を寄贈したことで、その後、元日大全共闘メンバーからも約一万五千点が寄贈されたという。

展示の第一部は市民運動中心、第二部は全共闘運動について。べ平連（ベトナムに平和を！　市民連合）についての展示がずいぶんあった。「週刊アンポ」は十四号で終刊だったとのこと。三十号くらい出ていたような気がしたが……。佐藤栄作 EISAKU SATO の中に実はアメリカが隠されていたという横尾忠則・画の表紙（「週刊アンポ」第二号）が記憶に残っている。ガリ版印刷機が展示されていた。手書き、

手作業で印刷していた時代、私の家にもガリ版があり、この作業が好きな方だったので、実に懐かしい。池内紀がウィーンから持ち帰った催事案内にヒントを得て創刊された、日本初の情報誌、「月刊プレイガイド」（大阪・芸術月報社）、初めて知ったが、これは「ぴあ」の前身か。

ここまで書いてきて、神楽坂のべ平連に一度行ったことがあったのを思い出した。私も、べ平連のデモには何回か参加している。当時は高校三年生。

永山則夫の『無知の涙』（合同出版）が展示されていた。一九六八年十月～十一月の連続ピストル射殺事件、一九六九年四月の逮捕、一九七一年三月のこの本の出版、……私の心にも強烈な印象を残している。

東大全共闘の映像と山本義隆の演説の声（たぶん）が会場に流れていた。貴重な記録である。家に帰って、展示図録Ｐ172の黒川伊織によるコラム「山本義隆と秋田明大」を読む。山本の「記録する意志」に共感を覚える。ちなみに、隣のＰ173に奥さんの山本美智代デザインのポスターが載っていて、いかにも時代の雰囲気を感じさせ、迫力がある。

※「企画展示『１９６８年』――全共闘など資料幅広く千葉の国立歴史民俗博物館で」「毎日新聞」二〇一七・十一・十四　夕刊８面　多くの市民運動・住民運動の源流としての１９

６８年を様々な展示を通じて考える企画の紹介記事。

※翌二〇一八年、千葉市美術館で、「１９６８年　激動の時代の芸術」展が開かれ、赤瀬川原平、横尾忠則、寺山修司、つげ義春等の作品が展示された。二〇一九年、北九州市立美術館分館、静岡県立美術館でもやる。

※「週刊アンポ」創刊号　一九六九・十一・十七に「都立駒場高校の学園祭（九月二十一日）」の写真――ヘルメット姿でマイクを握り演説する生徒等の姿あり。

鶴見から川崎へ——大川常吉、永山則夫

二〇一八年七月三日。京急で鶴見へ。東進し、鶴見川に架かる潮鶴橋を渡り、潮風大通りを南下、左折して潮田銀座商店街に入る。潮田神社を左に見て、交番の所を南に右折、少し行って東に左折すると、東漸寺（真言宗智山派、潮田四丁目）である。本堂の前に「故大川常吉氏之碑」（大川常吉顕彰碑）がある。読んでみる。

関東大震災当時流言蜚語により激昂せる一部暴民が鶴見に住む朝鮮人を虐殺しようとする危機に際し当時鶴見警察署長故大川常吉氏は死を賭して其の非を強く戒め三百余名の生命を救護した事は誠に美徳である故私達は茲に個人の冥福を祈り其の徳を永久に讃揚（称揚）する

一九五三年三月二十一日

在日朝鮮統一民主戦線鶴見委員会

一九二三年九月、関東大震災の時、朝鮮人の命を体を張って守った——朝鮮人を殺すのならまずこの俺を殺してからにしろ——大川常吉を、私はかつて「鶴見のシンドラー」と呼んだことがあった。

神奈川県の教員をやっていた時、国語部会の年一回の文学散歩（郷土文学資料実地調査）の下見で、東漸寺を訪れたことがあった。日本にもかつてこういう人がいたのか、日本人も捨てたもんじゃないな、と思った。今から二十年くらい前のことだったか。

※『近代神奈川の史話31選』神奈川県歴史教育者協議会編・刊　二〇〇一・七　P64～71　佐々木勝男「関東大震災時の鶴見警察署長、大川常吉のこと～語り継がれた80年前の勇気～」
門司亮『わが人生』（元は「神奈川新聞」に連載したもの）同書刊行会　一九八〇・十　P26～32「朝鮮人を守った署長」
加藤直樹『九月、東京の路上で　一九二三年関東大震災　ジェノサイドの残響』ころから　二〇一四・三　P145～147「大川常吉」

四日前――二〇一八年六月二十九日――、東京ステーションギャラリー（東京駅丸の内北口）に初めて入って、竹久夢二展「夢二繚乱」を見た時、夢二の「東京災難画信」（「都新聞」一九二三年九月十四日～十月四日、全二十一回）の展示が目に留まった。関東大震災の現地ルポである。その中に、大人達が自警団をやっていることをまねて、子ども達が一人のターゲットを決めて徹底的に痛めつける「自警団遊び」（自警団ごっこ）をやっているという記事があり、ショックを受けた。勿論夢二は「そんなことをやってはだめだ」と子ども達をたしなめたのだが。

※『「夢二繚乱」展図録』キュレイターズ　二〇一八・五　Ｐ225～227　長谷川怜「夢二が見た震災―『東京災難画信』から」

ここまで書いて、横浜市中央図書館に行き、『夢二と花菱・耕花の関東大震災ルポ』（クレス出版　二〇〇三・九）を借り出す。竹久夢二文・画「東京災難画信」（「都新聞」全二十一回、ただし九月三十日分は入手できず）と、川村花菱記・山村耕花画「大震災印象記　大正むさしあぶみ」（「夕刊報知新聞」一九二三年九月三十日～十一月一日、全三十回）を収録している。いずれも見開きの右頁が文、左頁が画という形で、最後に槌田満文の解説が付いている。もう一冊、工藤英太郎『夢二再考』（西田書店　一九九六・四）も借り出す。この本にも竹久夢二の「東京災難画信」が収録されている。しかも全二十一回すべて（東大の明治新聞雑誌文庫にすべて保存されているとのこと）。

※秋山清『郷愁論―竹久夢二の世界』青林堂　一九七一・一　Ｐ30～39「関東大震災のなか」

秋山清『わが夢二』北冬書房　一九七六・四　P82〜96「夢二と関東大震災」

元に戻る。東漸寺から南下、入船小の横を通り、高速・横羽線の下をくぐり、入船公園に入る。親二人、バレーボールをやっていて、傍に小さい子どもが二人。いかにも楽しそうな日常の風景である。見て、通り過ぎて、涙が出て来た。ああいう時もあったなあ。あの時はもう二度と戻って来ないのだなあ……。帰り来ぬ、家族で過ごした日常のありふれた幸福な時間。親は年をとり、子どもは大きくなり、親元を去って行く。当たり前すぎる話である。が、しかし、あの時はもう二度と戻って来ないと思うと、悲しい。……

鶴見線浅野駅に着く。東へ行くと浜川崎駅、南へ行くと新芝浦駅、海芝浦駅（ホームに降りるとすぐ海。小さな公園がある）、西へ行くと弁天橋駅（旭硝子の工場がある。山代巴『囚われの女たち』の舞台）、国道駅（ガード下がレトロな雰囲気）、鶴見駅となる。ちょうど夕方五時を過ぎ、勤めを終えた人たちがぞろぞろとやって来る。「都会の中のローカル線」にしては人がたくさんいる時間帯である。何十年ぶりかで鶴見線の電車に乗る。そう言えば、鶴見線の大川支線のチョコレート色の電車にわざわざ乗りに来たことがあったなあ。これがこの昔懐かしい電車の見納めということで。

鶴見駅に着き、京浜東北線に乗り換えて川崎駅に行く。何十年ぶりだろう。西口から北東方向、多摩川の方に向かう。駅に向かう人の波。ずいぶん高層の建物が増えている。まるで別世界である。二〇〇〇年以降、初めて川崎に足を踏み入れた？　多摩川見はらし公園を通って、多摩川沿いに北に歩いて行く。高層マンションが立ち並んでいる。その先の河川敷（戸手四丁目）に、「古書のリサイクル　製紙原料（株）木下」と書いてある建物がある。古雑誌等を集めてプレスして製紙原料にする工場であろう。ずいぶん以前一度見に来たことがあり、今回、まだあるかどうか確認しに来たのだが、現役で活動していることが分かり、よかった。すぐ近くのかつての教会の建物は現在、戸手地域活動センターとなっている。

死刑囚作家、永山則夫（一九四九〜一九九七）の小説「土堤」（河出文庫『木橋』所収）の後半に川崎のプレス工場での一日の労働体験が描かれているが、その舞台がここである。永山則夫の文学碑があるわけではなく、いわゆる文学散歩のコースに入っているわけでもないが、私にとっては忘れられない作品であり、忘れられない場所である。私の心にその文学碑はある。

※八木澤高明編『横浜　YOKOHAMA』（シリーズ紙礫《かみつぶて》10）皓星社　二〇一七・六　横浜を舞台にした小説のアンソロジーで、小池（野澤）富美子「煉瓦女工」、田中英光「曙町」、永山則夫「土堤」等が収録されている。

Ⅵ　消えた富士塚

岩田藤七、目黒富士、茶屋坂

二〇一七年十月十六日。新宿歴史博物館で、「色ガラス芸術のパイオニア、岩田藤七・久利」展を見る。新宿区弁天町八十（幽霊坂の上）に在住した岩田藤七（一八九三〜一九八〇）、久利（一九二五〜一九九四）親子作品展である。名前は知っていたものの作品を見るのは全く初めてで、興味深かった。

美術工芸の分野は昔から好きな方で、ひょっとしてこっちの方に進んでいたかもしれない、などと考えることもある。そう言えば、高校の同じクラスで工芸を選択していて、一浪して芸大に行った人がいたが、今どうしているだろう。

二〇一八年二月二十五日。新宿歴史博物館で、講演「日本のガラス工芸史における岩田藤七・久利」を聴く。講師は町田市立博物館学芸員の齊藤晴子さん。岩田藤七は東京美術学校で岡田三郎助に師事し、ガラスが芸術として認められる道を切り拓いた人である。その子久利、久利の妻糸子が受け継いでいる。町田市立博物館は世界のガラス器――ボヘミアンガラス（チェコ）、中国清朝、日本等――を収集していて、岩田作品も所蔵し、何度も展覧会を開いているとのこと、初めて知った。岩田藤七の平面色彩ガラス作品「コロラート」の展示されている所として、目黒区総合庁舎（旧・千代田生命ビル）南口エントランスホール、日生劇場、皇居新宮殿等があり、岩田久利の「コロラート」の展示されている所として、ホテルニューオータニイン札幌等がある。

二月二十六日。都立中央図書館で、町田市立博物館の出している岩田藤七関係資料を見る。

二月二十七日。東横線中目黒駅下車（中目黒で降りたのは初めて）、目黒区総合庁舎・目黒区役所に行く。一階の情報コーナーで、街歩きパンフレット・郷土資料を入手する。富士塚の胎内洞穴があることを知る。総合庁舎南口玄関棟エントランスホールにある、岩田藤七のガラス作品「コロラート」の一つ、「ファースト・ワルキメデスの幻想」（一九六六年）を見る。

三月一日。中目黒駅から南東方向に山手通りを歩いて行く。正覚寺を過ぎて少し行き、右手に入ると、めぐろ歴史資料館がある。元・中学校の校舎だった所である。「近世の目黒」の「富士講と富士塚」「胎内洞穴」の所を見る。目黒には元富士（西富士）と新富士（東富士）、二つの富士塚があり、そのうち、新富士の近くの胎内洞穴の一部がここ歴史資料館に再現されている。富士山の麓にある胎内洞穴をくぐると身の穢れをはらうことが出来るということで、富士塚の裾にも胎内が造られたのである。一九九一年、偶然発見された。

歴史資料館を出て、大通りを渡って北に向かい、目黒川に架かる田楽橋を渡る。更に北に向かい、別所坂を上って行く。途中、庚申塚がある。いちばん上まで行くとテラス恵比寿の丘があり、そこを北に左折すると右側・東側（中目黒二―一）にグリーンヒル恵比寿がある。ここが目黒新富士のあった所である。ここは元々、富士山の眺めがすばらしい景勝地であったが、一八一九年（文政二年）、蝦夷地・千島列島の探検で知られる幕臣・近藤重蔵の別邸内に新富士が築かれ、参詣人が多く、広重も「目黒新富士山之眺望」を描いている。が、一九五九年（昭和三十四年）に取り壊され、山腹に建てられていた「南無妙法蓮華経」「小御嶽」「吉見戊辰」等の銘のある三つの石碑は、現在、区立別所児童遊園に移されている。テラス恵比寿の丘の横の共用通路（歩道）を南進した所、別所坂を見下ろす位置にある。

グリーンヒル恵比寿前から北西に――目黒区と渋谷区との境、中目黒一丁目と恵比寿南三丁目との間の道を進み、駒沢通りに出る。通りを渡り、坂を上り、左折すると、右側に旧朝倉家住宅がある。関東大震災の四年前、一九一九年（大正八年）に建てられた木造二階建て住宅で、東京府議会議長や渋谷区議会議長を歴任した朝倉虎治郎（一八七一～一九四四）の屋敷だった。庭は崖を利用した回遊式庭園である。思いがけず、大正期和風住宅の内外を見学することが出来た。

※『フランス人がときめいた日本の美術館』ソフィー・リチャード、山本やよい訳　集英社インターナショナル　二〇一六・四　P40～41「重要文化財旧朝倉家住宅」（この本を書くきっかけになった私のお気に入り――sophie’s point）

住宅を出て、右手に行くと、正面にマンション・キングホームスがある。ここ（上目黒一—八）が目黒元富士（西富士）のあった所である。敷地内に入り、駐車場を奥まで進んで行く。ベンツが何台も並んでいる。車でステータスを競っているのか。西方、ビルとビルの間に、ちょうど夕焼け空にシルエットになった富士山が見える。ラッキーである。江戸時代なら一年中見えていたのであろうが、今は限られた日にしか見えないのではないか。

元富士は一八一二年（文化九年）に富士塚が築かれ、山頂に浅間神社が祀られて、参詣人でにぎわっていたが、一八七八年（明治十一年）にこの地が岩倉具視の別荘になるにあたって石祠や石碑等が大橋の上目黒氷川神社に移され、一九三九年（昭和十四年）に東武鉄道の根津嘉一郎邸の改築の際に取り壊された。

キングホームスと旧朝倉家住宅との間を西方に下って行く目切坂があるが、今日は駒沢通りを東進して東京メトロ日比谷線恵比寿駅へ向かう。次の広尾駅で降りて都立中央図書館へ……が、残念ながら休館。

三月三日、渋谷から東急田園都市線で一つ目、池尻大橋駅下車、少し渋谷方向に戻る。交番の横に目黒富士登山口があるので上って行く。一合目、二合目、……頂上に着くと、上目黒氷川神社があり、その左横に稲荷神社（氷川神社より創建が古いか）、右横に目黒富士浅間神社がある。目切坂上の元富士の石祠・石碑・水盤等の石造物がここに移されて、目黒富士が出来た。

急な階段（港区の愛宕神社を思い出した）を下りて玉川通りに戻り、池尻大橋方向へ少し行く。信号の所を右折すると、宮下遊園がある。その左横を歩いて行く。右側は既に都立駒場高校の敷地で、テニスコート、そして、グランド（陸上競技場）がある。体育の時間、ここで走らされたなあ、と思う。そのうち、天覧台の碑に着く。グランドは、かつて、一八九一年（明治二十四年）～一九一六年（大正五年）、陸軍乗馬学校（後の騎兵学校）があった所で、明治天皇は十一回、大正天皇は四回、ここから卒業馬術演武を見たという。騎兵学校が習志野に移った後、陸軍輜重兵《しちょうへい》第一大隊（軍需物資を輸送する兵站《へいたん》部隊）が信濃町からここに移って来た。天覧台の碑は一九二八年（昭和三年）の建立で、敗戦後、碑文抹消・放置されていたが、後、修理・修復されたものである。戦前のこの辺の概略図があるので見ると、テニスコートはかつて射撃場だったことが分かる。弾薬庫があったと、私が駒場高校在学中耳にしたような気がする。

天覧台から高校の西の外周を歩いて行く。都立芸術高校の建物が目に入る。二〇一二年三月閉校し、新宿区富久町の都立総合芸術高校に移っている。私が駒場高校に在学していた時（一九六七～六九年）

は、普通科・保体科・芸術科（美術・音楽）が同じ高校内にあった。私と同じ中学（牛込二中）から芸術科（音楽）に行った女子がいた。声楽家の鮫島有美子も同じ芸術科（音楽）にいたことは、大分後に知った。その芸術科が独立して、都立芸術高校になったのである。

旧芸術高校の建物の南側に、警視庁第三機動隊の建物がある。一九六九年十月、高校をバリケード封鎖しようとする生徒が、第三機動隊の人に追いかけられた、ということがあった。機動隊の目の前でバリケード封鎖とは、いい根性である。幸い、逮捕者は出なかった。

旧芸術高校の北側には、緑の芝生のサッカー場がある。こういう所で練習出来る高校生は恵まれているなあ。高校の北の外周を歩く。校舎がすっかり新しく別のものになってしまっているので、もう一つ愛着が湧かない。そう言えば大分前、駒場高校卒業生で新聞研究家の羽島知之氏（御自分の貴重な新聞コレクションを横浜の日本新聞博物館に寄贈された）と、高校の学園祭でお目にかかったことがあったが、あの時既に現在の校舎になっていた。新聞の展示をやられていたと思う。

旧校舎の時、私が高三だから一九六九年の学園祭の時、青山高校の生徒が来て演説していたのを思い出した。後、青山高校には機動隊が導入されて、泥沼化した。私の中学から二人、青山高校に行った。どうなったのだろう。あれから四十九年か……。Ｐ343参照。

三月六日。中目黒駅下車、目黒川を渡り、西郷山通りを北西に進んで行く。途中右側に目切坂の説明板があるが、あとで来ることにして、まず西郷山公園を目指す。コカコーラの営業所を過ぎたら右折する。美空ひばり記念館がこの辺にあるはずなのだが……確認出来ない。やがて、西郷山公園（西郷邸の北東部分）に到着。桜の木が真中にあり、眺めがよい。山を下り、菅刈《すげかり》公園に行く。こちらに西郷従道《つぐみち》の邸宅（別邸、木造二階建ての洋館）がかってあり、現在は愛知県犬山市の博物館明治村に移築されている。

西郷山通りに出て、元来た道を戻って行く。目切坂の説明板（江戸時代、近くに石臼の目切りをする腕のよい石工が住んでいたことから、この坂名が付いた云々）を見て、坂を上って行く。目黒元富士（西富士）跡に出る。マンションの駐車場を奥の方まで行ってみたが、今日はビルの間に富士山は見えない。旧朝倉家住宅の横を通り、大通りを渡って、代官山駅に向かう。蔦屋書店がこの近くにあるはずだが……

三月十五日。横浜から湘南新宿ラインで恵比寿へ。恵比寿というと、昔、ビアステーションがあり、何回か行ったが（ここで初めてサッポロのエーデルピルスを飲んだ。私がこれまでに飲んだビールで最も旨いと思ったのがこれである）、現在は恵比寿ガーデンプレイスとなっていて、東京都写真美術館がある。ガーデンプレイス入口の所を西に右折し、恵比寿南橋（アメリカ橋）を渡る。ここが山川豊「アメリカ橋」の舞台なのか？　すぐに巨大な塔――目黒清掃工場の大きな煙突が目に入る。目黒のランドマークと言ってもいいような。

新茶屋坂通りを南西に下って行く。昔はこの辺りから富士山がきれいに見えたのだろうな。「三田用水と茶屋坂隧道跡」の記念碑がある。その少し先を南東に左折し、更に北東に左折して坂を上って行く。もう一度北西に左折して坂を上った突き当たり（新茶屋坂通りを見下ろす所）が茶屋坂のトップのようだ。ここから南東方向に茶屋坂を下って行く。ガーデン目黒の横、坂が南西に右折する所に、「茶屋坂と爺々が茶屋」（目黒区三田二―十二～十四）の説明板がある。

この坂上に百姓彦四郎が開いた茶屋があり、三代将軍家光や八代将軍吉宗が目黒に鷹狩りに来た際に立ち寄り休んだ。富士の絶景を楽しみながら、湧き出る清水でたてたお茶で喉を潤した。十代将軍家治が立ち寄った時には、団子と田楽を作って差し上げた。家光は彦四郎の人柄を愛し、「爺、爺」と話しかけたので、「爺々が茶屋」と呼ばれ、広重の絵にも出て来る。こんなところから落語「目黒のさんま」が生まれたようだ。

茶屋坂を下った左側に、茶屋坂街かど公園（三田二―十五―十五）があり、「茶屋坂の清水」の碑がある。東京大空襲の際には、消防用・炊事用として付近の人々の命を救った、とある。ちょうど下校時間で、近くの田道小学校の生徒が通る。南西の突き当たりが目黒清掃工場の敷地で、公園のようになっている。右折して、新茶屋坂通りに出る。通りの向かい側は自衛隊幹部学校、その北側は防衛省技術研究本部である。元来た坂を上り、再びアメリカ橋を渡り、スカイウォーク（動く歩道）でＪＲ恵比寿駅へ。

※『江戸東京百名山を行く』手島宗太郎、日本テレビ　一九九五・十　Ｐ148～155「新旧目黒富士と西郷山」
『大軍都・東京を歩く』黒田涼、朝日新聞出版・朝日新書　二〇一四・十二　Ｐ173～「池尻大橋・駒場・三軒茶屋」
『カラー版　重ね地図で愉しむ江戸東京「高低差」の秘密』竹内正浩、宝島社新書　二〇一九・三　Ｐ102～「目黒の富士塚跡を巡る」
『江戸東京の聖地を歩く』岡本亮輔、ちくま新書　二〇一七・三　Ｐ48～「目黒の近藤富士」
『江戸切絵図で歩く　広重の大江戸名所百景散歩』（古地図ライブラリー３）人文社　二〇〇八・二　７版２刷　Ｐ108「目黒新富士」Ｐ109「目黒元不二」Ｐ110「目黒爺々が茶屋」

「富士山の『胎内洞穴』再現」（マダニャイとことこ散歩旅１０９駒沢通り⑥めぐろ歴史資料館）細沢礼輝、「朝日新聞」二〇一九・八・二十　夕刊7面

※二〇一九年七月十五日海の日、高田富士に初めて登った。安永九年（一七八〇）先達日行青山藤四郎翁により築かれた江戸市中最大最古の富士塚、である。〈高田富士祭〉ということで、毎年海の日とその前の日曜のみ一般公開している。高さ十メートルで、道幅が広く、登りやすい。麓に浅間神社があり、〈富士山北口胎内窟模造修築記念碑〉（大正二年七月建）もある。元の高田富士は宝泉寺近く（現早大九号館の所）にあったが、一九六六年、現在の甘泉園公園近くに移築された。私の兄は小学生の頃、元の高田富士に何度か登った覚えがあるそうである。

※昔、品川富士に妻子と一緒に行ったことを思い出した。京急新馬場駅下車すぐ、品川神社境内の斜面、第一京浜国道に面した高台の上に造られた富士塚である。頂上からの眺めがよい。

『大江戸のお富士さん』Ｐ156～157「品川神社富士塚（品川富士）」

『ご近所富士山の「謎」』有坂蓉子、講談社＋α《プラス》新書　二〇〇八・十二　Ｐ150～153「品川富士」

※「特集　都立青山高校闘争の記録」「週刊アンポ」第四号　一九六九・十二・二十九

音無親水公園から北区立中央公園文化センター、赤レンガ図書館へ

二〇一七年四月四日。桜の季節。京浜東北線王子駅下車、南西の音無親水公園（音無川＝石神井川傍の公園）を通り、音無橋（美しいアーチ橋）を渡って、北区役所に行く。街歩きパンフレット・郷土資料等を入手する。

竹内正浩『重ね地図で愉しむ江戸東京「高低差」の秘密』宝島社新書 二〇一九・三 P213「石神井川今昔」

※大島健二『下町の名建築さんぽ』エクスナレッジ、二〇一七・三 P180～181「震災復興時代の代表的なデザイン潮流―音無親水公園・音無橋」（見開き右頁が文章、左頁が絵）

北区立中央公園文化センターに行く。美しい建物である。私の東京街歩きで出会った建物の中で最も美しいと思った建物の一つである。が、戦前は東京第一陸軍造兵廠（略して一造）本部事務棟（一九三〇年竣工）、戦後は米軍が使っていた建物である。現在、一階左手に、この建物がたどって来た歴史の展示がある。

現在の十条台一丁目、北区立中央公園とその北の陸上自衛隊十条駐屯地・東京成徳大・十条富士見中辺りは、一造・十条工場のあった所である。一九〇五年、当時小石川にあった東京砲兵工廠銃包製造所が移転して来たもので、弾薬等を製造していたという。戦後米軍に接収されてキャンプ王子となり、ベトナム戦争時には米軍王子野戦病院となった。野戦病院反対――ベトナム戦争反対運動が盛り上がったことを記憶している。現在の文化センター背後の芝生地が、当時使われていたヘリポート跡である。一九七一年十月、米軍から日本に返還された。

滝野川橋を渡り、石神井川沿いの桜を眺め、飛鳥山公園でも花見をしてから帰る。

※「北区立中央公園文化センター略史」北区飛鳥山博物館　二〇〇六・二　全10冊の冊子

松田力『東京建築さんぽマップ』エクスナレッジ　二〇一一・四　P202～203「アール・デコ調のまぶしい白さ――北区立中央公園文化センター」

「米軍接収経て文化拠点に―旧・東京砲兵工廠銃包製造所本部　しゃれた造り細部まで」（東京の記憶）「読売新聞」二〇一五・九・二十八

四月五日。王子駅から再び音無親水公園に行く。ちょうど桜が満開である。音無橋から王子神社に行く。樹齢六百年の銀杏の巨木がある。北西方向にしばらく歩き、名主の滝公園――嘉永年間（一八四八～五四）、王子村の名主・畑野孫六が自邸に開いた庭園で、王子七滝の一つ――に向かう。その手前の児童公園（王子本町二―六―五）の二本の桜の木が公園全体に枝を広げて満開で、実に見事である。

名主の滝公園の南西方向に、北区立中央図書館（赤レンガ図書館）がある。一造時代の赤煉瓦の建物（二七五号棟）をうまく利用した、洒落た図書館で、北区の郷土資料を集めた北区の部屋や、北区西ヶ原（旧古河庭園の近く）在住のドナルド・キーンの寄贈図書コーナー等がある。

※立野井一恵『日本の最も美しい図書館』エクスナレッジ　二〇一五・五　P22～25「赤レンガ倉庫を活用した新しいかたちの図書館―北区立中央図書館」

『日本の最も美しい赤レンガの名建築』歴史的建物研究会、エクスナレッジ　二〇一八・十　P32～33「北区立中央図書館」

※ドナルド・キーンは二〇一九年二月二十四日に亡くなった。

一造時代の物としては他に、ＪＲ埼京線十条駅南の線路沿い、十条富士見中学敷地西側に赤煉瓦塀が残っている。貴重な歴史の証言者である。これに合わせて、敷地北側の正門横の塀に一部赤煉瓦が取り入れられている。その東の東京成徳大の塀の一部にも赤煉瓦の所があり、更にその東、陸上自衛隊十条駐屯地の正門横も赤煉瓦塀で、一部、一造時代の物が保存されている、とのことである（煉瓦塀の右端に小さな金属の説明板がある）。

※門田隆将『康子十九歳　戦禍の日記』文芸春秋　二〇〇九・七　文春文庫　二〇一一・七　口絵P2に「康子たちが働いた東京第一陸軍造兵廠」等の写真あり。

四月六日。北区役所一階で郷土資料を入手。

四月七日。王子駅から音無親水公園、音無橋、北区役所を通って、飛鳥山公園に行く。渋沢史料館を見学。渋沢栄一は身長一五〇センチだったとのこと。実業界の巨人だから一八〇センチくらいありそうなイメージだが……。そう言えば森鷗外も一五七センチくらいだったたか、知の巨人にもかかわらず。

西ヶ原一里塚を見た後、飛鳥山公園に戻る。花見をして、王子駅から帰る。

四月十七日。ＪＲ埼京線板橋駅下車、東口・駅前すぐ（滝野川七―八―一）の近藤勇の墓――近藤勇と新選組隊士供養塔を見る。近藤勇は一八六八年（慶応四年）四月、官軍により板橋刑場で処刑された。

今年（二〇一七年）は百五十回忌になる。

再び埼京線に乗り、次の十条駅で下車、南に少し歩き、十条富士見中学西側の煉瓦塀を見る。「煉瓦塀の由来」の説明板がある。ここから北東方向に向かい、野鳥の森緑地の横を通り、十条山地福寺に行く。ここには、母娘遍路像（救らいの像）、貞明皇后《ていめい》（大正天皇の后、皇室によるハンセン病者救援事業の草分け）像、「ビルマの竪琴」記念碑（水島上等兵のモデル・中村一雄元陸軍曹長の碑）、「郷土の語り部（歴史の証言者、東京空襲経験者）」椎の木（樹齢三百年）、がある。そして北西に少し歩き、十条富士（富士神社）に行く。近くに京浜東北線東十条駅があるので、そこから乗車して帰途に就く。

付記。王子駅の東の栄町、都電荒川線の北側に、東書文庫というクラシックな建物がある。東京書籍のやっている教科書図書館である。私は豊島与志雄（一八九〇～一九五五）の文献目録を作る際、ここに何日か通って、豊島作品（ノンフィクション、児童文学、翻訳）の載っている教科書を調べたことがある。インターネットでも検索出来る。

ＪＲ赤羽駅の東、赤羽公園の先（志茂二―十六―三）に、「いのちのギャラリー」がある。死刑囚作家、永山則夫の遺品・資料室で、市原みちえさんがやっているものである。二〇一七年八月一日（没後二十年の日）に初めて行った。私の『書誌選集Ⅱ・Ⅲ』（永山則夫他の獄中作家文献目録を掲載）を寄贈しておいた。

田端文士村記念館から旧古河庭園へ

二〇一八年五月四日。ＪＲ田端駅下車、まず、北口からすぐの田端文士村記念館に行く。ここに入るのは初めて（たぶん）である。芥川龍之介（一八九二〜一九二七）のビデオ上映や家の三十分の一ほどの模型があり、楽しめる。「ココミテシート」「田端文士芸術家村しおり」を入手する。

田端駅前通り（切通し、芥川死後の昭和十年完成）に出て、階段を上り、東台橋の袂に。少し下界を眺めてから東進、突き当たったら南に右折し、少し行って西に右折する。マンション、グランディール田端の角の所（田端四三五番地、現・田端一―二十）に、芥川龍之介旧居跡＝芥川終焉の地の説明板が立っている。一九一四年から一九二七年まで、二十二歳から三十五歳まで、約十三年間居住していた所である。夏目漱石とともにきわめて有名な作家の居住跡としては、何かあっけない気がする。もう少しお金をかけて、何とかしたらどうなんだ、と言いたくなる。両国小学校の北西角にあったような文学碑、両国高校にあったような記念碑が欲しくなる。芥川記念館建設は財政的に厳しいのだろうが、文学碑ぐらいはあってもいいだろう。今のままでは、せっかく文学散歩でやって来た人ががっかりしてしまう。

※漱石山房記念館主催・第一回文学さんぽ「田端文士村―芥川龍之介ゆかりの地を訪ねて」（二〇一

八・十一・十七）に参加したところ、芥川龍之介旧居跡の近くに芥川記念館建設予定（二〇二〇年開館）との話を聞いた。楽しみである。

東台橋に戻り、田端高台通りを西進する。郵便局を過ぎて、左側（田端五四三、現・田端五―七）に、サトウハチロー・福士幸次郎旧居跡がある。サトウハチロー（一九〇三～一九七三）は一九二〇年から二二年まで、福士宅に同居し、芥川龍之介や室生犀星に会っている。

※サトウハチロー『僕の東京地図』ネット武蔵野　二〇〇五・八「池袋から田端まで」

更に田端高台通りを西進する。旧古河庭園にはまだ一度も行ったことがないので、既に入園できる時間を過ぎているだろうが、正門だけでも見ておこうと、行ってみると、ゴールデンウィーク期間中は六時まで開いているということで、ラッキー、入園する。参考資料を販売しているので購入する。

ジョサイア・コンドル（一八五二～一九二〇）設計の、重厚な石造りの洋館と、三段テラス式の洋風庭園（ちょうどバラが真っ盛り）、京都の庭師・植治こと小川治兵衛（一八六〇～一九三三）作庭の日本庭園、何とも贅沢な空間である。しばし散策し、その時間を楽しむ。洋館の中の見学は事前申込制なので、次回のお楽しみとする。できれば来月あたり来たいと思う。
帰りは、北に少し歩いて、平塚神社近くの上中里駅から上野経由で横浜に帰った。

※竹内正浩『地図と愉しむ東京歴史散歩　地形篇』中公新書　二〇一三・七　Ｐ167「旧古河庭園と洋館」
※石川悌二『東京の橋　生きている江戸の歴史』新人物往来社　一九七七・六　Ｐ340「音無橋」
雨風の音なし川のひまに見よ花の盛りはけふあすか山　蜀山人「春夏帖　春の巻」
紅林章央『東京の橋１００選＋１００』都政新報社　二〇一八・十　Ｐ105「音無橋　クラシックな３連アーチ橋」
※石割透編『芥川追想』岩波文庫　二〇一七・七　Ｐ476～芥川比呂志「父・竜之介の映像」Ｐ486～芥川瑠璃子「田端の家」

加賀公園のダリ――もう一つの消えた庭園

「加賀公園のダリ」という文章を以前読んで、加賀公園（板橋区）に見に行ったことがある。加賀公園内の山に上って行く道に付けられた手すり（鉄線）の形が曲線を描いたユニークなもので、まるでダリ的、ダリの絵のようだ、というので、興味を持ち、行ってみる気になったのである（この文章の載っている本――東京の街歩き本、自宅内のどこかにあるのだが、まだ発掘出来ないでいる）。

都営三田線新板橋駅下車、北に向かい、石神井川に沿って少し行くと、加賀公園に出る。加賀という町名で、加賀橋や金沢小学校等もある。実は、江戸時代、加賀藩江戸下屋敷（中山道・板橋宿に面する平尾邸）があった所で（現在の加賀一・二丁目、板橋三・四丁目辺り。上屋敷は本郷、中屋敷は駒込にあった）、加賀公園にある山はかつての下屋敷の庭園の築山だったのである。ちょうど、新宿区にある都立戸山公園の箱根山がかつての尾張藩江戸下屋敷戸山荘庭園の築山だったように。箱根山は標高四十数メートルだが、加賀公園の山はその半分くらいだろうか。山の麓に加賀藩江戸下屋敷全図があり、板橋区（東京）と金沢市（石川県）との友好交流都市協定締結記念碑（ステンドグラスのモニュメント、二〇〇八年）もある。

※『いたばしの文化財　第３集』板橋区教育委員会　一九九二・十一　Ｐ９「加賀前田家下屋敷跡」

二〇一七年三月二十二日。副都心線赤塚駅下車、赤塚中央通りを北進、東京大仏（乗蓮寺）に寄ってから板橋区立美術館・郷土資料館に行く。美術館では「長崎版画と異国の面影展」を見る。

三月二十四日。池袋から山手線で巣鴨に行き、都営三田線に乗り換えて板橋区役所前へ。区役所三階の生涯学習課、その東の地域センター一階の板橋観光センターで、街歩きパンフレット・資料を収集。そこから旧中山道を南東にちょっと行って左・東に入ると、板橋宿平尾脇本陣跡（豊田家）に出る。説明板によれば、慶応四年（一八六八）四月、下総流山で新政府軍に捕えられた近藤勇は、平尾一里塚（現在の板橋一―五十四）付近で処刑されるまでの間、この豊田家に幽閉されていた。なお、墓は刑場のすぐ南（ＪＲ板橋駅前、北区滝野川七―八―一）にある。

※『大江戸歴史事件現場の歩き方』歴史現場研究会編、ダイヤモンド社　二〇一二・八「09　近藤勇、処刑――近藤勇、板橋に死す　戦いの果てに刑場に消えた士魂」
『江戸東京の聖地を歩く』岡本亮輔、ちくま新書　二〇一七・三　Ｐ249～「近藤勇墓所」
『新選組謎解き散歩』菊池明、新人物文庫　二〇一四・十　Ｐ272～「近藤勇の遺体はどこに眠っているのか？」

観明寺を通って、東光寺に行く。ここには、宇喜多秀家（関ヶ原の戦いで東軍方に敗れ、八丈島で没す）の供養塔がある。明治時代になって子孫により秀家の墓が建立されたとのこと。北東に歩いて行くと、加賀公園。野口研究所、板谷公園、加賀西公園の圧磨機圧輪記念碑（火薬製造創始記念碑）と見て行く。帰りは南に向かい、都営三田線新板橋駅から巣鴨、池袋経由で横浜に帰った。

荒川区三ノ輪の円通寺に、沢太郎左衛門（一八三五～一八九八）の記念碑がある。榎本武揚が建立したものである。沢は榎本等とともに一八六二年～六七年、オランダに留学、一八六九年箱館戦争に敗れて囚われる。一八七二年特赦を受け、一八七六年、旧加賀藩江戸下屋敷跡地に板橋火薬製造所を建設。旧幕臣・沢がベルギーで買い求めた機械により、黒色火薬の生産が始まる。一九四〇年、東京第二陸軍造兵廠（通称二造）と改称。

※『いたばしの文化財　第２集』板橋区教委　一九八八・三　Ｐ11「圧磨機圧輪記念碑・一基」
『いたばしの文化財　第４集』板橋区教委　一九九七・三　Ｐ26「圧磨機圧輪記念碑・一基」
『板橋の近代のあゆみ』板橋区立郷土資料館　一九九八・一　Ｐ48「幕末期加賀藩下屋敷におけ

る調練と大砲製造について―板橋火薬製造所の前史として―」
『板橋区立郷土資料館常設展示図録』一九九〇・三　Ｐ58～60「火薬をつくる」Ｐ61「沢太郎左衛門」
『高島秋帆と沢太郎左衛門―板橋の工業開始―』区立郷土資料館　一九九〇・二　Ｐ46「沢太郎左衛門と板橋火薬製造所」

四月三十日。巣鴨から都営三田線で西高島平へ。まず南進し、赤塚公園内の区立郷土資料館に行く。野外に、板橋遊廓・新藤楼の玄関が移築されている。更に南進し、左側の松月院の中に入る。高島秋帆（一七九八～一八六六、幕末の砲術家）の顕彰碑がある。長崎出島のオランダ人に西洋砲術を学び、天保十二年（一八四一）五月七日～九日、日本初の洋式砲術訓練を徳丸原《とくまるがはら》（現在の高島平・三園《みその》・新河岸《しんがし》一帯）で行った時、ここ松月院に本陣を置いた。

※この砲術訓練を松浦静山（平戸藩主）も見学していた。『甲子夜話』（平凡社東洋文庫）参照。

交差点の交番の所を左折して松月院通りを高島平に向かおうとしたら、交番のすぐ隣（赤塚八―三）

に「怪談乳房榎記念碑」があるのが目に留まった。三遊亭円朝作のこの怪談の大詰めの場面が松月院界隈に設定されているとのことである。乳房榎の由来碑もあり。

松月院通りを北上し、赤塚公園を左に見て、高島平団地の間を通る。都営三田線高島平駅のガードをくぐると、徳丸ヶ原公園に着く。徳丸原遺跡碑がある。

徳丸原は鷹狩の場だったのが徳川吉宗の時代から鉄砲稽古場・試射場となり、後、大筒稽古場、明治以降は徳丸田んぼ・赤塚田んぼ、昭和四十年代から高層団地・分譲住宅・地下鉄の建設となった。

高島平から三田線で巣鴨へ、池袋経由で帰る。

言うまでもなく、高島平の高島は高島秋帆から来ている。また、高島平の南に徳丸という町名がある。その西が赤塚である。

なお、高島秋帆の墓は大円寺（文京区向丘一―十一―三）にある。

※『板橋区立郷土資料館常設展示図録』Ｐ48～53「徳丸原」「鷹場と農民」「砲術訓練と農民」「高島秋帆」

『高島秋帆と沢太郎左衛門』Ｐ43「高島秋帆と板橋」

『いたばしの文化財　第２集』Ｐ７「徳丸ヶ原」

※東雅夫『江戸東京怪談文学散歩』角川選書　二〇〇八・八「第七章　三遊亭円朝『怪談乳房榎』と怪しい橋めぐり（新宿区〜板橋区）」

※山本博文監修『古地図で大江戸おさんぽマップ』（ブルーガイド）実業之日本社　二〇一九・十一

Ｐ33〜34「江戸の玄関口だった『江戸四宿』【品川・板橋・新宿・北千住】」（旅籠に置かれた飯盛女）

Ｐ38〜39「『鷹狩』で支配体制を固める」（公儀鷹場の設置・鷹狩に秘められた意図）

Ｐ106〜107「『富士塚詣で』が江戸で大流行！」

Ｐ108〜109「八代将軍が『花見』の場を提供！」（吉宗が仕立てた娯楽場・花見の手本を示した将軍）…隅田川堤・飛鳥山・御殿山

Ⅶ

陸軍特殊情報部——大野靖子『少女伝』

荻窪の公園――与謝野公園、荻外荘《てきがい》公園、角川庭園、大田黒公園他を巡る

　ＪＲ中央線阿佐ヶ谷駅下車、南進し、杉並区役所に行く。東棟六階・生涯学習推進課に行き、街歩きのパンフレット――ウォーキングマップ、荻窪文化財めぐりマップ、杉並区史跡散歩地図等――を入手する。

阿佐ヶ谷駅の北、杉並区立阿佐谷図書館では、同館発行の「あさがや楽《がく》」（阿佐ヶ谷・荻窪界隈の文化人の紹介誌）第一号〜第三号　二〇一四〜二〇一六を入手する。

　ＪＲ中央線荻窪駅下車、南進し、荻窪高校の横を通って、善福寺川に架かる春日橋の袂《たもと》に出る。春日橋を渡って西進し、環八通りの横断歩道を渡って更に少し行くと、右側に与謝野公園――与謝野寛（鉄幹）・晶子夫妻の住居跡――がある。十四ある歌碑を眺めながらしばしば散策。

男をば罵《ののし》る
彼等子を生まず命を賭けず
暇《いとま》あるかな
与謝野晶子『青海波《せいがいは》』（明治45年）

与謝野公園の入口から入っていちばん奥の歌碑である。

与謝野晶子は近くの桃井第二小学校（荻窪高校のはす向かい）の校歌の作詞をやっているとのこと。

春日橋の袂に戻る。川沿いの細い道に入り、ミニ児童遊園地（荻窪第二児童遊園）を通って、木々に向かって東に進んで行くと、左側に広々とした空間がある。荻外荘《てきがい》公園、かつて近衛文麿が一九三七年から一九四五年まで住んでいた家の前庭である。道路沿いの楠の巨木が見事である。

荻外荘（築地本願寺の設計者・伊東忠太の設計、一九二七年竣工、木造平屋一部二階建て、杉並区荻窪二―四十三）は、一九四〇年の荻窪会談（近衛文麿・松岡洋右・東条英機等）、一九四一年の荻外荘会談が行なわれた場所で、一九四五年十二月、ここの書斎で近衛文麿は自決している。

一九六〇年、荻外荘の東側部分――玄関・応接室・客間が豊島区内の天理教の方（染井霊園の近く）に移築され、現在、西側部分が残っている。東側部分を再移築して復原・整備し、一般公開の予定、とのことである。

荻外荘（近衛文麿旧宅）は今は公開されていないが、前庭（公園）の方から外観を眺めることは出来る。近衛がアメリカ側に、日中戦争に対する戦争責任を厳しく追及され、戦犯容疑で逮捕命令が出され、巣鴨拘置所へ出頭する日に自決した書斎も。

なお、戦後の一時期、野党時代に、吉田茂が荻外荘に間借りしていた（近衛の書斎に寝泊まりしていた）とのことである。

広い建物と広い庭……前庭から建物を眺めているうちに、ふと、小石川の徳川慶喜旧居跡を思い出した。

※「国指定史跡　荻外荘　近衛文麿旧宅」（パンフレット）杉並区教育委員会　生涯学習推進課編・刊　二〇一六・十一

『「荻外荘」と近衛文麿』国史跡指定記念特別展図録、杉並区郷土博物館編・刊　二〇一六・四

大野芳《かおる》『無念なり――近衛文麿の闘い』平凡社　二〇一四・一

林千勝『近衛文麿――野望と挫折』ワック　二〇一七・十一　Ｐ334「近衛が自決したとされる書斎」Ｐ335「荻外荘平面図」Ｐ387「現在の荻外荘公園」

荻外荘公園を出て東進、ローソン、ロイヤル荻窪を通って左折すると、角川庭園・幻戯山房・すぎなみ詩歌館に出る。角川書店の創業者で俳人、角川源義《げんよし》の旧居と庭園である。建物は木造二階建て瓦葺近代数寄屋造で、一九五五年竣工。入口から入り、石畳の小径を通って、前庭に。水琴窟がある。建物が出

来た当時、周囲には野菜畑や田んぼが広がり、見晴らしのよい場所だったとのこと。

幻戯は角川源義の俳号。玄関から入ってすぐの展示室（旧応接間）の角川さん紹介コーナーを見る。富山の人だ。やはり文学少年、東京に出て国学院に進み、戦後すぐに角川書店を創業、五十八歳で亡くなってしまった。遺稿集の巻末に、角川春樹が父への思いを書いた文章が載っているので、読んでみる。いい文章だなと思う。長女が作家の辺見じゅん（本名・角川真弓）で、『男たちの大和』や『収容所から来た遺書』を書いた人、ということを初めて知る。

詩歌室1は会合で使われている。詩歌室2は空いているので、入ってみる。こういう所に同好の士が集まって語り合い、詩作に興じる……なかなかいいものである。奥には茶室もある。

幻戯山房を出て北進、大田黒公園に向かう。音楽評論家、大田黒元雄の屋敷跡を回遊式日本庭園として整備したもの。銀杏並木など、スケールが大きい。記念館には一九〇〇年ドイツ製のピアノが残っている。

なお、大田黒元雄の父親で実業家の重太郎は、東京外語出身で、二葉亭四迷（長谷川辰之助）の親友だったとのこと。そう言えば、大田黒という名前、かすかに記憶にあるような気がする。

大田黒公園を出て、北東に進む。しばらく行くと、右側にいかにも昭和レトロっぽい、ノスタルジックな建物がある。青銅のドーム型屋根が印象的。西郊ロッヂング・旅館西郊である。元々は昭和初期、賄い付き高級下宿として建てられたもの。明智小五郎が住んでいそうな下宿？　かつて、荻外荘への取材基地でもあったそうだ。

※松田力『東京建築さんぽマップ』エクスナレッジ　二〇一一・四　P217「大田黒記念館」「西郊ロッヂング」「浴風会本館」

竹内正浩『重ね地図で愉しむ江戸東京「高低差」の秘密』宝島社新書　二〇一九・三「15　杉並のお屋敷と善福寺川探勝」

東進すると、杉並区立中央図書館がある。ちょうど「近藤富枝追悼展」（二〇一六年七月二十四日死去）をやっている。二階が参考図書室・杉並資料室となっている。「阿佐ヶ谷・荻窪界隈文士村ガイドマップ」（阿佐谷図書館開館二十周年記念　二〇一三・二）「阿佐ヶ谷文士村」（阿佐谷図書館開館記念　一九九三・二　全24頁）をコピーする。

中央図書館の道を挟んで向かい側、荻窪体育館前の歩道沿いの所に「オーロラの碑」がある。杉並区立公民館跡地で、一九五四年のビキニ環礁水爆実験をきっかけとして杉並区議会で水爆禁止決議がなされ、同館を拠点として広範な区民の原水爆禁止署名運動が起こり、世界的な原水爆禁止運動の発祥の地と言われている。

※『画集　原爆の図』原爆の図　丸木美術館　二〇一〇・四　四訂新版　P62～67「署名―第十部」

旅館西郊の東端に戻り、南西方向に左折、しばらく行くと右側にレンガ造りの外観のきれいな建物が見える。東京子ども図書館分室・石井桃子記念・かつら文庫（荻窪三―三十七―十一）である。火曜・木曜午後一時～四時公開（大人対象）第一～第四土曜公開（子ども対象）いずれも祝日を除く。見学申込みは東京子ども図書館（中野区江原町一―十九―十）まで。私は二〇一七年一月十九日（木）、予約なしに行ってしまったが、一・二階各部屋を丁寧にご案内・ご説明いただいた。

※川本三郎『郊外の文学誌』岩波現代文庫　二〇一二・一　元版・新潮社　二〇〇三・二

日本最古の老人ホーム、浴風会本館から久我山・高射砲陣地跡へ、そして神田川水源に向かって

井の頭線高井戸駅で降りる。この駅で降りるのは初めて。線路の南側を神田川が流れているので、川に沿って西進する。錦橋の所を左折し、突き当たったら右折する。塔が見えて来る。浴風会本館である。初め、レトロっぽく復元した建物かと思ったが、近付いて見るとそうではなく、戦前の建物（一九二五年竣工）がそのまま残っているのである。前庭に「創立八十周年　天皇皇后両陛下行幸啓記念　平成十七年（二〇〇五年）七月二十一日」という記念碑がある。この建物は茶色のスクラッチタイル貼りで、鉄筋コンクリート二階建て（一部三階建て）、設計者は内田祥三《よしかず》（一八八五〜一九七二、東大の安田講堂や図書館等も設計した人）、東京都選定歴史的建造物である。ドアを開けて入ってみる。いかにも戦前の建物の雰囲気である。二階にも上がってみる。現在も社会福祉法人　浴風会本部事務局等として使われている。その後外に出て、ぐるっと一周して建物を眺める。どことなく安田講堂に似ているような気がする。南側にある池の傍の、使われていないと思われる建物は、礼拝堂とのことである。

この浴風会（浴風園）本館他の建物が戦争中、軍に接収され、陸軍特種情報部（表向きの名称は「陸軍中央通信調査部」、参謀本部直属の諜報機関）となった。高齢者養護施設なら爆撃の対象にはならないだ

ろうということか。

実はこの陸軍特種情報部はＢ29の通信（モールス信号）を傍受し、その動きを捉えていたのである。マリアナ諸島のサイパン、グアム、テニアン、島ごとにコールサイン（呼出符号）が決まっていて、それぞれ、Ｖ400番台、Ｖ500番台、Ｖ700番台、となっていた。従って、いつどの島からＢ29何機が飛び立ち、日本のどの方面に行くかが分かったのである。

一九四五年六月、発信元がテニアン島で、コールサインＶ600番台の、謎の動きをする、わずか十二、三機だけの新たな部隊が出現する。原爆攻撃部隊、というところまでは分からなかったが。

八月六日午前三時、Ｖ600番台のコールサインを傍受。特殊任務機（エノラ・ゲイ）が日本に向かっている。午前七時二十分、Ｂ29一機（気象偵察機）が豊後水道から広島に入る。その後に特殊任務機が続く。が、この重大情報を軍の上層部＝参謀本部はなぜか広島には伝えず。広島に空襲警報は出されず、八時十五分、原爆（ウラン235、リトルボーイ）が投下され、炸烈した。他の都市への空襲予告は参謀本部からその都市へその都度伝えられていたのだが、広島へは伝えられていなかったのである。

八月九日未明、再びテニアン島からのＶ６００番台のコールサインを傍受。投下五時間前、特殊任務機（ボックスカー）が接近する。が、この重大情報をまたしても参謀本部は長崎には伝えず、長崎に空襲警報は出されず、十一時二分、原爆（プルトニウム239、ファットマン）が投下され、炸烈した。

実は、広島への原爆投下は米軍によって予告されていたのである。B29が投下し撒いた日本語のビラ（対日宣伝ビラ、伝単）、サイパン島からの日本語放送、呉空襲で撃墜されたB24の乗員＝捕虜の証言、によって。「八月五日、広島を大空襲する」というビラ、「八月五日、広島を特殊爆弾で攻撃するので、非戦闘員は逃げていなさい」という放送（ボイス・オブ・アメリカ、日本の一般家庭のラジオで聞こえる周波数だが、NHKが妨害電波を出して、聞き取れないようにしていた。敵のデマ放送に惑わされてはいけないということなのだろう）、「八月六日、広島は焼け野原になる」という米兵の証言、によって。

拾ったビラをすぐに警察に届けなかったり、ビラの内容を他の人に言ったりすると処罰された。空襲予告は、放送であれ、直話《じきわ》であれ、一般の人間には知らされなかった。

広島に限らず、日本の都市への空襲予告は、デマ放送などではなく、ほぼ正確だった――ほぼそのとおりに爆撃された――とのことである。東京大空襲も予告されていて、今日は東京の家に戻らない方がいいと上官に言われた軍人が戻らずに、命が助かったという話もある。

情報を一部の者が独占して、国民を悲惨な目に遭わせ続けたのである（これを怒らずに、何を怒るのか）。

日本の上層部はアメリカと裏取引をして、天皇制維持の確約と引換えに、米軍の原爆投下実験――原爆の殺傷能力を確かめるための人体実験――を黙認、いや、それに協力したのだろうか。そして、敗戦後の自己保身も考えていたのだろうか。八月三日から連日、中学生以上の市民を爆心地周辺に勤労動員し（建物疎開等で）、八時からの朝礼を受けさせ、空襲警報を出すことなく、原爆の実験材料＝モルモットとしたのだろうか。米軍としては、全員防空壕に避難している状態ではなく、普段どおりの生活をしているところに原爆を投下して、どれくらいの人間を殺せるのか、爆心地から離れるに従って死亡率がどのように変化するのか、そういったデータが欲しかったわけである。日本の上層部も、この爆弾がどれくらいのものなのか確かめたかったのか。東京に落とされるのは困るけれども。

参謀本部が特殊任務機（原爆搭載機）の接近を広島・長崎に伝えなかった理由はこれなのか。

※「近代杉並の発展と浴風会」「杉並区立郷土博物館研究紀要」23　二〇一六・三

植田実「高井戸浴風会」「東京人」二〇〇〇・九

『原爆投下、活かされなかった極秘情報』ＮＨＫエンタープライズ　二〇一二・七　ＤＶＤ

『原爆投下　黙殺された極秘情報』松木秀文・夜久恭裕著、ＮＨＫ出版　二〇一二・二　Ｐ18に浴風会本館の写真が載っている。

『原爆投下は予告されていた　国民を見殺しにした帝国陸海軍の犯罪』古川愛哲著、講談社　二〇一一・七

『原爆搭載機（B29エノラ・ゲイ）「射程内ニ在《ア》リ」』久保安夫・中村雅人・岩堀政則著、立風書房　一九九〇・八

『原爆投下は予告されていた！　第五航空情報連隊情報室勤務者の記録』黒木雄司著、光人社　一九九二・七

『大本営参謀の情報戦記　情報なき国家の悲劇』堀栄三著、文芸春秋　一九八九・九　文春文庫一九九六・五

宮本広三「原爆予告をきいた」『続・語りつぐ戦争体験1　原爆予告をきいた』日本児童文学者協会　日本子どもを守る会編、草土文化　一九八三・八

井の頭線久我山駅で降りる。南側の神田川に沿って東進、太田記念館（留学生会館）の所を南へ行き、左折すると、テニスコート跡に出る。右折すると、左側に原っぱが広がっている。立て看板を見ると、高井戸公園（仮称）予定地、二〇一六年十月〜十二月、埋蔵文化財試掘調査、とある。二〇一六年版の杉並区地図では、印刷局運動場となっている所である。ここに戦争中、十五センチ高射砲（射程二万メートル）が二門あり、B29を撃ち落としたのである。翌日からはB29がこの上を避けて通ったという。東隣の王子製紙グランドはまだ使っているようであり、更にその南隣のNHK運動場は一部一般開放

されていて、何人かの人がサッカーに興じている。国立印刷局久我山運動場（原っぱ）と王子製紙富士見ヶ丘グランドが高井戸公園北地区、ＮＨＫ富士見ヶ丘運動場が同南地区となる予定とのことである。一九七二年版の杉並区詳細図を見ると、日本放送協会富士見ヶ丘運動場の表示（野球場と陸上競技場があるのが分かる）はあるものの、印刷局運動場、王子製紙グランドの表示はなく、それぞれ、円が二つ、円が一つ、描かれているだけである。この円はおそらく高射砲陣地の跡であろう。どこかに写真が残っているといいのだが。

杉並区立郷土博物館（永福町駅の北、大宮一―二十―八）の常設展示に、高射砲の位置が示してある。

杉並では、荻窪にある中島飛行機東京工場（零戦のエンジンも作っていた。現・桃井原っぱ公園。その前は日産自動車の工場）と、隣接の武蔵製作所（武蔵野市）を守る必要性から、久我山、下井草、松ノ木（現・郷土博物館の近く）、西荻北に高射砲陣地が造られました。

『常設展示図録』より

中島飛行機武蔵製作所は一九四四年十一月二十四日以来、たびたびＢ29の空襲を受けた所である。三鷹駅の北、現在、武蔵野中央公園と都営住宅（都営武蔵野アパート）のある所。その少し南の関前三―

十九辺りと、少し東の成蹊学園敷地内には高射砲陣地があったとのこと。

なお、女優・劇作家・演出家の渡辺えりの父親がこの武蔵製作所で働いていて、空襲で親友を失っている。渡辺えりは父親の体験を元に、劇「光る時間《とき》」を書いている。(『渡辺えり子Ⅰ　光る時間／月夜の道化師』ハヤカワ演劇文庫　二〇〇七・十一)

※藤井尚夫「久我山にあった〝世界最強〟の高射砲陣地とは?」(探訪!　帝都防衛に挫折した軍事遺跡)「別冊宝島　帝都東京　ミカドが君臨する東京の秘密めぐり」(シリーズ歴史の新発見)宝島社　一九九五・四　P197～199
『企画展TARGET No357～攻撃目標となった町、武蔵野～』武蔵野市立武蔵野ふるさと歴史館編・刊　二〇一七・十　P42～45「終戦と中島飛行機跡地の変遷」
武蔵製作所西工場跡地は米軍宿舎を経て中央公園に、東工場跡地はグリーンパーク野球場を経て都営・公団の集合住宅となった。
『企画展中島飛行機武蔵製作所副長の手帳から見る空襲』同歴史館　二〇一八・十
牛田守彦『戦時下の武蔵野Ⅰ　中島飛行機武蔵製作所への空襲を探る』ぶんしん出版　二〇一一・十一

私の好きな作品——佐々木昭一郎演出の「紅い花」（原作・つげ義春、脚本・大野靖子、音楽・池辺晋一郎、ＮＨＫ土曜ドラマ、一九七六年四月三日放映）は四十年前にテレビで見て、再放送も見て、最近、ＮＨＫ放送博物館（愛宕神社の傍）でも二回見た。横浜市中央図書館で調べたところ、大野靖子の脚本が『テレビドラマ代表作選集一九七七年版』（日本放送作家組合編・刊　一九七七・九）に載っていた。ついでに見ると、原作・松本清張の「遠い接近」と「天城越え」が、それぞれ脚本・大野靖子で、『選集一九七六年版』、『選集一九七九年版』に載っている。

大野靖子の自伝風小説『少女伝』も見てみた。主人公は麻布に生まれ（一九二八年）、麻布小学校、府立第三高女（現・都立駒場高校）に進む（一九四〇年）。一九四五年三月、東京大空襲で家を失い、知人の伝手《つて》で高井戸に移り住む。七月、母親が陸軍の将校に頼み込み、主人公は「陸軍中央通信本部」に勤めることになる。八月、そこで敗戦を迎える。書類の焼却、混乱、秩序崩壊……。

陸軍特種情報部が小説に出て来るとは思ってもみなかったので、驚いた。あの浴風会本館の中で書類を焼却する場面（外だと飛散する恐れがある）など、リアルである。

作者・大野靖子のライフヒストリーにも興味が湧いて来た。戦後、いろいろなアルバイトを経験し、いくつかの劇団を渡り歩いて、放送作家、脚本家《シナリオライター》になった人のようだ。

※細かいことだが、府立第三高女（一九〇二年創立）は一九四三年都立第三高女、一九四八年都立第三女子高校、そして一九五〇年都立駒場高校となった。

『慕いて集える　東京都立駒場高校創立百周年記念誌』二〇〇三・十一による。この本には、加藤登紀子「まるでラムネの泡」、鮫島有美子「駒場高校の思い出」、平田オリザ「時効ということで」等が載っている。河合佳枝「69年学園紛争」の部分（P214～220）は詳しく書かれていて、思わず読み耽ってしまった。新聞研究家の羽島知之氏（一度お目にかかったことがある）も「新制駒場高校発足当時の思い出――入学当初は女性主導にとまどう」を寄稿している。一九五一年（私の生まれた年）に入学された方だ。目黒八中の一年の時に、新聞を教材にした大村はまの授業を受けて強い影響を受け、高校在学中は学級新聞「３Ｈタイムス」の編集に打ち込んだ、とのことである。（Ｐ299～301）

府立第三高女時代の一九一〇年、第六回卒業生が記念植樹した銀杏が、一九四五年五月の空襲の時、猛火を浴びて枯死寸前にまでなったが蘇生し、現在（樹齢百年以上）、港区立六本木中学の校舎へのアプローチの所に残っているとのことである。（「大銀杏由来の碑」Ｐ303）

井の頭線久我山駅で降りる。神田川に沿って歩く。ゆるやかな流れである。鯉が群がって泳いでいる所もある。黄色い菜の花だろうか、河川敷に咲いている所もある。来週あたり桜が咲くかな。私と同様、井の頭公園に向かう人が何人かいる。が、公園に近付くと、だんだん水量が少なくなってくる。これで大丈夫なのか。京王井の頭公園駅の近くに、神田川起点、水門橋があり、橋の下から水が幾筋か流れている。「ここが神田川の源流です。神田川は善福寺川、妙正寺川と合流して、隅田川に注いでいます」との説明板（立札）がある。

井の頭池をぐるっと一周する途中、お茶の水池、弁天池がある。お茶の水池は水が湧き出していて、ここが神田川の水源のような気もするが……昔二度、井の頭公園に行ったおぼろげな記憶では、水源はこういう四角い石の部分から湧き出る形のものだったと思う。弁天池の傍には、三鷹市在住の中田喜直《なかだよしなお》（一九二三～二〇〇〇）の生誕九十周年記念の「ちいさい秋みつけた」歌碑（サトウハチロー作詞、中田喜直作曲）がある。

※竹内正浩『重ね地図で愉しむ江戸東京「高低差」の秘密』宝島社新書　二〇一九・三　P206～「都心の水源地を巡る」

※小関順二『野球の誕生』草思社文庫　二〇一七・八　P218～「国鉄の本拠地として誕生した武蔵

野グリーンパーク」

余白雑談。本書の中に、明暦の大火、関東大震災、東京大空襲、広島・長崎への原爆投下、日航機墜落事故（事件）が出て来る。そこで思うことは、権力者というのは自らの権力を維持するためには、国民に対して平気でウソをつくということである。最初の出火が武家（阿部家）だとまずいので本妙寺ということにしたり、政府への批判をそらすために朝鮮人が井戸に毒を入れた、暴動を起こそうとしているといったデマを飛ばしたり、米軍の空襲予告を一般国民には知らせなかったり、天皇制維持のためにアメリカと取引をして原爆投下に協力したり、墜落に自衛隊が関与ではまずいのでボーイング社の修理ミスということにしたり……。

国民なんてチョロいもんだ、とほくそ笑んでいる権力者の顔が思い浮かぶ。

国民などチョロいものだとほくそ笑む権力者の顔したり顔

権力を守るためなら国民に平気でウソつく昔も今も

※加藤登紀子「放送部『マイクは味方』」「制服姿　仲間とデモ行進」（国境なき歌を求めて7・8―時代の証言者）「読売新聞」二〇二三・六・二十六、二十七　60年安保

日立航空機立川工場変電所

ＪＲ立川駅から歩いて、多摩モノレール立川北駅へ。乗車して約十分、玉川上水駅で下車、東へちょっと歩いて左折、都立東大和南公園内を北進すると、壁面に無数の弾痕のある二階建ての建物が目に入って来る。――旧日立航空機株式会社変電所である。

一九三八年、航空機（戦闘機）のエンジンを製造する軍需工場、東京瓦斯《ガス》電気工業株式会社が北多摩郡大和村（現・東大和市）に建設され、翌年、日立航空機株式会社立川工場（立川発動機製作所）となる。

一九四五年二月十七日、四月十九日、二十四日、計三回、米軍のＦ６Ｆヘルキャット、Ｐ51ムスタング、Ｂ29等による空襲を受け、工場の建物のほとんどが破壊されたが、変電所は奇跡的に生き残った。

戦後、工場は平和産業に転じて操業を続け、変電所も設備機器の更新をしながら一九九三年まで工場へ電気を送り続けた。

現在、普段は外観を眺めるのみだが、毎月第二日曜日の午後一時～四時、内部が一般公開されている。空襲の被害の様子、戦没者一覧、Ｂ29が爆撃時撮影した写真、二五〇キロ爆弾実物大模型、不発弾処理の新聞記事（一九九〇年十二月二十一日）等が展示され、『沈黙の証言者～私たちのまちは戦場だった～』

（戦後七十年　東大和市戦争体験映像記録、二〇一五年制作・ＤＶＤ48分）が上映されている。入って左側、二階へ上がる階段の下にも爆撃の痕跡が残っている。入って右側、鉛蓄電池の置いてある部屋の壁には、内部に爆弾の破片が貫通して空いた穴がある。

※「東大和市指定文化財（戦争遺跡、戦災建造物）」パンフレット・チラシ参照

屋外には、入口左手に給水塔の一部や防護壁の一部、右手に「太平洋戦争戦災犠牲者慰霊碑」がある。西の原爆ドーム、東の変電所――戦争の悲惨さを後世に伝える証言者である。

なお、武蔵野市にあった旧中島飛行機変電室は、二〇一五年に取り壊されたとのことである。

※小西誠『本土決戦戦跡ガイドＰａｒｔ１　写真で見る戦争の真実』社会批評社　二〇一二・十　Ｐ169～171「空爆の痕が生々しい日立航空機立川工場」

新選組（土方・近藤）から調布飛行場、そして五日市へ

二〇一九年五月十日、久しぶりに日比谷公園に行く。新緑が美しい。松本楼の傍を通る。亡妻と初めて会った所である（お見合い）。野外音楽堂を眺めた後、日比谷図書文化館（日比谷公会堂の隣、旧・日比谷図書館）で「アートになった猫たち展」を見る。歌川国芳、歌川広重、竹久夢二、藤田嗣治からビアズリーまで。猫ブームは江戸時代から存在していた。

五月十二日、JR日野駅下車、日野市立新選組のふるさと歴史館に行き、没後百五十年特別展、「土方歳三―史料から見たその実像―」を見る。

五月十六日、京王線高幡不動駅で多摩都市モノレールに乗り換え、万願寺下車、南東方向に行くと、石田寺《せきでんじ》がある（ここから北東約五百メートルに、多摩川）。土方家之墓がずいぶん沢山あるが、そのうちの一つが土方歳三義豊《よしとよ》の墓である。天保六年（一八三五）～明治二年（一八六九）、五月十一日箱館一本木関門に於て戦死、享年三十五歳（数え年）。昭和四十三年（一九六八）に建てられた、明治百年の記念碑も近くにある。推定樹齢四百年以上の榧《かや》の木が日野市指定天然記念物となっている。

石田寺のすぐ南側に都立日野高校がある（更に南には浅川が流れている）。忌野清志郎、三浦友和の出身校である。忌野清志郎は一九五一年四月二日生まれ、ということは私（同年五月十八日生まれ）と同

じく、都立高校学校群一期生ということになる。親近感を覚える。NHKのドラマ「忌野清志郎トランジスタラジオ」（完全版）を最近見たが、この校舎が舞台になっている、清志郎にまちがえられた生徒の話で、面白かった。美術の先生がよき理解者として出て来る。美術準備室あるいは学校の玄関に「忌野清志郎記念プレート」はないのかな？

帰り、北進して北川原公園の所を左折すると、右側にとうかん森がある（石田一―二十三、「とうかん」は稲荷あるいは十家の音読みに由来か）。小さな祠と榧の木が二本ある。この稲荷社は地元の土方一族（十家余）が祀ってきたもの。かつては椋の木が周りを取り囲んで森を形成していた。この近くに土方歳三の生家があったという。土方歳三のホームグランドである。

五月十七日、ＪＲ中央線武蔵境駅で西武多摩川線（単線）に乗り換え、二つ目の多磨（東外大前）駅で下車。駅の東側が東京外国語大学、武蔵野の森公園、調布飛行場、西側が都営多磨霊園となっている。多磨霊園には豊島与志雄（一八九〇〜一九五五）の墓（7区2種17側）があるので、二度来たことがある。

駅の北側の人見街道を東進する。都立野川公園入口のＶ字路の手前に、近藤勇生家跡と近藤神社（調布市野水一―六―九）がある。生家（宮川家）は昭和十八年（一九四三）まで残っていたが、陸軍調布飛行場の戦闘機の離着陸に邪魔になる（危険だ）ということで取り壊され、樹木も伐採された。残っているのは井戸のみである。なお、調布市郷土博物館（小島町三―二十六―二）二階に近藤勇生家の模型がある。

※「新選組を旅する」一個人編集部編、ＫＫベストセラーズ　二〇一二・三　Ｐ９
「近藤勇とその生家」（解説シートNo.２）調布市郷土博物館　Ｈ30・12・28改訂
「新選組ゆかりの地を歩いてみませんか」（東京文化財ウィーク）東京都教育庁　地域教育支援部管理課　二〇一六・八　全15頁のパンフレット

近藤勇生家跡の南、人見街道を挟んで向かい側に、天然理心流道場「撥雲館《はつうんかん》」がある。近藤勇の婿養子である勇五郎が明治九年（一八七六）に開いた道場で、山岡鉄舟が命名し、看板に揮毫したと伝えられている。

生家跡から更に五分ほど東進、龍源寺（三鷹市大沢六―三―十一）に着く。左手に近藤勇の胸像がある。近藤家菩提寺で、近藤勇とその家族の墓がある。近藤勇辞世の漢詩を刻んだ石碑もある。

※『新選組と多摩の民権展』三鷹市教育委員会　二〇〇四・十一　Ｐ20～「近藤勇五郎と吉野泰三」

菊地明『新選組謎解き散歩』新人物文庫・KADOKAWA　二〇一四・十　P272〜「近藤勇の遺体はどこに眠っているのか？」

小島日記研究会編『小島日記物語』小島資料館（町田市小野路町）二〇〇一・七　P215〜「近藤勇の『辞世の詩』について」

『てくてくみたか　市内歴史散歩』（第四版）三鷹市教育委員会　二〇一二・三　P162〜163「新選組局長・近藤勇の墓」


五月十九日、多摩都市モノレール・万願寺下車、南に向かって大通りを渡り、夢庵の裏、幕末の石田村名主、伊十郎屋敷長屋門と母屋前を過ぎ、土方歳三資料館（日野市石田二―一―三、第一・第三日曜十二時〜十六時のみ開館）に行く。土方歳三の生家は、元はここから約三百メートル東、石田寺の北方にあったが、弘化三年（一八四六）、長雨による増水で多摩川の堤防が決壊し、土方家の土蔵と物置きが流失した。そのため、残った母屋をこの資料館の地に解体移築した。茅葺《かやぶ》き屋根の家は平成二年（一九九〇）まで残っていた。建て替えの際、母屋の続きに造られたのが現・資料館で、土方歳三の兄の喜六の子孫の土方愛《めぐみ》が館長である。

展示を見た後、土方歳三まんじゅう（クリーム）と「家秘相伝　官許　石田散薬　骨つぎ・打ち身・挫き・筋つれ・腕腰痛　本舗　東京府下南多摩郡日野町字石田六十番地　土方隼人製」のマークの入ったトートバッグを買って帰った。

五月二十七日、西武多摩川線多磨（東外大前）駅下車、人見街道を東進、近藤勇生誕の地を過ぎ、近藤の墓のある龍源寺の手前を右折、武蔵野の森公園に入る。掩体壕《えんたいごう》――戦争中、敵の空襲から軍用機を守るための格納庫――大沢２号、大沢１号がある。昭和十九年（一九四四）以降、陸軍調布飛行場の周囲に、コンクリート製有蓋のもの三十基、土塁で造ったコの字型無蓋のもの百基があったということだが、現在残っているのは三鷹市内のこの二基と府中市内の二基のみである。機銃弾は防げたが、爆弾が直撃した場合は防げなかったようだ。掩体壕を直接見るのは初めてである。手帳の余白にスケッチする。調布飛行場は首都防衛の飛燕戦闘機隊が置かれていた所で、特攻隊の訓練もやっていた所である。

帰りは、多磨駅、武蔵境駅経由で帰る。

※増田康雄『多摩の戦争遺跡』（写真集）新日本出版社　二〇一七・七　Ｐ73～75

五月二十九日、ＪＲ中央線武蔵境駅からバスで国際基督教大学 International Christian University（三鷹市大沢三―十―二）に行く。森の中に建物が点在している、といった感じのキャンパスである。

本館は旧・中島飛行機三鷹研究所本館を増築・改修したものである。その北、博物館＝湯浅八郎（初代学長）記念館で「諷刺画にみる幕末・明治の庶民」展を見る。南の野川に近い所に、十一月初めの大学祭期間中のみ一般公開される由緒ある建物として、泰山荘がある。元、実業家山田敬亮《けいすけ》の茶室付別荘で、一時中島飛行機（後の富士重工業）の中島知久平（一八八四～一九四九）が住居としていたことがある。幕末・明治の探検家、松浦武四郎（一八一八～一八八八）の書斎「一畳敷」が保存されている。博物館の方に一畳敷の中が再現されているので、こちらは常時見ることが出来る。

※『幕末から明治の諷刺画』国際基督教大学博物館　湯浅八郎記念館　二〇一二・十一
『建物に見るＩＣＵの歴史』同館　二〇一四・十一
『一畳敷　松浦武四郎の書斎』同館　二〇一八・九
ヘンリー・スミス『泰山荘　松浦武四郎の一畳敷の世界』同館　一九九三・三

五月三十日、西武多摩川線の多磨駅下車、人見街道を東進し、龍源寺前で右折、水車通りを南下して行く。大沢の里、水車経営農家・新車《しんぐるま》がある。二百年ほど前に創設された水車で、製粉精米用の水車としては最大級の規模、とのこと。係の人が説明して、動かしてくれる。野川に架かる飛橋を渡り、ほたる池、出山横穴墓群《でやまおうけつ》第8号墓保存公開施設、大沢の里古民家（江戸時代からワサビ田を経営してきた箕輪家の母屋）と北上して行く。まさか三鷹市で横穴墓に出会うとは思わなかった。

西へ進み、武蔵野の森公園内の掩体壕大沢2号・1号を再び見て南下、調布飛行場ターミナルへ。ここからバスで調布駅に向かう。

※『てくてく・みたか　市内歴史散歩』（第四版）三鷹市教育委員会　二〇一二・三　P144～146、156～157「横穴墓群」P148～「大沢の里」

六月四日、京王線調布駅の三つ先、武蔵野台駅下車、北進して甲州街道に突き当たったら左折すると、白糸台掩体壕（府中市白糸台二―十七）がある。調布飛行場の南西にあたる。西武多摩川線白糸台駅からの方が近いようだ。

※増田康雄『多摩の戦争遺跡』P70～71

府中市にはもう一基、朝日町に掩体壕があるが、こちらは個人の所有物となって現在は金属工場として使用されているとのこと。

※増田康雄・同書　Ｐ72

甲州街道を東進（地図を見ると、すぐ南に旧甲州街道）、味の素スタジアム近く、ロイヤルホスト前の車道の上方に、「1964.10.21　オリンピック東京大会マラソン折返点　調布市」の看板があり、ロイヤルホスト他案内板の右横・植込の傍に、上に鳩が乗っている「1964 TOKYO マラソン折返し地点」のモニュメントがある。アベベ、ヒートリー、円谷選手……が折返した所である。あれから五十五年、半世紀余、中一の時に見たマラソン、体操、女子バレー等々（勿論テレビ観戦だが）、記憶に残っている。

更に東進し、中央自動車道の手前を左折、天文台通りを北上する。大沢コミュニティ通りとの交差点を過ぎて、野川を渡り、おおさわ学園羽沢小学校の先を右折、坂を上って行く。「社会福祉法人楽山会　椎の実子供の家（保育園）どんぐり山（特別養護老人ホーム・高齢者センター・居宅介護支援）」の案内板がある。そこを右折し、椎の実子供の家へ。戦争中、首都防衛高射砲陣地があった所である。見学には事前予約が必要なので、今日は外周を見る。駐車場の傍（小学校から遠い方）に、高射砲台座がある。崖の上（小学校に近い方）にも高射砲台座がある。階段状になっている。戦中は小学校の所に隊員が駐屯していて、敵機が近付くと坂道を駆け上って配置についたようだ。

※増田康雄『多摩の戦争遺跡』Ｐ26

坂を下り、野川を渡り、先ほどの交差点を西進すると、車道の両側に調布飛行場の旧門柱（正門）が残っている。歴史の証言者である。

※増田康雄・同書　Ｐ76～77

大沢グラウンド通りを北西に進み、調布飛行場ターミナル前からバスで調布駅に行くつもりだったが、既に夕方六時を過ぎてバスがないので、歩いて、近藤勇生家跡、多磨駅、武蔵境駅を経由して帰った。

六月六日、調布駅北口からバスに乗り、大沢コミュニティセンター下車、三鷹市大沢四―八―八の椎の実子供の家に行く。前日電話予約しておいたので、中にある高射砲台座二つを見せていただく。案内してくださった目黒高明さんによると、台座はあと二つあったが、一つは除去し、もう一つは地中に埋めたとのことである。第一分隊砲座から第六分隊砲座まで、約一九〇名の部隊員がいたということだが、昭和二十年（一九四五）二月十七日の米軍艦載機による攻撃で戦死者四名、負傷者多数を出した。

※増田康雄・同書　P27～29

『いま語り伝えたいこと—三鷹戦時下の体験』（復刻版）三鷹市　二〇〇五・八　元版　一九八六・三

『太平洋戦争　首都防衛　高射砲陣地跡』（東京都三鷹市大沢）社会福祉法人楽山会　二〇一五・八　パンフレット　8頁

六月十四日、ずいぶん前から（三十年以上前から？）一度行きたいと思っていた町田市立自由民権資料館（町田市野津田町八九七）に行く。小田急町田駅からバスで袋橋下車、徒歩十分。常設展解説シート『武相の民権／町田の民権』（全20頁）及び『図説自由／民権』を入手する。

六月十六日、町田市の小島資料館（小野路町九五〇、第一・第三日曜十三～十七時のみ開館）に行く。小田急鶴川駅からバスで小野神社前下車、徒歩五分。幕末にたびたび剣術の出稽古に小島家を訪れた近藤勇、土方歳三、沖田総司等の手紙を保存している。小野路村の豪農（名主）・小島鹿之助為政は天保元年（一八三〇）に生まれ、新選組、自由民権運動を支援し、明治三十三年（一九〇〇）に没している。庭園内に近藤勇とともに胸像がある。

六月二十日、ＪＲ中央線立川駅で青梅線に乗り換え、更に拝島で五日市線に乗り換え、終点の武蔵五日市で下車、徒歩二十分で五日市郷土館に着く。千葉卓三郎、嘉永五年（一八五二）～明治十六年（一八八三）、の「五日市憲法草案」（明治十四年・一八八一）の展示を見る。「展示解説」（全10頁）と『「五日市憲法草案の碑」建碑誌』（あきる野市教育委員会　一九八〇・四、巻末に憲法草案条文が載っている）を入手する。帰り、あきる野市役所五日市出張所、五日市会館の向かい側、五日市中学の敷地内にある「五日市憲法草案の碑」（一九七九・十一、あきる野市五日市四〇九―二）を確認する。説明板の説明を手帳に書き写し、碑の全体をスケッチする。

※仙田直人『東京多摩散歩25コース』山川出版社　二〇〇四・三「20 新撰組のふるさとを巡る」「22 多摩の民権を巡る」Ｐ131～「小島資料館」
佐藤文明『未完の「多摩共和国」　新選組と民権の郷』凱風社　二〇〇五・九
※岩崎清吾『証言　調布の戦史―撃墜されたＢ29』岩波出版サービスセンター　二〇一三・四
『高射砲陣地跡が語る戦争の記憶』社会福祉法人　楽山会編・刊　二〇一五・十二

※『泰山荘必携』ＩＣＵ泰山荘プロジェクト編・刊　二〇一九・十　第三版　二〇一五・十　初版、全20頁の解説冊子。

陸軍多摩（福生）飛行場から米軍横田基地へ――加賀乙彦『錨のない船』
田中小実昌『バンブダンプ』
村上龍『限りなく透明に近いブルー』をめぐって

加賀乙彦の『錨のない船』は、父・来栖三郎と子・来栖良との物語である。来栖三郎は一九四〇年、日独伊三国同盟締結時の駐独大使で、一九四一年の日本軍による真珠湾奇襲攻撃前には特命全権大使として渡米し、野村吉三郎駐米大使とともにアメリカとの戦争回避のための交渉にあたった人である。夫人はアメリカ人。来栖良は横浜高等工業学校（現・横浜国大工学部）出身で、川西航空機に勤めた後、多摩（福生）飛行場にあった陸軍航空審査部のエンジニア・パイロットとなる。

一九四五年二月、空襲が激しくなり、来栖良も戦闘機に乗って迎撃に向かう。そして、B29を体当たりで落とした後、パラシュートで脱出して、九十九里浜の松林に降下する。集まってきた農民たちに助けを求めたが、顔がアメリカ人なので、農民の竹槍によって突き殺されてしまう。……小説ではこうなっている。

しかし、実際は事故死である。その日一回目の出撃を終え、二回目の出撃の前、プロペラが回って離陸準備をしている戦闘機数機の前を来栖良が歩いている時、そのうちの一機が急に前に進み出たために、プロペラに巻き込まれて首を刎ねられてしまったのである。戦闘機の操縦席からは前下方は死角になって見えない。不慮の事故である。

当時の新聞は次のように報じている。

敵機動部隊の本土来襲の際千葉県八街《やちまた》上空で敵艦載機三十機と遭遇、単機でよく八機と交戦、果敢な攻撃でその一機を屠（ほふ）つたが不幸愛機も被弾、自らもまた重傷を受けながらよく傷ついた愛機で基地までたどりつき戦況報告終了と同時に壮烈な戦死を遂げた。

「朝日新聞」一九四五・三・五　朝刊２面

不慮の事故死では読者の戦意が高揚しないので、多数の敵と勇敢に戦って戦死したというふうにしたのである。

※渡辺洋二『未知の剣《つるぎ》——陸軍テストパイロットの戦場』文春文庫　二〇〇二・十二

青山霊園の来栖家の墓（1種イ4号30側）の墓誌の表には、「来栖良に捧ぐ」として、次の言葉が刻まれている。

In peace, sons bury their fathers.
In War, fathers bury their sons.
（平和の時には息子たちが父を埋葬する。が、戦争になると、父たちが息子を埋葬する。）
ヘロドトス『歴史』巻1の87　クロイソスの言葉

勿論、原文ギリシヤ語の英訳である。
buryは「～に先立たれる」という訳もある。

※この来栖家の墓は二〇〇三年十月に建てられた新しいもの。それ以前の古い墓の写真は、渡辺洋二「奮迅！　審査部戦闘隊その19」（「航空ファン」545号47巻5号　一九九八・五　P56）に載っている。

※青山霊園の管理事務所においてある「青山霊園歴史的墓所ガイド」（東京都建設局）を見ると、著

名人の墓の場所が分かる。また、パソコンに人名を入力して検索することも可能。

戦争とは、じいさんが始めて、おっさんが命令を下し、若者が死んで行く物語だ、という言葉もある（これは「ＭＯＴＨＥＲ・特攻の母・鳥浜トメ物語」―大林素子がライフワークとして毎年やっている舞台―の中で日米の登場人物がともに言う台詞である）。

田中小実昌の『バンブダンプ』は、一九五〇年から一九五一年にかけて、朝鮮戦争の最中《さなか》、米軍横田基地のバンブダンプ（バクダン置場）で通訳として働いていた時のことを書いたものである。当時横田基地からはＢ29が、北朝鮮軍を爆撃するために連日飛び立っていたのである。戦前の軍港呉での幼時期、旧制福岡高校時代、東大時代、中国での兵隊体験、進駐軍関係及びそれ以外の様々な仕事、執筆している現在のこと、……自由に時間を移動して行く。

しばしば、日本の軍隊とアメリカの軍隊との比較がされているが、作者は日本軍の四角四面の硬直性、融通のきかなさよりも、米軍のいいかげんさ、おおらかさの方により親近感、居心地のよさを感じている。

米軍横田基地の前身の日本陸軍多摩（福生）飛行場についての言及はほんの少しあった。

読んで行くと気が付くが、言葉への関心・執着と哲学への関心・執着とは、この作者の特徴である。

※荒居直人『ゴーゴー福生――アメリカのフェンスのある東京の街から』クレイン　二〇〇二・二「文学に描かれた福生　ゼロからの出発―田中小実昌」P181～121

村上龍の『限りなく透明に近いブルー』を読んで、もう一つ面白くないというか、面白くも何ともないというか（失礼！）……。なぜなのか。ただ平面的に描写しているだけで、アブノーマルがノーマル化してしまっているということか。米軍横田基地周辺の風俗現象としてこういったことがあるだろうということは分かるが。

※山本貴夫『多摩文学紀行』けやき出版　一九九七・七「新文学誕生の地（福生市）」P166～169

勝又浩『「鐘の鳴る丘」世代とアメリカ――廃墟・占領・戦後文学』白水社　二〇一二・二「ハウスで見る夢」P148～161

横浜から湘南新宿ラインで新宿へ行き、中央線中央特快で立川まで。青梅線に乗り換えて牛浜下車。

ここで降りるのは初めてである。少し歩いて福生市立中央図書館に着く。最初、郷土資料展示室を見る。刀剣の展示をやっている。

『資料が語る福生の歴史』（福生市郷土資料室編、同市教育委員会刊　二〇一四・二）、『近代戦争のあゆみと戦時下の福生——平和のための戦争資料展』（同市郷土資料室編・刊　二〇〇七・八　改訂版　二〇一〇・六）、『福生歴史物語—福生市普及版』（同市教育委員会編・刊　一九九九・三　改訂版　二〇一一・三）を買い求める。

次に、郷土史・郷土文学関係の本のある所に行く。小坂一也『メイドイン・オキュパイドジャパン』（河出書房新社　一九九〇・十）の「7　進駐軍専用キャバレー福生〝ローズマーダー〟１９５０～51」が目に留まる。手に取って拾い読みする。浜中武治編著『横田米軍基地にて』（けやき出版　二〇〇一・十）は駐留軍労働者の証言を集めたもので、これも拾い読みする。角田四郎『疑惑ＪＡＬ123便墜落事故——このままでは520柱は瞑《ねむ》れない』（早稲田出版　一九九三・十二）は家に既にある本だが、つい手に取って読んでしまう。圧力隔壁破壊説は虚構で、実は自衛隊の無人標的機——自衛隊に引渡される前の性能試験中の艦船から発射された「ファイアービー」または「チャカⅡ」が垂直尾翼に衝突したのが原因だとする仮説は説得力がある。小田周二『日航機墜落事故——真実と真相』（文芸社　二〇一五・三）も目に留まったが、これも家にある。

安部譲二の『日本怪死人列伝』を以前読んだことがあるが、やはり、無人標的機説である。事故（事件）から三十年以上経っているので、そろそろ実際に真相隠蔽に加担した人が証言をしてもいい頃だ。

日航機はエンジン出力の調整により横田基地に緊急着陸出来たのだが、直前に拒否された。もしも民家に墜落したら大変なことになるからという理由で。実際は、日航機の尾翼を見ると、無人機の衝突が分かってしまうからである。

事故後回収されたボイスレコーダーは、都合の悪い部分をカットし、編集して、都合の悪くない部分のみ公開された。元のオリジナルテープは廃棄処分されてしまったのか。真実・真相を永遠に葬り去るために。

村上龍の『限りなく透明に近いブルー』は郷土本コーナーに置いてあったが、加賀乙彦の『錨のない船』や田中小実昌の『バンブダンプ』は見当らなかった。

※立川愛雄「福生飛行場ものがたり」「みずくらいど（水喰土）福生市史研究」第6号　一九八八・二　市史編さん委員会編　Ｐ39～43

菅井憲一「文学の中の福生1～3」「みずくらいど」8、9、11号、一九八九・三、十一　一九九〇・九

『知られざる軍都　多摩・武蔵野を歩く』洋泉社編・刊　二〇一〇・八　Ｐ52～55「多摩飛行場―現在は横田基地」新旧対照図、写真もあり、詳しい。

滝沢聖峰『東京物語　上・下』大日本絵画・ＭＧコミック　二〇一二・七　二〇一三・四　福生の陸軍航空審査部でのパイロット・白河大尉の活躍を描いたもので、読みごたえがある。残念ながら来栖良は登場しないが。

『日本「怪死」事件史』別冊宝島編集部編、宝島社文庫　二〇〇七・八「日航ジャンボ機墜落事故（１９８５年）特別インタビュー③安部譲二――陰謀でもなんでもなく、日航機は撃墜されたとしか思えない」

植草一秀『国家はいつも嘘をつく――日本国民を欺く９のペテン』祥伝社新書　二〇一八・十二「捏造と隠蔽とNo⑤日航ジャンボ機123便の嘘」

いかりや長介（本名・碇矢長一、一九三一～二〇〇四）は、東京スカイツリー駅の南西、業平橋近くの横川小学校出身で、四年から六年（一九四一年から一九四三年）までの担任は井上有一（後の前衛書道家、東京大空襲の時の体験を書いた「噫《ああ》・横川国民学校」が有名）である。当時はまだ本土空襲の始まる前で、井上はよく戦争に材料を取ったドタバタ喜劇を作っては演出、主演などして楽しんだそうだ。ひょっとして、「八時だよ！　全員集合」の源はこの辺にあるのかもしれない。一九四四年、碇矢一家は静岡県の富士に疎開、一九四五年三月十日、東の空が真赤になっているのを目撃する。

戦後、静岡県で盛んだった製紙工場の一つに就職、趣味で仲間とバンドを作り、楽器演奏をやる。それがだんだん本業となって行くわけである。

上京し、横田の米軍キャンプ内のクラブの他、立川、横須賀等のキャンプ内のクラブでも演奏プラスギャグを行なう。一九六〇年前後のことである。

※『だめだこりゃ――いかりや長介自伝』新潮社　二〇〇一・四
『井上有一の書』海上雅臣《うながみまさおみ》編、ＵＮＡＣ　ＴＯＫＹＯ　一九八〇・五「見返し―噫・横川国民学校」「生活記録から―戦中教師生活」

『日々の絶筆――井上有一全文業』海上雅臣編、芸術新聞社　一九八九・三「戦中教師生活」

『井上有一――書は万人の芸術である』海上雅臣著、ミネルヴァ日本評伝選　二〇〇五・二　Ｐ48～61「東京大空襲」Ｐ170～171「いかりや長介」


二〇一六年十一月十日。横浜から湘南新宿ラインで新宿に行き、中央線特別快速青梅行きに乗る。福生で下車。西多磨霊園行きの無料バスは平日で一時間に一本しかないので（土・日・祝は三本）諦めて、タクシーに乗る。今日は十二月並みの寒さ。午前中は墓参りの人がけっこういた。何年か前、六十センチの積雪があった。等々、話しているうちに、西多磨会館本館（管理事務所）前に着く。園内一周バスに乗ろうと思っていたが、これも大分時間がありそうなので、歩いて行くことにする。登りでちょっときついが。いちばん上の33区1号10列８番が私の父母の墓である。久しぶりである（お盆やお彼岸に墓参りする習慣が私にはないので）。線香を手向ける。戒名の部分が、父の方はまだ白い字が読めるが、母の方がほとんど白がなくなり読めなくなっている。母は二〇〇〇年死去から十六年、父は二〇〇六年死去から十年経っている。

33区の手前の角、道路から近い所に、ヒデとロザンナのヒデの墓がある。十字架の上にエンゼル（天使）が足を組んで腰掛けている墓である。〈ヒデ　Hideo Kato 1942～1990　愛はいつまでも　Rosanna〉とある。ヒデの墓にも線香を手向ける。

帰りも徒歩で降りて行き、玉川石材で戒名部分の白入れを依頼する。十二月十日の法事前にやってくれるとのこと。ちょうど帰りの無料バスに乗ることが出来、福生まで行く。中央線特別快速で東京まで行き、東海道線に乗り換えて横浜に。

父母の墓のささやかなリニューアルが出来てよかった。

二〇一九年四月二十一日（日）ＪＲ新宿駅から中央線・青梅特快で立川の先の拝島に行き、八高線（八王子～高崎、単線）に乗り換え、米軍横田基地の西側を通って、東福生の次の箱根ヶ崎で下車する。東口へ。青梅街道と旧日光街道が交差するあたり、西多摩郡瑞穂町である。米軍横田基地の北になる（横田基地の北の部分は瑞穂町に入り、南の部分が福生市になる）。車窓から基地内が見えたが、日曜のためか、輸送機（？）が一機着陸したくらいで、静かである。

青梅街道を南東方向に進み、北東に左折、瑞穂町役場の横を通り、ふれあいセンター、町立図書館へ。図書館二階の町政資料室、ＣＤコーナー、ＣＤ・ＤＶＤブースに大瀧詠一（一九四八～二〇一三）コーナーがあり、各種資料――ＣＤジャケット、ポスター、関連文献等が展示されている。岩手県に生まれ、一九六七年上京しバンド活動を開始、一九七〇年ファーストアルバム「はっぴいえんど」をリリース、一九七三年瑞穂町に転居、以後四十年間居住、とのことである。

一階から二階へ行く階段の途中に、大瀧詠一のライフヒストリーが紹介されており、また二階にも、詳しい活動年表～日本コロムビア時代及びソニー移籍後、がある。階段下のポスターを見ると、瑞穂町郷土資料館けやき館で、二〇一五年十一月から翌年一月まで、特別展「ＧＯ！　ＧＯ！　ＮＩＡＧＡＲＡ　大瀧詠一の世界」をやっている。二階にあるポスターによれば、もりおか啄木・賢治青春館で二〇一六年四月から七月まで企画展「大瀧詠一の青春展」をやっている。

大瀧詠一と言うと、まず、アルバム「ア・ロングバケイション」に収録されている「カナリア諸島にて」である。何回聴いたか分からないほど好きな曲である。

一九八〇年代前半、たまたま聴いたラジオ番組「小室等の音楽夜話」に大瀧詠一がゲスト出演していたのを覚えている。若隠居とか若年寄とか言っていた（自分で or 小室等が？）。

「さらばシベリア鉄道」（太田裕美）「風立ちぬ」（松田聖子）「探偵物語」（薬師丸ひろ子）「冬のリヴィエラ」（森進一）「熱き心に」（小林旭、ちなみに私は島津亜矢ヴァージョンが好きでこれも何回聴いたか分からない）「夢で逢えたら」等々、数多くの名曲、ヒット曲を生み出している。

四月二十三日（火）ＪＲ八高線箱根ヶ崎駅下車、西口へ。羽村街道を南西方向に直進する。途中、都立羽村高校の生徒とすれ違う。自転車の生徒が多い。確かに、歩くと大分かかる距離である。瑞穂第四小、町営グランド、自動車学校を通って、羽村高校に。右折して、羽村市富士見霊園、富士見斎場に行く。それらしい表示がないので、管理事務所で聞いたらすぐに分かった。

富士見霊園の西側の正門から入ってすぐの左側[1]―12（[1]―9と背中合わせ）（[2]―29の通路を挟んで向かい側）にあるピアノ型？ の墓――ピアノの鍵盤と五線譜をイメージしたような感じで左上部に丸いレコードがあり、その横に niagara と書かれている――、大瀧詠一の墓である。左手前に本人の両手形がある。真中手前に半円形の線香受け。両脇に花立て。右手前に大きく丸い花瓶。墓石裏の右隅に、大瀧詠一　平成二十五年十二月三十日死去、とある。ペットボトル（サイダー十本、緑茶二本、その他数本）が墓前に供えてあった。いかにもミュージシャンの墓らしい墓である。

なお、羽村街道をずっと西に行くと、青梅線羽村駅、更に行くと、多摩川に架かる羽村大橋、その上流には羽村堰――玉川上水の取水口――がある。玉川上水は福生市役所の横を通り、青梅線、八高線の線路の下をくぐり、拝島駅のそばから東に流れて行く。

※泉麻人『東京23区外さんぽ』平凡社　二〇一八・十「福生市」「羽村市」「瑞穂町」
『たいとう名所図会　史跡説明板ガイドブック』台東区教育委員会編・刊　一九九九・十　P180～181「玉川兄弟の墓」（台東区松が谷二―三―三聖徳寺）
肥留間博『玉川上水――親と子の歴史散歩』たましん地域文化財団・多摩郷土文庫　一九九一・十

※「特集　反骨の多摩・武蔵野」「東京人」No410　34（5）二〇一九・五　P36～「軍都の素顔」P56～「自由民権運動と五日市憲法」

※平松洋志「米国情緒醸す基地の街『米軍ハウス』観光に活用」（福生市）「読売新聞」二〇一九・

一・二十四　朝刊25面

※吉原公一郎「墜落現場から消えた『オレンジ色物体』のミステリー」（日航機墜落大惨事追及・第4弾）「週刊ポスト」No818　17（37）一九八五・九・二十　P48～50「不可解な自衛隊の初動捜索・横田基地に救援ヘリが待機・航空自衛隊標的機の可能性」

Ⅷ

市川真間駅の永井荷風

東松山、鎌倉、下落合他――横穴墓群をめぐって

二〇一七年五月二十五日。以前から――四十年前の学生の時から――一度行ってみようと思っていた、「原爆の図」丸木美術館（埼玉県東松山市下唐子《しもがらこ》一四〇一）にやっと行った。横浜から東横線～副都心線～東武東上線直通で東松山下車でもいいのだが、その一つ先の森林公園で下車し、タクシーで行く。やはり実物は迫力があり、見る者に迫って来るものがある。じっくりと見て回る。二階にはアトリアが保存されている。詳しい図録『画集　原爆の図　共同製作　丸木位里　丸木俊』を購入する。

帰りは、バスが一時間に一本しかないので、いただいた案内図に従って徒歩でつきのわ駅（森林公園駅の一つ先）まで行く。約三十分（森林公園駅まで徒歩だと一時間かかってしまうとのこと）。

大学院で同期の井川拓君が東松山在住だったと思うが、どうしているだろうか。

八月十日。最近偶然知った、やはり東松山の吉見百穴（埼玉県比企郡吉見町北吉見にある古代横穴墓群）に行く。東松山駅東口バス３番乗り場で免許センター行きに乗り約十分、五つ目の百穴入口で下車、橋を渡って松山城跡・岩室観音を通り徒歩約五分で着く。

今年は一八八七年（明治二十年）に吉見百穴が坪井五郎（一八六三～一九一三）によって発掘されてから百三十年ということである。

これはこれはとばかり穴の吉見山

坪井五郎が発掘を終えた後に詠んだ句である。「これはこれはとばかり花の吉野山」（安原貞家）をもじったもの。

※金井塚良一『吉見の百穴』吉見町役場　二〇〇六・三　改訂版　一九六〇・五　初版

百穴というが、実際の数は現在、二一九とのこと。戦争中、地下軍需工場（中島飛行機地下工場）がここに造られた際、いくつかの横穴墓は破壊されてしまった。

カッパドキア（トルコの奇岩地帯、岩窟群）を思い出した。

まず、地下工場跡に入る。外より二、三度温度が低いかもしれない。ライトが点いているので、縦横、安全に移動出来る。天井が高い。前方、金網で塞がれた先には、暗黒が広がっている。戦争中、空襲に備えて、大宮の中島飛行機の引越先（疎開先）として、全国各地の朝鮮人を動員して造られたもので、八割方は完成し、一部は可動していたという。

次に、中央通路を登って、横穴墓群（古墳時代後期）を見て行く。鎌倉の墓（源実朝等、やぐら）を思い出したが、あれは平地の横穴だった。こちらは下から高台までたくさんある。これだけ集中しているのは壮観である。

一八九一年（明治二十四年）、正岡子規がここを訪れて、次の句を詠んでいる。地上右手に句碑がある。

神の代はかくやありけん冬籠《ふゆごもり》

※小西誠『本土決戦戦跡ガイドＰａｒｔ１　写真で見る戦争の真実』社会批評社　二〇一二・十　Ｐ174～177「中島飛行機の地下軍需工場跡が残る吉見百穴」

「古代の墓壊し軍需工場に　埼玉県吉見町吉見百穴　上・下　新20世紀遺跡52・53」「毎日新聞」夕刊　二〇一七・十一・二十七、十二・四

埼玉ピースミュージアム（埼玉県平和資料館、東松山市岩殿二四一―一一三）は、東武東上線で東松山駅の一つ手前、高坂駅まで行き、バスに乗って大東文化大学下車、徒歩五分である。ずいぶん昔、一度行った覚えがある。入口のタイムトンネルをくぐり、戦前・戦中の展示を見た後、防空壕の中で空襲

の疑似体験（光と音と振動で）をすることが出来る。

と、ここまで書いて、『鎌倉散歩24コース』（神奈川県高校教科研究会　社会科部会歴史分科会、山川出版社）を見たら、「16　中世墳墓のやぐらを訪ねる」に「百八やぐら」（覚園寺の背後の山腹や山頂に広がる一七七穴からなるやぐら群、覚園寺裏山やぐら群）というのが出ている。これはぜひ確かめに行こう。

八月二十三日。実に久しぶりに横須賀線の電車に乗る。横浜から近いのを実感する。鎌倉下車、外国人の観光客が多い。大塔宮（鎌倉宮）行きのバスに乗る。段葛、鶴岡八幡宮前、荏柄天神前を通り、大塔宮に着く。ここから北北西、覚園寺方向に歩く。庚申塔の所で、案内の矢印に従って右手の登山道、天園《てんえん》ハイキングコースに入る。雨の降った翌々日（たぶん）なので、一部湿っぽい所があり、そこは避けて通る。今泉台分岐点まで来る。案内の矢印があるが、少し手前にあるはずの「覚園寺百八やぐら」については全く出ていない。少し戻って自分で捜さなければならない。やはり、ガイドの人と一緒に来た方がよかったか。そこへ、一人の人が通りかかる。運よく、このコースを何度も歩いている人。百八やぐらについて聞くと、すぐそこ（分岐点から元来た道を見て左手）を五分ほど登って行けばある、とのこと。なぜ案内が出ていないのかと聞くと、案内があるといろいろな人が行って荒らされるので、わざと出していないのでは、それに、ちょっと危ない所があるので、とのお話。革靴だと危ないので急がずゆっくりと歩いて。実際行ってみると、観光コースからははずれて、中世の横穴式墳墓の生々しい姿があった。が、驚いたことに、各やぐら内の地蔵像の首がことごとくなくなっている。誰かがイタズラで切り落としたのか。何となく寂しい気持ちになった。一通り見て回る。全部で一七七穴あるというやぐら群のごく一部であるが。足を滑らすと転落する恐れのある、危ない所もあった。帰りは別の所から下に降り、元のコースに戻った。庚申塔を経て、大塔宮へ。

その後、大塔宮から鶴岡八幡宮までバスで行き、川喜多映画記念館の横を通って、扇ヶ谷踏切を渡り、寿福寺に向かう。寿福寺やぐら群は三十穴あり、その中の、源実朝の墓、北条政子の墓、と伝えられているものを見る。

※〈やぐら【岩倉・窟】〔「いわくら」の転とも、「谷倉」の意ともいう〕鎌倉・室町時代、山腹に横穴を掘って墓所としたもの。後世貯蔵庫としても用いられた。神奈川県鎌倉市近傍に多く見られる。〉『大辞林』第三版より

八月二十八日。鎌倉駅前から小町通りに入り、すぐに右折、若宮大路を越えて東方に進んで行くと、蛭子《えびす》神社に突き当たる。そこを北に左折し、小町大路を少し行くと、右手に日蓮上人辻説法跡の碑がある。鎌倉時代、この大路あたりは武家屋敷と商家町の境で、多くの人が往来してにぎわった。日蓮はその道端に立ち、熱心に法華経を説いた。…とのこと。人力車に乗った女性二人の観光客が通る。

小町大路を北上し、案内の矢印に従って東に右折する。ずっと行くと、東勝寺橋という一九二四年に造られたアーチ構造の橋に出る。下はＶ字型の谷間で、滑川が流れている。橋を渡った右手のちょっとしたスペースは、東勝寺橋ひぐらし公園と名付けられている。前方の坂を上って行くと、東勝寺跡に出る。一面緑に覆われている。残念ながら金網で囲われていて、中には入れない。左手奥の方にやぐらが見える。ここが、一三三三年、鎌倉幕府滅亡の地――新田義貞等の鎌倉攻めにより、北条高時が一族郎党とともに火を放ち自害した所――である。更に前に進むと、北条高時腹切りやぐらがある。祇園山ハイキングコース入口の手前である。昼間来ても何かこわいような気がする。もう何百年も経っているのだが、武士たちの怨念がまだ籠もっているような気がする。思わず頭が下がる。黙祷。

帰りは東勝寺橋を渡り、小町大路を越え、若宮大路幕府旧蹟の碑を通って、南に少し回り込んで旧大佛次郎茶亭前へ。一九一九年建造の建物、とのこと。西へ行き、若宮大路から鎌倉駅へ。

二〇一七年十二月三日。横浜から東横線～副都心線で西早稲田下車、明治通りを北進し、左折して早稲田通りを西進、高田馬場駅を過ぎたら右のさかえ通りを進んで行く。東京富士大学の城下町といった所か。神田川に架かる田島橋を渡り、西武新宿線の北側、新目白通り沿いの氷川神社（下落合二―七―十二）に向かう。

蛍の名所として有名だった落合の郷、神田川の守り神として古くから信仰されてきた。豊島区高田氷川神社〔南蔵院の向かい側〕と夫婦《めおと》の社と云い伝えられ、江戸期の文献には将軍家の御狩場「御留山《おとめやま》」〔一般人の立入が禁止されていた〕の山裾に広い境内を有していた様子が描かれていた。

と説明板にある。社殿の右側には日露戦役記念碑がある。ここから西へ少し行くと、薬王院、野鳥の森公園がある。更に西に行くと、下落合弁財天（下落合四―三―七）があり、その裏手の崖地一帯が、一九六六年、宅地造成中に発見された下落合横穴墓群《おうけつぼぐん》（横穴式古墳群、七世紀後半～八世紀初頭頃）跡である。妙正寺川に臨む落合台地の斜面に、四基の横穴墓が確認された。出土品のうち人骨二体と直刀一振（79 ㎝の刀身と鍔《つば》）は新宿歴史博物館が所蔵し、横穴墓の断面模型などともに常設展示されている。

※『新宿の文化財　新宿文化財ガイド二〇一三』区立新宿歴史博物館編・刊　二〇一三・九　P99

「下落合横穴墓出土品三点」

『新宿の歴史と文化　常設展示図録』（新装版）同館　二〇一三・一　P９、16「下落合横穴墓」

小池壮彦『東京　記憶の散歩地図』河出書房新社　二〇一六・三　P108～「下落合横穴墓群」

新目白通りに出て、西坂、会津八一旧居跡、霞坂を経て通りに戻り、落合橋、妙正寺川（しばらく東に流れて地下に潜ってしまうため、神田川との合流地点は確認できない）、下落合図書館を通って高田馬場駅に戻る。渋谷経由で横浜に帰る。

※ちなみに、善福寺川と神田川との合流地点は、丸ノ内線・中野富士見町駅の南西にあり、確認できる。和田広橋のそばである。竹内正浩『カラー版　重ね地図で愉しむ江戸東京「高低差」の秘密』宝島社新書　二〇一九・三　P157

付記。妙正寺川に架かる落合橋の西方に中落合公園があるが、その手前（中落合一―三―十五）に赤塚不二夫のフジオ・プロダクションがある。また、同公園前から南西に中井通りが続いている（林芙美子記念館の方まで）が、その途中（公園から約二百メートルの所）に、北西に上る坂、見晴坂《みはらしざか》がある。この坂上からの眺望はすばらしく、特に富士山の眺めは見事であったという。なお、坂下の水田一帯は落合蛍の名所として知られたという（『江戸名所図会』による）。

二〇一八年四月六日。品川から常磐線特急ときわで水戸の次の勝田に行き、ひたちなか海浜鉄道に乗り換えて三つ目、中根下車。だだっ広い所を、強風で土埃・土煙の舞う中、歩いて行く。途中、道案内ののぼりが何本も立っているので、迷わずに目的地——虎塚古墳石室に着くことが出来る。七世紀頃の前方後円墳で、春秋の一定期間のみ一般公開しているとのことである。石室の壁画に鮮やかな赤の彩色がよく残っているものだ。ガラス越しだが、しばし見とれる。近くに、十五郎穴横穴墓群があるので、そちらも見学する。と言うより、横穴墓群の方により強い興味を私は持ったのだが。東日本最大級と言われる横穴墓群（五百基を超す）のごく一部を見ただけだが、ずいぶんきれいな形で残っている。貴重な遺跡である。

虎塚古墳近くの埋蔵文化財センターに石室のレプリカがあり、その全体像がよく分かる。パンフレット・資料集を入手し、帰途に就く。

市川の郭沫若、神保町の周恩来

ＪＲ市川駅で降りる。北へ向かう三本の通り——西から、入江橋・真間の継橋を通って真間山弘法寺《ぐほうじ》・千葉商科大に向かう大門通り、手児奈橋・手児奈霊堂から亀井院、弘法寺に向かう市川手児奈通り＝真間本通り、ふもと橋・真間小学校を通って須和田公園に向かう真間銀座通り——のうち、真間銀座通りを進んで行く。京成・市川真間駅の横を通り、北進して交差点を右折、真間一—十四の所で、右斜め前に行く道と右斜め後ろに行く道とがあるうち、右斜め後ろに行く。少しして左側（真間一—十四—二十八）に古い塀のある家が見える。ここが、私の亡妻の（一九五五年に生まれてから一九八四年の結婚まで住んでいた）実家（フランス文学者、室井庸一《のぶかず》さんの家）である。今は別の方が住んでいて、全く別の家になっているが、塀は元のままのようである。子どもを連れて、何度も来たことを思い出す。道の記憶、塀の記憶。

室井さんが学園紛争の写真集を見せてくれたことがあった。巻末に室井さんが寄稿していた。ちゃんと食べているのかと言って、スト実行の学生にごちそうしてあげたことがあった、といったエピソードが書かれていたと思う。この本、捜しているのだが、書名を覚えていず、未だ再会していない。御存じの方がいたら御教示いただきたい。室井さんの書誌（文献目録）を作っておきたいと思っているが、まだ実行していない。

先ほどの交差点に戻り、細い道を北に直進する。郭沫若記念館の案内表示がある。ふもと（麓）橋を渡り、ガーデンギャラリーの所を右折、須和田公園の手前の道を左折して、しばらく行くと、郭沫若記念公園・記念館に着く。

郭沫若（一八九二～一九七八、芥川龍之介と同年生まれ）は一九一四年から一九二三年まで日本に留学、一高予科、岡山の六高、福岡の九大医学部で学ぶ。一九二八年から一九三七年まで日本に亡命、村松梢風の知人の紹介で市川市の真間や須和田に居住する。一九三〇年から一九三七年まで住んだ須和田の家を二〇〇四年、現在地（真間五―二―十九）に移築整備したのが郭沫若記念館である。金・土・日のみ開館。なお、近くの須和田公園には郭沫若のりっぱな詩碑「別須和田」がある。

※『昭和の市川に暮らした作家』（市川市文学プラザ開館記念展）市川市文学ミュージアム編・刊　二〇〇七・三　Ｐ38「郭沫若」

『Ｉｃｈｉｋａｗａミュゼ街あるき』千葉商科大学政策情報学部　朽木ゼミナール編・刊　二〇一七・六　Ｐ14～15「郭沫若」

最近（二〇一七年七月）、周恩来（一八九八～一九七六）の記念碑が神田神保町にあることを初めて知り、見に行った。神保町の交差点の北西、二丁目二十番地の愛全公園内に、「周恩来ここに学ぶ　東亜高等予備学校跡」という碑（生誕百年　日中平和友好条約締結二十周年　一九九八年七月建之）がある。かつてここに、周恩来の通っていた、東亜高等予備学校という中国人留学生のための日本語学校があったという。また、周恩来行きつけの中華料理店、漢陽楼も近くにあったらしい（現在は神田小川町三―十四―二、駿河台下交差点から明大方向に少し上がって左手、富士見坂の途中のビルの１・２Ｆに移っている）。

周恩来の日本留学は一九一七年から一九一九年までである。最初に住んだのは牛込区山吹町（現在の新宿区山吹町二九八）である。早大通りと江戸川橋通りとがぶつかるＴ字路の東に通りを渡った南寄りの所か。

※譚璐美『帝都東京を中国革命で歩く』白水社　二〇一六・八「第十二章　最大規模の日本語学校――東亜高等予備学校」
矢吹晋編、鈴木博訳、周恩来『十九歳の東京日記』小学館文庫　一九九九・十
田中聡「留学生、周恩来と神田神保町―『十九歳の東京日記』より」「東京人」150号　二〇〇〇・

二　15（2）
矢吹晋「周恩来『十九歳の東京日記』から始まる、歴史のｉｆ」「東京人」302号　二〇一一・十一
26（11）〈特集　チャイナタウン神田神保町〉
鹿島茂『神田神保町書肆街考　世界遺産的〝本の街〟の誕生から現在まで』筑摩書房　二〇一七・
二「11　中華街としての神田神保町」
※『昭和の市川に暮らした作家』Ｐ44によると、五木寛之（一九三二〜）は一九五七年頃〜一九五九年頃、市川市北方《ぼっけ》（中山競馬場の近く）に住んでいたことがあり、師走のある日、京成の市川真間駅で偶然永井荷風に出会っている（『風に吹かれて』「自分だけの独り言」参照）。荷風が死去したのは一九五九年四月である。

渋谷スクランブル交差点の中心で……

渋谷スクランブル交差点の中心で愛を叫ぶ、というわけではない。

渋谷スクランブル交差点というと、私はまず、ある映像が思い浮かぶ。――太平洋戦争中、アメリカの空母に日本の特攻機が突っ込んで行く、よく知られている映像と、現代の渋谷の交差点の映像とがオーバーラップしたものである。これは大林素子がライフワークとして毎年やっている舞台、「ＭＯＴＨＥＲ～特攻の母　鳥浜トメ物語～」の最後・エンディングの場面で、一青窈の「ハナミズキ」がバックに流れている。この芝居の最初でも、場内が暗くなり、「ハナミズキ」が流れる（私はそれだけで涙が出て来る）。この曲がこの芝居のテーマ曲になっているのである。

二〇一一年、チケットぴあで演劇を検索していて、たまたま見付けて面白そうだと思い、見に行った。――よかった。過去の上演ＤＶＤも販売していたので買った。この年から三年続けて見たと思う。いつやるのかを知るのが難しいが（バレーボールの大会のない時、になるだろう）、名場面がいくつもあり、見る価値はある。

〈戦争とはじいさんが始めて、おっさんが命令を下し、若者が死んで行く物語だ。〉

という台詞を日米双方の兵士＝若者が言う。おしまいの方で、特攻隊員達と進駐して来た米軍の兵士達とが——戦った者同士が酒を酌みかわすシーン（現実にはあり得ない）が印象的。

本のデパート、大盛堂書店に行っていた時期があった。高校が渋谷から井の頭線で二つ目、駒場東大前下車の都立駒場高校だったので、帰りに寄ったことがあった。帰りに寄るというとそれくらいか、食べ物屋に寄ったことはないし、映画を見たということもたぶんないし、全線座という映画館があったがそこで見たかどうか記憶が定かではない。学校をサボって駒場公園に行き、本を読んでいたことはあった。喫茶店に入り浸りというような、お金のかかることはしなかった。

公園通りの東京山手教会の地下のジァン・ジァン（一九六九〜二〇〇〇）で、「授業」等何度か芝居を見た。高橋竹山の津軽三味線も聴いた。およそ渋谷の店で衣服を買った経験は皆無である。

現在の私にとって渋谷とは、ユーロスペースであり、ジュンク堂書店であり、イメージフォーラム（宮益坂の先、青学の手前、スターバックスの手前を右折してすぐ）である。

ここのところ、東横線〜副都心線を中心に人生が回っているような気がすることがあるが、散歩、映画館、書店がキーワードで、外に出掛けて歩き回り、映画を見たり本屋をのぞいたり、芝居を見たり、あるいは美術館や博物館、名所旧跡に行ったりして楽しんでいる。外で食事、ということはめったにない（高いからである）。

Ｂｕｎｋａｍｕｒａのシアターコクーンで唐十郎作の芝居を見た時、卒業生――私が以前勤めていた高校の――を見掛けたことがある。劇場の係の人だった。その何日か前、ヨドバシカメラで買い物をした後、横浜駅のバス乗り場からバスに乗った時、偶然同じ車中にいた人と同じ人である。二〇一一年の出来事である。少しドラマチックかな。

と、ここまで書いて、久しぶりにイメージフォーラムに行き、「金子文子と朴烈《パクヨル》」を見る。二人の名前と書名（金子文子の獄中手記『何が私をこうさせたか』岩波文庫）くらいしか知らなかったので、強烈なインパクトを受ける。二人は関東大震災後の混乱期の朝鮮人虐殺を隠蔽するスケープゴートとして逮捕され、後に大逆罪で起訴される。死刑判決を受けるが、恩赦により無期懲役に減刑。金子文子は一九二六年に獄死（天皇の名による恩赦を受けず、獄中で縊死）するが、朴烈は戦争が終わった一九四五年に出獄し、大韓民国に帰国、一九七四年、北朝鮮で死去した、とのことである。朝鮮人が井戸に毒を入れた、暴動を起こそうとしている、といったデマを意図的に流して、民衆の政府への不満・批判をそらそうとした内務大臣、デマを信じ込んで自警団を作り、見かけた朝鮮人を片っ端から殺して行った民衆、この事件は明らかに捏造であって朴烈の無実を訴えた布施辰治弁護士。法廷で自分の考えを堂々と主張した金子文子と朴烈――。関東大震災発生時の様子もリアルに再現されていて、見応えのある歴史ドラマだった。

エピローグ　追憶の川

二〇一九年三月二十七日。日比谷線六本木駅下車、3番出口から出る。南に、芋洗坂を下って行く。芋を洗うようにいつも混雑している坂、というわけではなく、昔坂下で、毎年秋になると近村から芋が運ばれて市が開かれていたことに因る、とのことである。

坂下の右側（西側）に、港区立六本木中学がある。校門から入ってすぐ正面左手に、大銀杏とその由来碑がある。ここはかつて府立第三高女（現・都立駒場高校）があった所で――卒業生の一人に、〈異国に散ったエスペランティスト〉長谷川テルがいることを今回初めて知った――、一九四五年五月の空襲で校舎は全焼してしまったが、銀杏の樹は生き延びて、歴史の証人、証言者として現在に至っている。

大野靖子（一九二八・一〜二〇一一・一）は一九四〇年府立第三高女に入学、一九四五年都立第三高女を卒業、八月に勤めていた陸軍中央通信調査部（陸軍特種情報部）で敗戦を迎える。書類の焼却、混乱……

四月四日。JR高田馬場下車、東口から北へ、神田川、新目白通りを越えて進み、切手の博物館に初めて入る。この館の創設者、水原明窗《めいそう》（一九二四〜一九九二）の書斎が復元されている。世界の切手三十五万種と郵趣図書三万冊が収蔵されているという。世界最初の切手（イギリスのペニー・ブラック、一八四〇年）、日本最初の切手（竜文切手、一八七一年）他が展示されている。外国人（フランス人？）のカップルが見に来ている。「月に雁」「見返り美人」といった懐かしい切手の販売もされている。

ＪＲの線路の西側に回り、日立目白クラブへ。スペイン風の美しい、洒落た建物である。東京都庭園美術館（旧・朝香宮邸）と同じ設計者（権藤要吉）とのこと、うなずける。残念ながら中には入れない。ここから北へ進むと、左側に目白ヶ丘教会を見て、更に直進すると、道路の真中に欅の古木がある。旧近衛邸——近衛文麿の父親の近衛篤麿公爵邸——の車廻しの所にあったものということである。かつては現在のおとめ山公園を含む広大な屋敷だったというが、それを偲ぶよすがとして残されている。目白近衛町というブランド名（実際の町名は新宿区下落合）の象徴として。

四月五日。東西線神楽坂駅下車、１番出口から外に出る。赤城神社を左横に見て、大久保通りを越えて、神楽坂を東に進んで行く。左側に相馬屋を見て、右側の鮒忠の手前の坂——地蔵坂を南に上って行く。ちょうどカーブする手前にかつて牛込館があった（写真が残っていて、内装は旧・帝劇を模したものという）。坂上に出ると、大きな銀杏の木が見える。戦時中、焼け野原となったこの街にこの木が焼け残っていて、それを目印に被災した人々が戻って来た、と言われている。日本出版クラブ会館の敷地内にあるが、現在、会館は解体工事中（昨年十二月から来年六月までの予定）で、ユネスコ・アジア文化センターが出来るらしい。

神楽坂から大久保通りを北へ、牛込消防署の横を通り、桜に誘われて筑土八幡神社の境内、言文一致の唱歌の創始者、田村虎蔵（一八七一～一九四三、「金太郎」の作曲者）顕彰碑を眺め、更に北進して神田川に架かる小桜橋を渡り（ここも桜がきれい）、ずっと行くと巻石通り（神田上水がかつて西から東に流れていた所）にぶつかる。交番の所を右折するとすぐに、「徳川慶喜公屋敷跡」の碑がある。徳川慶喜終焉の地である。門が開いていたので、また、傾斜地の上に一般の人が入っているようなので、私も入ってみる。ここも桜がちょうど見頃である。ずっと上って行くと、ここにも大銀杏がある。やはり、歴史の証人、証言者として現在に至っている。

巻石通りに戻り、南東に進み、安藤坂に出る。北に坂を上って行く。途中、文京区立三中の桜もきれいなので、つい校門から中に入ってしまう。坂の突き当たりが伝通院《でんづういん》（徳川家康の母親、於大《おだい》の方《かた》の墓所）、既に夕方五時を過ぎたので閉まっている、右折して淑徳学園中・高を過ぎると、椋の木の古木（推定樹齢約四百年）がある。一九四五年五月の空襲によって上部が焼けてなくなってしまったが、すごい生命力である。戦災をくぐり抜け、地域住民と長い間生活を共にし、親しまれてきたものであり、貴重な樹木である。以上、「小石川三―十八（ポケットパーク内）文京区指定天然記念物　善光寺坂のムクノキ」の説明板による。
すぐ傍の慈眼院《じげんいん》・澤蔵司《たくぞうす》稲荷の桜も見事なので、つい入って見てしまう。
古木巡り、桜巡りの春の一日、である。

四月十一日。日比谷線神谷町駅下車、3番出口から出る。桜田通りを北東に、最初の信号、虎ノ門三一十一と十二の間を右折、愛宕山トンネルが見える。トンネルの上は愛宕神社の境内である。足を鍛えるのにはトンネル入口の手前左、階段で行くのがよいが、楽に行くのだったらトンネル出口の右、エレベーターで。上に昇って降りるとすぐNHK放送博物館である。四階の番組公開ライブラリーに行く。指定された席に着き、パソコンに「紅い花」と入力し、再生をクリックして視聴する。
「紅い花」は一九七六年四月三日に放送された、NHKの土曜ドラマ（七十分）である。原作・つげ義春（「紅い花」「沼」「古本と少女」「ねじ式」等）、脚本・大野靖子、音楽・池辺晋一郎、演出・佐々木昭一郎。私（漫画家・劇画作者）は東京大空襲の夜、都電の線路沿いに妹と走って（を背負って）逃げ、火に囲まれたので川の中に逃げる。が、握り締めていた手を離したために、幼い妹を失ってしまう。気が付くと私は言問橋のすぐ下にいた。あたりは死体の山……。作品初めの方、（現代の）川を進んで行き、やがて都電の線路を進んで行き（印象的な映像）、終点に着く。私がかつて住んでいた街に似ている。そこに、少年の私と妹が出現する。現在から過去への遡行である。「紅い花」は、失われた妹、少女、時間、風景を求めての旅である。

〈人はみんな、自分の川を持ってるのさ……〝追憶〟という名の川をね〉

〈紅い花のせ、残照美しい河口から海へ拡がり流れてゆく追憶の川〉

※『テレビドラマ代表作選集１９７７年版』日本放送作家組合編・刊　Ｐ38
※佐々木昭一郎『創るということ　増補新版』青土社　二〇一四・十　Ｐ136「意識の川」

放送博物館三階のヒストリーゾーンに行く。一九四五年八月十五日の玉音放送の玉音盤（二枚のうちの一枚）が展示されていたが、本物、それともレプリカ？

愛宕神社にちょっと寄ってから（社務所に白い猫がいる）、階段で愛宕トンネルの入口（西側）に出る。少し西進して右折すると、郵便局、興昭院、栄閑院（猿寺、杉田玄白の墓がある）となる。

神谷町駅に戻り、桜田通りを南西に進む。セブンイレブンの所を右折し、外苑東通りを北西に行くと、右側に外交史料館の本館、別館がある。まず、別館二階の常設展示を見る。

一八五四年の日米和親条約批准書（原本はアメリカ国立公文書館が所蔵。日本が保管していた原本は幕末期の江戸城火災により焼失）……一九四〇年の日独伊三国同盟条約調印書（来栖三郎駐独大使、ドイツのリッペントロップ外相、イタリアのチアノ外相が署名）……一九四五年の降伏文書……等々、見応えがある。『常設展示史料目録』外務省外交史料館　全50頁　無料。次に本館一階で杉原千畝の展示を見る。「ビザ・リスト正本」等が展示されている。『勇気ある人道的行為を行った外交官　杉原千畝』同館　全28頁　無料。

※数年前、「ＳＥＭＰＯ　～日本のシンドラー、杉原千畝物語」（ミュージカル、吉川晃司主演）を見た時、ビザを発給するべきか否か思い悩む場面で、現在の大人の杉原と少年の杉原が同時にそこに存在する場面があり、印象に残っている。少年時代の純粋な気持ち、初心に返って判断する。――世故にたけた大人の思惑ではなく、ということだろうか。

高速道路をくぐり、北西に進むと、日比谷線六本木駅に着く。中目黒経由で横浜に帰る。

四月十三日。

銀座線浅草駅下車、今日は吾妻橋を渡らずに、隅田川沿いに上流の言問橋に向かう。既に桜の満開は過ぎているが、いい日和で、外国人の観光客が多い。対岸にスカイツリーが大きく見えるのもいい。川近くのテラスを通って、言問橋を渡ろうとしたら、その袂に戦災慰霊碑「あゝ／東京大空襲／朋よやすらかに」がある。隅田公園のこの一帯は東京大空襲等により亡くなられた数多くの方々を仮埋葬した場所である、と説明板にある。石碑の右横には、一九九二年言問橋の欄干の改修の際に切り取られた基部・縁石が置かれて、大空襲で猛火に見舞われ大勢の人が犠牲となった痛ましい出来事の記念石として保存するものである、との説明板がある。

※言問橋の欄干と縁石が、江戸東京博物館の屋外――北側駐車場近くの歩道傍、日大一中・一高の道路を挟んで向かい側、徳川家康の銅像の斜め向かい側――に展示されている。

言問橋を渡って左折、すみだ郷土文化資料館に行く。企画展「東京大空襲――罹災者・救護者・戦争遺跡」を見る。その中で、「墨田区内の救護と石井式濾水機」の展示が特に興味深い。陸軍軍医学校の救援班が救護に赴き、インフラが破壊されているので隅田川の水を浄化して利用するために陸軍の石井式濾水機を使用した、とのことである。久保田重則『東京大空襲　救護隊長の記録』潮出版社　一九七三・二　新人物往来社　一九八五・三参照。石井式濾水機濾過筒の実物も展示されていた（明大平和教育登戸研究所資料館提供)。石井式濾水機(模型)そのものは写真のみ。

横川小学校(東駒形四丁目、井上有一の書「噫、横川国民学校」で著名)、本所中学(東駒形三丁目、開校四十周年記念の石碑・昭和62年3月末日——自然石の左上部に黒の球体・ボールが乗っていて、左の部分に白抜き文字で「気力　王貞治」と書かれた黒の四角いプレート、右の部分に白抜き文字で銘文が書かれた黒のホームベース形プレートがある——が正面玄関の左手にある)に寄った後、銀座線浅草駅から上野経由で横浜に帰る。


四月十八日。銀座線田原町駅下車、国際通りを少し南に行き、宗吾殿——義民、佐倉惣五郎(宗吾)を供養する堂、台東区寿三—十九—十二——へ。と思ったら、いくら捜しても見付からない。近くの店の人に聞いたら、今高い建物(ホテル or マンション?)を建設中の所に何年か前まであったが、佐倉の方に移った(お返しした)とのこと。残念。

更に国際通りを南下し、天台宗龍宝寺(蔵前四—三十六—七)の初代柄井川柳《からいせんりゅう》(一七一八〜一七九〇)の墓へ。門が閉まっていて、一般公開はしていないようである。お寺の前の通りが「川柳横丁」となっている。

白鷗高附属中の北、菊屋橋公園(元浅草三—二十六)の初代柄井川柳顕彰碑(一九九二年四月建立)

を見る。

以前から不思議に思っている。「歌人」「俳人」は広辞苑・大辞林に載っているが、なぜか「柳人」は載っていない。やはり川柳は軽く見られているのだろうか。

田原町駅の方に戻り、日蓮宗本法寺《ほんぽうじ》（寿二―九―七）のはなし塚、かっぱ橋道具街通り入口を通って、浄土宗誓教寺《せいきょうじ》（元浅草四―六―九）の葛飾北斎（一七六〇〜一八四九）の墓、を見る。ちょうど四月十八日が北斎忌。浄土宗源空寺《げんくうじ》（東上野六―十八）には伊能忠敬（一七四五〜一八一八）、谷文晁（一七六三〜一八四一）の墓がある。ＪＲ上野駅から帰途に就く。

※『たいとう名所図会　史跡説明板ガイドブック』台東区教育委員会、生涯学習課文化財担当
『新版　史跡をたずねて　下谷・浅草』台東区役所　総務部広報課　Ｐ216「宗吾殿」Ｐ210「川柳ゆかりの地」Ｐ214「はなし塚」Ｐ211「葛飾北斎墓」Ｐ201「伊能忠敬墓」Ｐ203「谷文晁墓」

四月三十日。愛宕山のＮＨＫ放送博物館に行く。四階の番組公開ライブラリーで、クーデンホーフ光子関係のものを見ようと思ったが、検索しても全然出て来ない（！）。残念。そこで「紅い花」の冒頭、水面を進んで行って、やがて都電の線路を終点まで行く場面をまた見る。吾妻橋の少し上流の隅田川に合流する、北十間川の水面を進んで行く映像のようだ。現地に行って確かめてみようかな。
神谷町駅で日比谷線に乗り日比谷下車、有楽町から東京・御茶ノ水経由で飯田橋へ。大江戸線で牛込柳町下車、幸国寺（新宿区原町二―二十）に行く。この寺は全く初めてである。由緒ある山門――明治維新以後、徳川御三卿の一つ、田安家より譲り受けたもの――である。墓域に、樹齢五百年以上の大銀杏＝巨木が二本ある。先端が葉に隠れて見えない。空襲の時、この木が盾となり、民家への類焼を免れたという。

51

※『神楽坂から早稲田まで①』柳町クラブ　二〇一七・十「幸国寺の山門と大銀杏」口絵・P46～

柳町交差点から、大久保通りの一本南の道を東進する。加賀町アパートを過ぎ、牛込三中、その北東端に府立（都立）四中跡の記念碑がある。右折すると、南に下って行く中根坂になり、坂の左側（東側）に納戸町公園がある。クーデンホーフ光子居住の地である。説明板を確認する。二〇一七年十二月二十六日に来て以来、二度目になる。

※『神楽坂から早稲田まで①』P143〜144

牛込三中の北東端から東に進んで行くと宮城道雄記念館があり、その先を左折して更に左にカーブする道を下って行くと、大江戸線・牛込神楽坂駅に出る。大久保通りを渡り、石垣と黒板塀に挟まれた袖摺坂を上って行く。趣のある坂である。通りに突き当たり右折すると、朝日坂、キムラヤの横に出る。その少し手前、左（西）に行く狭い道――矢来町の新潮社の方に出る道――がかっての私の散歩道である。何度通ったか分からない。狭くて曲がりくねっている所がいいのである。元に戻り、キムラヤの横を右折し、文悠に寄る。柳町クラブ『神楽坂から早稲田まで』（「牛込柳町界隈」永久保存版）の二冊目が出ているかと思ったが、六月以降の刊行とのこと。再び大久保通りを渡り、神楽坂を下って行く。相馬屋、志満金、紀の善等の横を通って、飯田橋駅へ。御茶ノ水・東京経由で横浜に帰る。

付記。柳町交差点から、外苑東通りの一本東の道（市谷柳町八）を南進、突き当たりのプレゼモロン大野（市谷柳町二十四）の所を左折、ゆるやかな坂の右側に茶道具みやしたがある。その店（市谷柳町二十六―一）の道路を挟んで斜め向かい側の細い道を入って行って突き当たりの左側に稲荷神社、正面に「試衛館」の説明の標柱がある。

〈幕末に新選組局長として知られる近藤勇の道場「試衛館」は、市ヶ谷甲良屋敷内（現市谷柳町二十五番地）のこのあたりにありました。この道場で、後に新選組の主力となる土方歳三、沖田総司などが剣術の腕をみがいていました。〉

右の階段を上って行くと、市谷甲良町一に出る。そこを左折すると、柳町病院の横、焼餅坂に出る。更に左折すると、市ヶ谷動物病院、そして柳町交差点に戻る。

それにしても、細い道の入口の所に何か案内（矢印を付けた）があってもいいのでは？　と思った。歴史散歩で大勢の人が来てうるさいかな。

※『神楽坂から早稲田まで①』Ｐ44～45、119～120「試衛館」（近藤勇の写真あり）菊地明『新選組謎解き散歩』新人物文庫・ＫＡＤＯＫＡＷＡ　二〇一四・十　Ｐ312～「試衛館跡」

※半藤一利『15歳の東京大空襲』ちくまプリマー新書　二〇一〇・二・十　Ｐ151に「東京大空襲の夜、半藤少年が逃げたコース（昭和20年当時の向島区）」の地図が載っているが、吾嬬町の家から八広はなみずき通りを通って中川の平井橋に逃げたことが分かる。現在の八広四―四十九あたりが半藤家所在地か。その少し南、歩いて五分くらい、八広三―三十八あたりが王貞治少年の住んでいた家のあった所か。

※浅草寺本堂の左（西）の方、奥山門傍に、「映画弁士塚」がある。徳川夢声、大辻司郎等、百人以

上の名前が刻まれているが、四段目（下段）の中央やや左に、須田貞明《ていめい》（本名・黒沢丙午《へいご》、黒沢明の兄）の名がある。一九五八年、映画全盛期に建立された石碑である。堀川弘通『評伝黒澤明』毎日新聞社　二〇〇〇・十　P12、19参照。

※菅野博貢《かんのひろつぐ》『カラー版　甦る戦災樹木　大空襲・原爆の惨禍を伝える最後の証人』さくら舎　二〇二三・五　P54～55「幸国寺の戦災樹木群」　P59「旧日本出版クラブ会館の戦災イチョウ」　P81「善光寺坂のムクノキ」

著者プロフィール

国松　春紀（くにまつ・はるき）

１９５１年５月、千葉県船橋市生まれ。

同年８月から約30年間、東京新宿に居住する。

神奈川県立高校元教員。

神奈川県高校教科研究会国語部会郷土文学資料調査委員会で活動する。

私の調べたものは、合冊本『神奈川県近代文学資料』全２巻（１９８８、１９９８）に収録。

個人誌「山猫通信・宮ヶ谷版」発行人。

（都立中央図書館・日本近代文学館・神奈川近代文学館等所蔵）

『国松春紀書誌選集Ⅰ・Ⅱ・Ⅲ』金沢文圃閣（２０１３、２０１５、２０１６）

『私の東京　消えた庭園と戦争遺跡』文芸社（２０２０）……本書の原型

『硝子戸の外「山猫通信」他』（２０２２）

現在、横浜市在住。

東京ノスタルジア

追憶紀行：神田川からスクランブル交差点まで、過ぎ去った時間、消えた街並を旅する

2024 年 7 月 31 日発行

著　者　国松春紀

発行者　向田翔一

発行所　株式会社 22 世紀アート
〒103-0007
東京都中央区日本橋浜町 3-23-1-5F
電話　03-5941-9774
Email: info@22art.net　ホームページ：www.22art.net

発売元　株式会社日興企画
〒104-0032
東京都中央区八丁堀 4-11-10 第 2SS ビル 6F
電話　03-6262-8127
Email: support@nikko-kikaku.com
ホームページ：https://nikko-kikaku.com/

印刷 製本　株式会社 PUBFUN

ISBN：978-4-88877-305-8